디지털 시대의 대통령 리더십

# 당신이 대통령입니다

고승우 · 윤초화

형지사

# 머리말

우리의 눈높이는 세계적 수준이다. 노벨상 수상자, 유엔 사무총장을 배출하고 세계 최초, 최대의 기술과 상품을 자랑한다. 대통령에 대한 눈높이도 어느 민주국가 못지않다. 대통령을 아무도 두려운 권력자로 여기지 않는다. 누구나 자기 수준에서 대통령을 평가하고 그것을 거침없이 표현한다. 십여 년 전의 독재국가를 졸업한 나라의 성과치고는 대단하다.

노무현 대통령을 거치면서 우리 국민의 대통령에 대한 눈높이는 민주적 수준으로 평준화되었다. 노 대통령의 공과 가운데 가장 돋보이는 점은 최고 권력자와 유권자의 눈높이를 같게 만들었다는 점이다. 누구나 대통령을 가까운 이웃처럼 여기고 때로는 비웃고 욕하게 되었다. 대통령은 유권자가 뽑기 때문에 유권자의 눈높이에 따라 대통령이 평가받는 것은 당연하다. 그러나 대통령을 뽑은 주체가 유권자라는 점에서 대통령의 잘잘못에 대한 최종적인 책임도 유권자에게 돌아간다. 그러니 대통령을 잘 뽑아야 한다. 이런 취지가 '당신이 대통령입니다'라는 제목에 담겨 있다.

이 책은 디지털 시대, 모든 것이 투명하고 남김없이 공개되는 정보화 시대에 걸맞는 대통령상을 제시하는데 목적이 있다. 국내외 정세를 보면 2008년 이후의 대통령은 한반도가 평화체제를 향해 질주할 가능성에 선도적으로 리더십을 발휘하면서 빈부격차 심화와 양극화 현상 등에 탁월한 대처 능력을 지녀야 한다. 한반도가 지각변동을 하면서 엄청난 변화를 겪게 될 것에 대해 준비한 사람이 대통령이 되어야 한다. 이와 함께 차기 대통령은 UCC나 몰래 카메라, 비밀 녹취록에서 언제나 자유로운 사람이어야 한다.

유권자가 실망하지 않을 탁월한 대통령 후보자가 분명 눈앞에 있다. 그런 사람을 가려서 뽑기 위한 후보 자질의 평가는 엄격해야 한다.

디지털 시대의 대통령상은 동서고금의 지도자를 고찰하는 작업을 통해 시도되었다. 우선 중국 고전 가운데 〈대학〉, 〈중용〉, 〈논어〉, 〈맹자〉, 〈사기〉, 〈여씨 춘추〉 등에 나와 있는 군자(君子)가 갖추고 행동해야 하는 것들을 가려냈다. 그리고 대통령제가 정착된 미국에서의 대통령 학자들이 제시하는 대통령상을 엄선했다.

중국 고전의 군자는 홀로 있어도 예의범절을 지키는 모범적인 리더상이다. 중국 군자가 지닌 리더의 자질은 오늘날과 같은 인터넷 시대의 지도자의 자질로 필요한 측면이 있다. 그러나 충분하지는 못하다. 중국 고전의 지도자 상만으로 복잡한 현대 사회의 훌륭한 정치 지도자 역할을 할 수는 없다. 그런 점을 보완하는 데는 미국 대통령 학이 제시하는 대통령상이 매우 적절하다. 중국 고전의 군자상과 미국의 모범적인 대통령상이 융합되었을 때 디지털 시대의 대통령상이 윤곽을 드러낸다. 동서의 장점을 갖춘 이상적인 대통령상이 한국 사회에 어떤 식으로 대입되어야 할지도 매우 중요하다.

차기 대통령 당선자는 너무나 중요한 시기의 대통령이다. 어제 또는 오늘에 적절한 것만 같은 지도자상은 우리의 내일을 담당할 대통령으로 적절치 않다. 미래 지향적인 대통령이 절실하다. 그래서 그에게 요구되는 가장 중요한 덕목은 유권자에게 항상 귀를 기울일 줄 아는 민주주의적 자세이다. 국민에게 봉사할 줄 아는 그런 지도자가 최상급의 대통령이다.

이 책은 대통령의 책무와 자기 관리, 대통령이 갖춰야 할 기본적 자질 등으로 나눠 꾸며졌다. 부록으로 한국 역대 대통령을 약술해 한국적 지도자상의 특성을 제시했다.

어려운 여건 속에서 책이 나오도록 도와주신 형지사 유성렬 사장님과 편집진에게 깊은 감사를 드린다.

2007년 5월

공동 필자 고승우 / 윤초화

# 차 례

# 1

# 대통령의 책무

## 대통령의 리더십은 국민에 대한 서비스 정신

우리나라 사람들은 정치에 관심이 많다. 특히 대통령에 대해서 더 그렇다. 대통령을 임금처럼 여기던 때가 지나면서 대통령에 대한 일반인의 평가는 일상적인 일의 하나가 되었다. 누구나 대통령에 대해 거침없이 말한다. 온갖 욕설은 말할 것도 없다. 남이 듣건 말건 개의치 않는다. 음식점이건, 버스 속이던, 등산길이건 가리지 않는다. 민주사회가 되었는데 대통령 욕하지 말라는 법 있느냐 하는 식이다. 듣기에 민망할 정도로 심한 경우도 얼마든지 있다.

대통령을 웃음거리로 만드는 말이 시리즈로 나온다. 인터넷에 들어가면 그 신조어들을 얼마든지 만날 수 있다. 흔히 맞춤법은 무시하고 발음만으로 대통령인지 알 수 있게 표기한다.

인터넷 실명제의 필요성이 강조될 만큼 섬뜩한 느낌을 주는 것에서부터 웃음을 자아내게 하는 것, 천차만별이다. 천만 명을 훨씬 넘긴 네티즌 시대라서, 대통령을 묘사한 표현물은 얼마든지 있다. 온라인과 달리 인쇄매체는 아직 점잖은 편이다. 자칫 하면 명예훼손에 걸린다는 것을 익히 아는 탓인가?

일반인들은 자신의 개인적인 이해관계 속에서 대통령을 평가한다. 자신의 일이 잘 되면 대통령에 대한 언급이 부드럽다. 그러나 자신의 일이 꼬이거나 가정사가 골치 아프면 그 화풀이 대상은 대통령이 된다. 신문과 TV를 보면서 한바탕 욕을 해대고 나서 가슴 후련한 감을 느끼는 사람이 많다.

보통사람만 대통령을 들먹이지 않는다. 신문의 칼럼을 보면 많은 논객들이 대통령을 대상으로 삼는다. 대부분의 칼럼은 대통령이 잘 했다고 쓰지 않는다. 대통령이 잘못했다며 혼을 내고 점잖게 훈수한다. 칼럼을 쓰는 논객 자신이 나라의 최고 지도자인 대통령과 '맞짱'을 뜨는 식이다. 대통령에게 삿대질을 하는 글을 읽는 사람들도 큰 쾌감을 느끼는 듯하다.

대통령을 가까운 이웃처럼 여기면서 자신을 직결시키는 일은 우리나라만이 그런 것 같지 않다. 미국 등 대통령제가 오래된 나라에서도 마찬가지다.

사람들이 대통령을 일상적으로 언급하는 것은 부자연스러운 것은 아니다. 대통령은 이 시대 최고의 주인공이기 때문이다. 국가의 장래에 결정적 영향을 미치는 중요한 정책이나 온 나라가 들썩이는 정치에서 대통령이 중심에 서 있다. 대통령은 민주정치가 이뤄지는 사회에서 가장 대표적인 지도자다.

전체 유권자가 뽑기 때문에 당연히 지역구 대표인 국회의원보다 대표성이 막강하다. 실정법과 관행에 따라 대통령은 오늘날 가장 영향력 있는 지도자로 인정받는다. 이 때문에 대통령은 단순히 '대통령 직책'을 수행하는 것만으로는 일반인들을 만족시키지 못한다. 사람들은 대통령이 무언가 특별한 능력을 보여주기를 원한다.

오늘날의 훌륭한 대통령상은 두 가지의 자질을 지녀야 한다. 우선 국민을 극진히 섬기는 서비스 정신이다. 두 번째는 국가라는 배를 잘 인도하는 유능한 국가경영 능력이다. 국민에 대한 서비스는 국민이 아파하고 가려워하는 곳을 즉각 살펴 보살피는 것이다. 민주화된 사회일수록 사람들이 대통령에게 원하는 것은 '강력한 서비스'다. 강력한 리더십도 결국 강력한 서비스로 나타나기를 원한다.

국가경영 능력은 오늘날과 같은 세계화 시대, 무한경쟁시대에 나라가 잘 버티고 앞서나갈 수 있도록 하는 것이다. 우리나라의 경우 향후 5~10년이 너무 중요하다. 남북한 평화공존과 통일 문제, 지속 가능한 경제 성장 문제가 이 민족의 사활이 걸린 문제다. 탁월한 국가경영능력을 가지고 정부와 민간부분을 조정통합해서 국가역량이 최대한 발휘될 수 있도록 정치력을 발휘하는 대통령상이 절실하다.

민주화시대, 세계화 시대에 적절한 대통령에 대한 국민적 요구는 점점 더 거세지고 있다. 과거의 대통령이 어떤 인물이었다 하는 것은 이제 안 통한다. 대통령의 명예훼손이니 뭐니 하면서 근엄한 표정을 짓는다 해도 두려워하는 사람이 많지 않다.

위기 속에서 영웅이 태어난다. 평화 시보다 전쟁이나 그에 버금가는 위기 상황에서 정치 지도자의 리더십이 돋보인다. 외국의 지도자들 가운데 세계 1,2차 대전을 직접 겪거나 지휘한 대통령 등이 오래 기억된다. 우리나라도 IMF를 극복한 김대중 대통령이 퇴임 후에도 훌륭한 지도자로 존경받는다. 위기 상황에서는 지도자의 결단, 선택 등이 전체 국민의 안위와 직결되기 때문이다. 위기를 성공적으로 돌파한 지도자가 칭송의 대상이 되는 것은 극히 자연스럽다.

오늘날과 같은 형태의 대통령제가 최초로 실시된 나라는 미국이고 초대 대통령이 된 행운아는 미국의 조지 워싱턴이다. 그는 과거 어느 누구도 경험치 못한 대통령제의 스타트를 끊으면서 모범적인 선례를 남겼다. 워싱턴이 대통령으로써 남긴 일화는 매우 많다. 그는 독립전쟁을 승리로 이끈 후 1789년 미국 초대 대통령으로 당선되어 당시는 매우 낯선 정치 시스템의 기초를 실천적으로 확립했다. 만약 워싱턴이 대통령제의 첫 주자로써 권력에 집착해 종신 대통령을 꿈꾸었거나 권력을 남용했다면 대통령제는 아마 다른 방향으로 탈바꿈했을지 모른다.

워싱턴은 권력의 분산이 필요하다고 보고 의회와 행정부를 분리시켰다. 그리고 모든 정치지도자들을 선출하는 것을 원칙으로 했다. 그는 영국, 프랑스와의 전쟁으로 파괴된 상태에서 발족한 신생국가가 생존할 수 있게 미국을 만들어 나갔다. 즉 강력한 중앙정부가 주정부에게 재정지원을 해주면서 조세 등 주요정책을 주도토록 했다. 미국 학자들은 워싱턴을 미국에서

가장 위대한 3사람의 대통령 가운데 한 사람으로 인정한다.[1)]

워싱턴은 초대 대통령 선거인단에 의해 만장일치로 당선되었다. 만장일치로 당선된 대통령은 그가 유일하다. 그는 대통령을 연임한 후 3번째 출마를 거부했다. 미국 대통령제에서 2번까지만 대통령에 선출되는 전통을 수립한 것이다. 그는 정당원이 아니었고 정당이 출현하는 것을 원치 않았다. 민주주의를 신봉한 사람답지 않은 정당관을 지니고 있었다. 그러나 그의 희망은 자신의 측근들에 의해 깨졌다. 워싱턴과 가장 가까웠던 두 사람이 두 개의 정당을 만든 것이다.

워싱턴은 대통령이 된 뒤 지역에서 반란이 일어났을 때 선두에 서서 그것을 진압했다. 그가 반란지역에 군대를 지휘해 갔지만 실제 전투는 벌어지지 않았다. 초대 대통령과 정부의 자위능력을 과시함으로써 반란군이 투쟁을 접었기 때문이다.

## 명궁과 같은 대통령

훌륭한 대통령은 활쏘기의 달인인 명궁과 같다. 활을 잘 쏘아 맞히기 위해서는 힘과 기술이 겸비되어야 하는 것처럼 정치도 마찬가지다. 힘으로는 멀리 쏠 수 있지만 과녁을 정확히 맞히려면 숙달된 솜씨가 있어야 한다. 명궁이 명궁이려면 힘과 기술을 모두 갖춰야 하는 것처럼 정치도 마찬가지다. 힘만으로는 소기의 목적을 달성할 수 없다. 탁월한 정치력이 있어야 한

1) http://en.wikipedia.org/wiki/George_washington#Major_acts_as_President

다(홍성욱 역해, 1994: 259). 정권을 잡으면 권력을 손에 쥘 수 있다. 임기 동안 그 권력을 행사할 수 있다. 그러나 권력만으로는 성공적인 대통령이 될 수 없다. 그것은 필요하지만 충분치 못한다. 성공한 대통령이 되려면 탁월한 정치력을 지녀야 한다.

어떤 대통령은 자신에게 허용된 힘, 즉 권력이 어느 정도인지조차 분간 못하기도 하는 딱한 경우가 있다. 대통령이 되었는데도 언론 권력에 비해 자신이 허약하다고 투덜대는 것을 우리는 보았다. 그러나 이는 정치권력과 언론 권력의 행사 영역이 서로 다르다는 것을 인식치 못한 태도이다. 정치권력과 언론권력은 수평 비교할 그런 것이 아니다. 정치권력은 그 나름대로 막강한 힘을 지니고 있다. 민주주의에서도 그것은 마찬가지다. 언론은 사회를 감시하고 비판하는 파수견의 역할을 한다. 언론이 정치에 대해 비판하는 것은 당연하다. 그 과정에서 권력이 행사된다.

권력과 언론은 서로 노는 물이 다르고 행사하는 힘의 질도 당연히 다르다. 그러니 두 개의 권력을 단순 비교하는 것은 무리다. 자신은 허약한 대통령이라면서 청와대에 언론 대응 팀을 만들어 언론의 청와대 비판에 일일이 응수한 것은 부적절했다. 정치는 언론이 정치를 비판하는 것이 당연한 것으로 받아들이고 관용하는 기본자세를 지녀야 했다. 언론이 잘못했을 때 그에 합당한 법률적 책임을 지도록 하면 될 일이었다.

최강의 정치권력이 사회의 모든 크고 작은 권력에 신경을 쓰면서 비상식적인 방식으로 응수하는 태도는 어쩌면 힘의 논리에 함몰된 사고방식의 결과인지 모른다. 민주주의의 정치권력은 관용에서 출발한다는 기본양식이 결여된 결과이다. 민주주의의 바탕은 관용이다. 민주 사회에서의 선거는 승자와 패자가 있기 마련이고 다음 선거까지 승자가 패자에 대해 관용하는 자세를 지녀야 한다. 승자의 패자에 대한 관용, 승자와 패자의 공존이라는 원칙이 실천되지 않으면 다음 선거가 불가능해지는 불행한 사태가 올 수 있다. 권력이 언론을 대할 때도 언론은 사회의 소금이라는 점에서 기본적으로 언론의 존재를 관용하는 자세가 필요하다. 민주사회에서 힘, 즉 권력의 실체에 대한 정확한 이해와 행사가 쉽지만은 않다.

대통령이 반드시 지녀야 할 정치력은 너무 중요하다. 막강한 정치권력을 손에 쥐었다 해도 정치력이 결여되면 제대로 정치를 하지 못한다. 정치력이 없는 대통령이 권력을 손에 쥐는 것은 마치 어린이 손에 칼을 쥐어주는 것과 같이 위험하다. 어린이 손의 칼이 결코 생산적인 결과를 낼 수 없다. 그러나 정치력은 시대와 상황에 따라 다르다는 데 그 어려움이 있다. 모든 경우에 맞는 정치력의 모범답안은 없다.

정치력이 출중한 대통령은 다섯 가지 강함을 지닌다(홍승직 역해, 1994, 중용; 137). 첫째, 세상 모든 것과 어울리되 주체성을 잊지 않는다. 혼자만 고상하고 뛰어난 듯 생각해 다른 사람과 어울리지 않거나 피하는 것보다 같이 어울려 웃고 고락을 같이하되 주체성을 지니는 대통령이 진정 강한 대통령이다. 세속에 등을 돌리고 초월한 척 하는 것은 어쩌면 세속에 뛰어드는 것보다 쉽다. 자신이 진정한 생의 철학과 정치적 확신을 갖게 되면 남도 그렇게 하도록 도와 자신의 경지로 나아갈 수 있도록 돕는 자세가 올바르다.

둘째, 항상 바르고 타당한 길을 찾도록 노력하고 불의에 항거하고 과오는 즉시 바로 잡는다. 이것이 흔들리지 않는 진정한 대통령의 자세다.

셋째, 나라에 정의가 행해지면서 남이 부러워하는 자리에 올랐을 때라 해도 과거 어려웠던 시절 자신이 품었던 뜻을 저버리지 않는다. 이는 당연한 일 같으나 실제 그렇게 하기 어렵다. 인간은 미워하면서 닮는다는 말에서 벗어나지 못하는 경우가 적지 않다. 예를 들어 혹독한 시어머니 밑에서 고생한 며느리가 세월이 흘러 시어머니가 되었을 때 혹독한 시어머니가 되는 수가 훨씬 많다. 훌륭한 대통령은 이런 점을 경계해야 한다.

넷째, 지조를 지킨다. 곤궁한 세월이 길어도 지조를 지키는 대통령이 진정한 대통령이다.

다섯째, 자신이 진정 옳은 방향으로 실행하고 있다면 남이 자신을 알아주지 않는다고 원망하거나 후회하지 않는다. 옳은 방향을 실천한다 해서 만인이 박수치고 환호해 주는 것만은 아니다. 때로는 격렬히 저항하고 억지 논리로 헐뜯기 일쑤다. 그런 것에 흔들리지 않고 꿋꿋이 자신이 택한 길로 매진하는 대통령이 진정한 대통령이다.

## 절도 있는 대통령

훌륭한 대통령의 성품은 한쪽으로 치우치지 않으며 절도를 지킨다. 그는 온화하면서도 엄숙하다. 그는 따뜻한 온기를 항상 지니면서도 장엄하고 정숙함을 잃지 않는다. 또한 그는 위엄이 있어도 사납지 않다. 의젓하고 엄숙하면서도 사나운 기운을 풍기지 않는다(홍승직 역해, 1994, 논어; 110, 116, 117). 사자와 같은 위엄을 지니면서도 남에게 위압감을 주지 않기는 어려운 일이다. 그렇지만 큰 대통령은 그런 성향을 지닌다. 특히 공손하면서 자연스럽다. 예의 바르고 검소하다 보면 자칫 남의 비위를 맞추려는 듯해서 부자연스런 느낌을 주기도 한다. 그러나 올바른 태도는 공손하되 남에게 부담을 주지 않는 자연스러움을 겸비해야 한다.

올바른 대통령은 공손하되 절도가 있다. 공손하면서 절도가 없으면 상대방을 피곤하게 만들 우려가 있다. 또한 신중한 것도 절도가 없으면 지나치게 위축되기 쉽다. 신중한 것이 지나치면 될 일도 안 되는 지경에 빠진다. 용감하지만 절도가 없으면 폭력으로 흐른다. 용감하다 해도 정의 수호 등의 한계를 지녀야지 지나치게 용맹을 뽐내면 기강이 문란해져 큰 혼란이 생긴다. 정직한 것도 절도가 없으면 가혹해진다. 정직은 자신에게 엄하게 요구하되 남에게는 관대해야 한다. 만약 자신에게는 관대하고 남에게 엄격하면 그 결과는 남을 가혹하게 대해 무자비해진다.

올바른 대통령은 끊임없이 배우고 생각한다(홍승직 역해, 1994, 논어; 29~30). 배우고 생각하는 것을 균등하게 해야 한다. 그렇지 않고 한 쪽에 치우치면 위태롭다. 배우기만 하고 생각하지 않으면 얻음이 없다. 반대로 생각만 하고 배우지 않으면 위태롭다. 배운 것을 현실에 응용하기 위해서는 배운 것을 곱씹어서 자기 것으로 흡수해야 한다. 배우는 것과 현실에 적용하는 것은 큰 차이가 있다. 머리 속에 가득 쌓인 지식이 비현실적인 것이면 오히려 많이 아는 것이 도움이 안 된다.

생각만 하면서 배우지 않으면 아는 것이 없으니 생각의 폭도 좁고 독단에 빠질 위험이 크다. 사람은 아는 만큼 생각할 수 있기도 하다. 여기서 경계할 것이 있다. 올바른 것을 배워야 한다는 것이다. 정도가 아닌 것을 배우면 그것은 자신에게 큰 독이 되거나 사회에 해를 끼치게 된다. 올바른 것을 골라 배워야지 아무거나 배워 익히는 것은 피한다.

대통령은 가려서 행동한다(홍승직 역해, 1994; 35). 할 일과 하지 말아야 할 일을 가려서 해야 한다. 아무도 안 보겠거니 했다가 낭패를 당하는 경우가 많다. 낮말은 새가 듣고 밤 말은 쥐가 듣는다는 속담을 항상 기억한다. 자신의 행동을 누군가 지켜보고 있다는 사실을 명심하면서 행동을 삼가면 큰 낭패는 피할 수 있다. 행하는 일은 누가 보아도 떳떳한 것이어야 한다. 한두 사람이 보기에 올바른 것이라 해도 다른 사람들이 보기에 적절치 못한 경우도 얼마든지 있다. 이런 일을 피하기 위해서는 행동의 원칙을 확고히 한다. 그 원칙은 정직이다.

대통령은 시작과 끝이 우아하고 감동적이어야 한다. 대통령은 항상 세인의 주목을 받는다. 그의 말 하나, 행동 하나가 뉴스가 된다. 사소한 일이나 중요한 일에 대한 언행은 처음과 끝이 사리에 어긋남이 없어야 한다. 그와 함께 중요한 것은 윤리적으로도 완벽해서 남이 함부로 비판하거나 조롱할 틈을 보여서는 안 된다(홍성욱 역해, 1994; 258).

대통령이 국가적 대사를 기획, 착수, 끝맺는 데도 우아하고 감동적이어야 한다. 어떻게 첫 걸음을 내딛을 것이며, 어떤 방식으로 국민적 지지를 이끌어내고, 그리고 성공적으로 마무리 지을 것인지를 심사숙고한다. 아무리 그 취지와 목적이 공익에 부합한다 해도 추진 방법이 서투르거나 비타협적이면 예기치 않은 반발과 반대에 부딪쳐 일을 망친다.

사람들은 무슨 일에 대해 모르면 자기 의견을 밝히는 데 멈칫거리거나 일단 반대하는 성향이 있다. 이는 당연한 반응이다. 자신이 확신이 없는데 남이 주장하는 것을 무조건 따르거나 하자는 대로 무작정 따라가는 사람은 그리 많지 않다. 그러니 남의 동의를 받아 동참하도록 하려면 성의 있는 설득 과정이 반드시 필요하다. 남에게 알리는 것을 건성으로 하고 난 뒤 뒤늦게 아무런 성과가 없다는 것을 알고 후회해 보았자 이미 때는 늦는다.

정책 집행에서는 시작도 중요하고 당연히 끝맺음도 중요하다. 나아가 끝맺음 뒤에도 그것에 대한 사후 관리에도 정치는 신경을 써야 한다. 이런 과정은 대통령 혼자서 이뤄내기는 불가능하다. 당연히 행정 조직이 완벽하게 작동되어야 한다. 따라서 최고 책임자의 위치에 오른 대통령은 오케스트라의 지휘자와 같은 역할을 해야 한다. 오케스트라는 악기마다 소리가 다르지만 그것이 지휘자의 지휘에 따라 화음을 이룰 때 감동적인 아름다움을 준다.

정치를 잘 하려고 생각한다고 해서 좋은 정치가 될 수는 없다(홍승직 역해, 1996, 여씨 춘추; 118). 그러기 위해서는 대통령의 자기 수양이 먼저 이뤄져야 한다. 좋은 정치의 근본은 대통령 자신의 인격과 덕망을 수양하는 데 있다. 모든 일에는 먼저 할 것과 나중에 할 것이 있는데 가장 우선하는 것이 자기 수양이다. 즉 수신(修身)을 한 다음에 가정을 올바르게 가꾸는 제가(齊家), 그 다음이 나라를 다스리려 천하 통일을 이루는 치국평천하(治國平天下)이다.[2)]

훌륭한 대통령은 자신을 이기는 것이 결국 남을 이기는 것이며 무엇이 가장 중요한 것인가를 파악해서 최선을 다하는 자세가 필요하다. 자신의 확신에 도취하면 천하가 다 반대하는데도 자신과 극소수의 참모들만이 찬성하는 어리석음을 범한다. 그런 일이 되풀이 되면 민심이 등을 돌린다. 그러니 확신을 가지기 이전에 정확히 살펴서 파악하는 신중한 자세와 자신이 언제나 잘못 판단할 수 있다는 가능성을 염두에 두어야 한다. 여론의 흐름을 잘 살피는 것도 무엇이 가장 중요한 것이고 그렇지 않은 것인지를 가려낼 좋은 방법이다. 여론을 잘 살

---

2) 이를 여불위(呂不韋)는 다음과 같이 표현했다(홍승직 역해, 1996, 여씨 춘추; 120) - 좋은 메아리는 메아리에서 나오는 것이 아니라 좋은 소리에서 나오고, 좋은 그림자는 그림자에서 나오는 것이 아니라 좋은 형체에서 나오고, 천하를 다스리는 것은 천하에서 나오는 것이 아니라 자신에게서 나온다.

피는 자세가 자신을 수양하는 방법의 하나이며, 그렇게 하면 세상이 어떻게 돌아가고 있는지를 파악할 수 있다.

## 통이 큰 대통령

훌륭한 대통령은 통이 크다. 그는 원만한 성품으로 지식과 덕을 겸비하면서 충분한 경험을 갖고 있다. 모나거나 둥글지 않고 모든 것을 담을 수 있는 그릇과 같다(홍승직 역해, 1994, 논어; 28). 모든 그릇은 제 각각 모양이 다르고 물건을 얼마만큼만 담을 수 있는 제한이 있다. 훌륭한 대통령은 모든 것을 담고 품을 수 있는 전천후 그릇과 같다. 즉 모든 상황에서 놀라거나 화내지 않고 침착하게 대응할 수 있는 그런 능력을 지녔다. 그와 함께 주변을 두루 사랑하는 넉넉한 품성을 지녔다.

올바른 대통령은 조화를 이루되 주체성을 지니고 동화되지 않는다. 그러나 작은 대통령은 주체성을 잃고 자기 생각이나 주장 없이 남의 의견에 동조하지만 조화를 이루지 못한다(홍승직 역해, 1994, 논어; 232). 조직에 속했을 때 얼마나 자신의 개성을 살리면서 조직과 일체감을 이루냐 하는 것은 매우 중요하다. 개인과 조직 간에 균형을 맞추는 것은 쉬운 일은 아니다. 조화를 이루되 동화되지 않는다는 것은 개인과 조직 간에 치우침이 없다는 의미다. 조직의 논리에 순응하면서도 개성을 잃지 않는 태도가 그것이다.

큰 대통령은 여유가 있다. 그는 속이 탁 트여 여유가 있고, 평탄하다. 반면 그릇이 적은 대통령은 속이 막혀 근심하고 걱정한다(홍승직 역해, 1994, 논어; 110). 평소 사소한 일에 일일이 신경을 쓰다보면 큰 것을 놓치기 쉽다. 항상 고요한 바다와 같은 마음을 지녀 평화와 여유를 갖고 작은 이익에 집착하지 않는다. 그리고 큰 것을 놓치지 않고 파악하는 자세를 지닌다. 정치를 크게 하려면 이런 자세를 지녀야 한다. 그러나 작은 대통령은 속이 좁아 작은 일에 일일이 신경을 쓰고 집착한다. 그리고 괜한 근심을 사서 하면서 걱정이 그치지 않는다. 이런 자세는 대통령이 아니라 해도 금물이다.

훌륭한 대통령은 태연하며 교만하지 않다. 그는 항상 작은 욕심에 연연하지 않기 때문에 여유가 있다(홍승직 역해, 1994, 논어; 233). 그리고 겸손해서 자신보다 못한 사람 앞이라 해도 건방떨거나 그를 무시하지 않는다. 반면 속 좁은 대통령은 작은 욕심에 눈이 어두워 마음 졸이면서 근심한다. 그리고 조금만 자신이 잘 난 것이 있으면 교만하다.

올바른 대통령은 강건하고 의연하며 꾸밈이 없이 수수하다. 또 말을 조심스럽게 하다 보니 때로는 어눌하게 들린다. 그러나 옳은 일을 과감하게 실천할 수 있는 의지를 지녔고, 어떤 상황에서도 흔들리지 않는다. 말은 자칫 상대방에게 칼이나 비수가 될 수도 있다. 따라서 항상 조심한다. 부득이 말을 할 경우 차라리 작은 목소리로 떠듬거리듯 하는 것이 낫다.

능력이 출중한 대통령은 남다르다(홍승직 역해, 1994, 논어; 120). 첫째, 그는 능력이 있어도 능력이 없는 남에게 묻는다. 혹시 자신이 빠뜨리거나 잘못 알고 있는 것이 없는가 하는 조심성 때문이다. 무슨 일을 처음 하는 사람은 고정관념을 지니지 않아 발상이 신선한 경우가 많다. 종래 사람들이 흔히 해왔던 사고의 틀을 지니고 있지 않아서이다. 당연하다는 것에 의심하는 자세만이 새로운 것을 생각하고 창조할 수 있다.

둘째, 그는 많이 들었지만 들은 것이 적은 사람에게 묻는다. 이 또한 혹시 더 들을 것이 있지 않을까 하는 겸손한 자세가 지니는 장점 때문이다. 어린이의 천진한 사고가 감동을 주는 경우가 많다.

셋째, 그는 있어도 없는 듯이 겸손하고 가득 찼어도 텅 빈 듯이 한다. 너그러운 마음과 깊은 생각을 지닌 사람의 당연한 태도이다. 이는 거만한 사람이나 정직하지 못한 사람이 결코 흉내 낼 수 없다. 설령 훌륭한 정치적 재능을 지녔다 해도 인간성이 교만하고 인색하면 정치 생명이 길지 않다.

넷째, 남이 자신에게 잘못을 범해도 야박하게 따지지 않는다. 지나치게 추궁하는 것은 당연히 피한다. 관대한 마음으로 용서하면 언젠가 그것이 뜻밖의 보답으로 되돌아오기도 한다. 그러나 상대가 자신의 잘못에 대해 부당하게 추궁 당했다고 여기면 원한을 갖는다. 그런 원한이 때로는 치명적인 비수가 되기도 한다.

큰 대통령은 국가의 큰 일에만 개입하지 사소한 일에는 그렇지 아니한다(홍승직 역해, 1996, 여씨 춘추; 49). 대통령이 할 일이 따로 있고, 장관이 할 일이 따로 있다는 말이다. 예를 들어보자. 음식점의 경우 주방장은 자기가 직접 음식상을 차리지 않고 목수의 우두머리인 도목수는 자기가 직접 나무를 찍거나 깍지 않고 목수에게 그 일을 맡긴다. 이처럼 업무를 가려서 하는 것은 주방장과 도목수가 해야 할 일이 매우 중요하기 때문이다. 주방 전체나 공사장 전체 구성원들이 분업과 협업을 통해 어떻게 성공적으로 업무를 수행할 수 있느냐를 기획하고 지휘하는 일이 더 어렵고 힘든 일이다. 이런 원칙을 항상 지키다 보면 총책임자는 자신이 나서야 할 때를 정확하게 파악하게 된다. 그렇지 않고 총책임자가 업무를 추진하다 다급해지거나 조바심이 난다해서 자신의 업무영역을 지키지 않고 관여하다 보면 결국 조직 전체의 생산성이 떨어지면서 조직원 등의 비웃음을 사게 된다.

## 감동을 주는 대통령

오늘날 끝내주게 훌륭한 대통령은 어떤 타입일까? 유권자들의 취향이 다 다르고 정치적 민주주의가 갈수록 발전하는 상황이니 그것은 아마도 백인백색일 것이다. 그러나 그 수많은 견해를 앞에 놓고 공통점이 가장 많은 사항을 간추려 보면 훌륭한 대통령은 아래와 같은 모습으로 나타난다.

훌륭한 대통령은 지나치거나 모자람이 없어야 한다. 9가지 덕을 갖추면 훌륭한 대통령이라 할 수 있다(이재훈 역해, 1996; 53). 첫째, 너그러우면서 위엄이 있어야 한다. 둘째, 부드러우면서도 줏대가 있어야 한다. 셋째, 조심스러우면서도 직무담당 능력이 있어야 한다. 넷째, 일 처리 재간이 있으면서도 주의 깊어야 한다. 다섯째, 온순하면서도 의지가 굳세야 한다. 여섯째, 곧으면서도 온화해야 한다. 일곱째, 대범하면서도 생각

이 깊어야 한다. 여덟째, 억세면서 생각이 깊어야 한다. 아홉째, 용감하면서도 정의로워야 한다.[3)]

이상에서 열거한 9가지 덕을 갖추는 것만으로 충분치 않다. 민주사회의 성공적인 대통령이 지닐 구체적인 실천 방안 5가지가 더 있다(홍승직 역해, 1994, 중용, 196~201). 그것은 자신을 수양하고, 현명한 사람을 존중하며, 각료를 공경하며, 공무원을 몸소 살피고, 국민을 돌보고 배고프지 않게 하는 것이다. 이를 좀더 구체적으로 살펴보자.

자신을 수양하면 정치 철학과 주요정책의 원칙이 확립된다. 그렇게 되면 대통령의 도리를 다하게 되고 국민이 이를 본받게 된다. 현명한 사람을 존중하면 대통령 자신이 판단 착오나 과오를 저지를 위험이 적다. 현명한 사람은 세상 이치를 꽤 뚫고 있어 무엇이 옳고그른 것인지 판단할 능력이 있다. 통치자가

3) 참고로, 공자는 정치인의 자질로 결단성, 통찰력, 다재다능 등을 꼽았다. 결단성은 과감하게 맺고 끊는 것이다. 대통령이 우유부단한 것은 좋지 않다. 신중한 것이 지나치면 아무 결단도 내리지 못하고 시간을 허비하는 데 정상적인 정치를 위해서는 맺고 끊는 것이 분명해야 한다. 다음, 정치에서 통찰력은 매우 중요하다. 사물의 이치를 정확히 판단하는 능력이 없으면 정치를 제대로 할 수 없다. 통찰력이 부족하면 대통령 개인뿐 아니라 대통령이 속한 조직에 큰 피해를 줄 수 있다. 다재다능은 정치에 필요한 요소이다. 특히 공자 시대와 같이 과학이 덜 발달한 사회에서 여러 부분에 재능을 지닌다는 것은 정치에 매우 긴요했을 것이다. 그러나 오늘날처럼 전문화가 심화되는 사회에서 개인 혼자서 다재다능하기는 매우 힘든 일이다. 대통령이 갖춰야 할 자질이 여러 가지가 있다지만 공자 시대의 그것과 오늘날은 차이가 있을 것이다. 그러나 사람이 어우러져 사는 모습이 예나 지금이나 큰 차이가 없다면 공자가 지적한 대통령의 자질을 깊이 음미할 필요가 있다(홍승직 역해, 1994, 논어; 70-71).

이런 사람과 가까이 한다면 국민에게 매우 다행한 일이다. 현명한 사람들이 대통령에게 서슴없이 비판하고 직언 한다면 이는 국가에 큰 도움이 될 수 있다. 대통령이 그것을 받아들여 국정에 반영한다면 더없이 좋은 일이다. 그렇지 않고 귀에 거슬린다면서 현명한 사람을 멀리 하면 우매한 통치자로 전락한다.

각료를 곤경하면 국가행정이 어지럽지 않다. 각료는 행정의 중추로 주요한 정책을 만들고 시행하는 사람이다. 따라서 통치자가 각료를 공경하고 신임해야 책임 행정이 이뤄진다. 만약 대통령이 각료를 불신해 직접 주요행정을 간섭한다면 각료들이 대통령의 눈치만을 살피면서 제대로 일을 하지 않는다. 대통령 책임제에서 행정의 궁극적 책임은 대통령에게 있다 해도 대통령이 행정 전반에 대한 전문가가 될 수 없기 때문에 행정 분업 차원에서 각료를 공경하는 것이 원칙이다.

대통령이 일선 공무원을 몸소 살피고 격려하면 공무원들이 대민 봉사를 더 철저히 할 수 있다. 대통령과 각료는 특정부서 공무원보다 전문성이 앞선다고 보기 어렵다. 이들 공무원을 격려하면 그들은 전문성을 최대한 발휘하고 자기 분야의 개혁에 앞장설 의욕과 사명감을 지닐 것이다.

국민을 돌보고 경제적 궁핍을 막는 대통령은 국민의 전폭적 지지를 받는다. 국민을 자기 가족처럼 사랑하는 자세를 가져야지 일단 대통령으로 뽑혔으니 국민의 상전이라는 식으로 행동해선 안 된다. 국가의 권력은 국민으로부터 나온다는 것을 명심하고 국민을 위한 대통령의 모습을 보이는 일을 게을리해선 안 된다. 국민이 먹고사는 문제는 무엇보다 중요하다. 나라의 가난은 나라님도 어쩌지 못한다는 옛말이 있듯이 사실 국가경제가 잘 되도록 하기는 매우 어렵다. 경제의 주체는 경제인과 노동자, 소비자 등이다. 정치는 경제정책 등을 통해 경제가 잘 돌아가도록 노력하는 역할을 담당한다. 그러나 정치가 경제 자체를 담당할 수 없다는 점에서 정치가 경제에 미칠 영향은 한계가 있다. 그렇다 해도 대통령은 경제 현장을 살피고 무엇이 어렵고 부족한 것인지 살피면서 고통을 받는 국민들을 위로하고 돕도록 힘써야 한다.

나라 경제를 걱정하고 잘 되게 하기 위해 노력하는 것에 국민이 감동하도록 노력해야 한다. 겉핥기식으로 경제를 챙겨서는 아무 소용이 없다. 대통령은 국민을 감동시키는 정치를 하도록 본인도 노력하고 각료, 공무원들도 그렇게 하도록 독려해야 한다.

대통령은 급변하는 시대 상황 속에서 한시도 경각심을 늦출 수 없다. 사회는 모든 부분이 균등하게 변하는 것이 아니라 어느 부분이 앞서가고 다른 부분은 뒤처지는 등 변화무쌍한 변화 형태를 취하기 때문이다. 변화하는 모습을 정확히 파악하기 위해서는 자신이 그것을 볼 수 있는 능력을 갖춰야 한다. 자신이 그런 능력을 갖추지 않으면 보아도 보이지 않고 들어도 들리지 않는다(홍승직 역해, 1994, 대학; 24-25). 그러니 대통령은 나날이 새로워져야 한다. 즉 심신이 나태해지지 않도록 노력한다. 그래야 최선의 정치가 가능하다. 그런 최선의 정치를 옛사람은 덕치라 했다. 덕치는 국민을 감동시키는 그런 정치다. 무엇이 최선인지를 밝히면서 그것을 달성하기 위해 행정력 등 동원 가능한 정치력을 집중하는 것이다. 이것도 선택과 집중이다.

정치에서도 선무당이 사람 잡는 것을 경계해야 한다(홍승직 역해, 1996, 여씨 춘추; 166). 프로급 대통령이 등장해 국민을 위해 최선을 다 한다면 최선이다. 그러나 아마추어적 대통령이 들어서서 임기 동안 '정치를 학습하는 식'으로 정치하면 큰일이다. 그것은 대통령 본인의 문제가 아니라 국가 전체의 불행이다. 그래서 준비된 대통령을 모두가 희망하고 그런 대통령이 환영받는다.

대통령이 휴가 중이거나 해외 순방 중에 어떤 책을 읽는다는 식으로 보도되는 일이 흔하다. 국내외 유명학자의 전문서적이나 국내 소설 등 등장하는 책은 다양하다. 그런 과정에서 이름도 없던 책이 베스트셀러가 되기도 한다. 그러나 이런 모습은 곰곰이 생각하면 조금 낯 뜨거운 면이 없지 않다. 책 한 권이 인생을 바꾸는 일은 흔하다. 대통령이 선출된 이후에 책 한 권에 심취되어 자신이 하는 정치에 그 영향을 크게 받는다면 물론 나쁠 것은 없다. 그러나 아직도 완성의 단계를 향해 가는 대통령을 선출했다는 생각을 하면 좀 착잡해진다.

대통령이라 해서 모든 것을 다 알아야 한다고 요구하는 것은 무리다. 그러나 어느 책 한권이 정치를 올바르게 한다거나 정치의 방향을 트는 식이라면 그것은 곤란하다. 선거에 출마한 대통령이라면 확고한 정치철학과 정책을 가지고 나왔어야 했다. 선출 과정에서 유권자에게 약속한 공약을 충실히 지키는 자세를 보이는 것이 더 적절하다. 공약은 국민에 대한 약속이고 임기 동안 반드시 지켜져야 하기 때문이다. 책을 읽어 참조하는 것은 개인적으로 조용히 하면 족하다.

맹자는 지금으로부터 2천수백년 전 왕이 잘못을 저지르면 간하고 그래도 말을 듣지 않으면 다른 왕으로 교체해야 한다고 역설했다. 그가 그런 말을 할 당시는 절대 왕정시대이다. 왕이 생사여탈권을 가지고 있던 시대에 감히 왕도정치를 주장하면서 왕까지 몰아낼 수 있다고 말한 것이다. 그가 말한 왕도정치는 지배자가 도덕적 무장을 하고 정치를 하며 피지배자들이 기본적 삶을 살 수 있는 최소한의 생활수준을 보장하고 선한 길로 이끌 여지를 마련해야 한다는 것이다. 오늘날 선진사회에서 통할 민주적 정치철학이라 하겠다(홍성욱 역해, 1994; 259).

정치를 못하면 당연히 대통령 자리도 위험하다. 대통령을 몰아낼 방법으로 탄핵 등이 법제화되어 있다. 옛날 왕권이 절대적일 때에도 왕이 잘못하면 물러나야 한다고 했으니 오늘날에야 더 말할 나위없다. 노무현 대통령도 국회에서 탄핵안이 가결되는 등 큰 곤욕을 치렀다. 물론 탄핵의 역풍으로 열린우리당이 제1당이 되는 성과가 있었지만 역사에는 탄핵 대상이 되었던 대통령으로 기록되는 것은 피할 수 없었다.

## 성공한 대통령과 개혁

성공한 대통령의 자질로 '경영 및 관리 능력'과 '설득력'이 손 꼽힌다. 대통령은 정부조직을 잘 이해하고 효과적으로 운영할 수 있는 능력과 정부의 정책을 국민에게 이해시키고 관련 집단 간 갈등을 타협과 조정으로 해결하는 설득력을 겸비해야 한다.

미국 대통령들을 여러 형태로 분류할 수 있지만 탁월한 리더십을 보인 이상형의 대통령과 현실 정치에 최선을 다한 현실 대통령으로 나눌 수 있다(P. James, Pfiffner, 1999; 285-286). 전자는 변혁을 실현하기 위해 정치 지형까지도 바꾸는 스타일이다. 후자는 정치 집단이 선호하는 방향을 추종하는 스타일이다. 두 스타일의 리더십도 차이가 있다. 이상형은 그 영향력의 깊이와 폭이 광범위한 데 반해, 현실형은 상대적으로 협소하다. 이 두 스타일에 대해 좀더 자세히 알아보자.

이상형은 마치 산을 옮겨 놓으려고 시도할 만큼 상식을 초월한 정치적 신천지를 제시한다. 과거 전례가 없는 정치적 방향이나 지향성을 제시한다. 그의 목표는 다른 사람들이 결코 가려고 하지 않는 그런 것이다. 자신들의 독특한 정치철학을 실천하기 위해 그것을 추종할 정치 세력을 창조한다. 그는 개혁적인 법안을 제시하면서 소극적인 반응을 보이는 의회를 설득, 그것을 통과시키도록 노력한다.

현실형은 우선 영웅적 지도자상을 꿈꾸지 않는다. 그는 변화를 추구하되 현실적으로 실현 가능한 그런 것으로 선을 긋는다. 다른 사람들이 가고자 하는 곳으로 갈 수 있도록 도와준다. 그의 견해는 다수가 지닌 견해를 대변하고 강화하는 그런 것이다. 그는 다수의 열망이 실현될 수 있도록 자신이 지닌 역량을 최대한 발휘한다. 예를 들면 다수의 열망을 입법화하도록 한다.

현실 정치에서 개혁은 이상형 대통령에게도 가장 어려운 일의 하나다. 개혁도 노력과 능력에 따라 좌우된다. 민주사회에서 대통령이 개혁을 성공시키려면 결정적인 두 가지를 고려해야 한다. 하나는 개혁을 추진하는 역량인 기술(skill)이다. 다른 하나는 다수가 수긍하고 받아들일 때를 맞추는 시기(time)이다. 이 두 가지 요인이 다 충족되어야 한다(P. James, Pfiffner, 1999; 325-326).

개혁은 장기적으로 모든 국민을 이롭게 하고 국가를 부강하게 하며 나아가 인류평화에 기여한다. 그러나 단기적으로는 개혁에 반대하는 사람들이 극력 반발한다. 이들은 개혁이 자신들에게 불편하고 불리하기 때문이다. 궁극적으로 추악한 과거의 기득권에 집착하기 때문이다. 개혁이 이뤄지지 않고 방치되면 그 분야의 생산성이 떨어지는 것에 그치지 않고 전체 사회에 악영향을 미친다.

개혁은 과거의 불행한 역사 속에서 챙긴 기득권을 지키려는 세력과 투명한 사회, 정의로운 사회를 지향하는 세력 간의 다툼의 형태를 나타내기도 한다. 그러나 역시 장기적으로 보면 개혁에 반대했던 사람들도 개혁에 의해 도움을 받는다는 점에서 개혁은 상시적으로 실시되어야 한다. 대통령은 그런 점을 정확히 꿰뚫어 보아야 한다.

대통령이 개혁과 같은 주요 이슈에 대해 정책을 제시하기 위해서는 그에 수반되는 정치적 기술이 요구된다. 그 기술은 의회와 적절한 협조관계를 유지하기 위해 노력하고, 정부 안팎의 유관기관의 협조를 끌어내기 위해 필요하다. 개혁의 추진은 여론을 주도하고 세부사항의 준비 등을 위해 관련행정부처 등의 적극적 공조체제 속에 이뤄져야 한다. 개혁은 관련법을 고치거나 새로 만들어야 하기 때문에 의회와의 우호적 관계를 맺는 것이 매우 중요하다. 그러기 위해서는 시의적절하고 효과적인 의화와의 협의가 필수적이다. 당연히 끈질긴 인내심이 필요하다. 협상능력도 뛰어나야 한다.

정부부처 외의 이익단체나 시민단체들의 지지가 필요할 경우가 많다. 이들 단체들이 정부 개혁으로 큰 영향을 받는다면 더욱 그런 관계가 필요하다. 즉 정부가 이들 단체와 긴밀히 접촉하면서 신뢰관계를 구축하고 효과적으로 기획, 추진해야 한다. 이들 단체가 극단적인 방법으로 저항할 경우 대통령의 뜻을 관철시키기 어렵다. 이상에서 살펴본 정치적 기술만으로 개혁을 달성하는 데 충분치 않다.

개혁을 달성하기 위해서는 때를 살펴서 적당한 때를 고를 줄 알아야 한다. 개혁을 달성하기 위해서는 사회적 공감대가 필요하다. 이는 가축이 새끼를 낳는 것에 비유할 수 있다. 가축이 새끼를 낳기 위해서 일정기간이 필요한 것처럼 하나의 정책이 다른 정책으로 바뀌는 개혁과정도 기간이 필요하다. 그 기간이 짧을 수도 있지만 매우 오래 걸릴 수도 있다. 사회적 공감대가 형성되는 기간이 정책마다 다르기 때문이다. 그 기간을 예측하는 것은 매우 어렵다. 객관적 상황은 항상 변하기 때문이다.

개혁을 기획해서 마무리할 때까지 매우 조심스런 과정을 거쳐야 한다. 언제 어떤 방식으로 개혁의 필요성을 공표해서 공론화하느냐부터 세심한 배려가 필요하다. 첫 단추가 매우 중요하다. 개혁의 필요성을 모두가 공감하고 흔쾌히 받아들인다면 전망은 매우 밝다. 성공한 대통령의 자질 가운데 하나는 때를 알고 때를 이용하는 능력이다. 정치 사회적인 문제제기와 그 해결책을 언제 내놓느냐, 그리고 그것을 어떻게 공론화시켜야 하는지를 아는 것이 참으로 중요하다.

개혁의 필요성에 대해 관련 정당이나 이익단체 등이 심하게 반발하면서 저항한다면 험난한 과정을 거쳐야 한다. 개혁은 기득권의 박탈, 포기와 이해관계의 변화를 수반하기 때문에 저항은 언제나 각오해야 한다. 그러나 저항이 발생한다 해도 여론이 그것을 비판하는 등의 과정을 거치면 약해지기 마련이다. 저항과 그것을 약화시키는 방법 등에 대한 세심한 준비가 없으면 개혁이 쉽게 성공하지 못한다.

개혁을 추진하는 대통령과 정치집단은 자기를 살펴 준비하고 객관적 상황을 예의 주시해야 한다. 민주사회는 다수의 견해를 존중해야 하고, 절차적 민주주의를 충족시켜야 하는 등 밟아야 할 필수적인 요건이 적지 않다. 민주주의를 신봉하는 한, 힘이나 열정만으로 개혁을 이룰 수 없다. 과거의 틀을 부수고 새로운 틀을 세우는 것은 치밀한 기획과 협상력, 인내심이 필요하다. 그리고 때가 무르익었는지를 정확히 읽을 수 있는 깊은 통찰력을 갖춰야 한다. 우리 사회의 개혁에 필요한 사항들이다

## 대통령의 말

정치는 말이다. 유권자들은 대통령의 말을 통해 정치를 파악한다. 정치적으로 중대한 시기에 대통령의 말 한 마디는 천금의 무게를 지닌다(홍승직 역해, 1994, 대학; 56~58).

말로써 정치의 방향이 정해지고 정치적 흐름의 방향이 틀어지기도 한다. 이처럼 말은 힘을 가진 강력한 수단이므로 대통령은 그 말 한마디 한마디에 신중을 기해야 한다. 기분에 치우쳐서 또는 자기만의 독단에 의해 말을 해버리면 안 된다. 정치는 원맨쇼가 아니다. 정치는 지지세력 간의 힘겨루기로 이뤄진다. 지지 세력은 대표적인 대통령의 말에 따라 움직인다. 대통령은 말 한마디에도 신중을 기해야 한다.

정치가 어지러우면 말이 어지럽다. 정치적인 말들이 많은 것을 탓할 일이 아니지만, 말 많은 것이 정치적 혼란을 반영하고 그것을 더욱 부채질하면 깊이 생각해 볼 일이다. 일단 말을 뱉어내 정치적 혼란과 분란이 생긴 뒤 남을 탓하는 것은 적절치 않다. 대통령 자신이 원치 않는 것은 남에게 행하지 않는다는 원칙을 세우는 것이 좋다. 자신이 욕심을 내면 남도 욕심을 낸다. 큰 대통령으로써의 덕을 쌓고 자기 수양을 게을리해서는 안 된다.

대통령은 경솔히 말해서는 안 된다. 말은 언행일치를 당연히 기본으로 한다. 올바른 대통령은 자신이 말한 내용을 행동으로 옮기지 못할까 두려워한다. 말은 일단 뱉으면 쓸어 담을 수가 없다. 대통령의 경우 특히 그것에 유의해야 한다. 대통령은 바라보는 눈이 많아 무슨 말을 하든 주목받는다. 그래서 하찮은 말이라 해도 반드시 대가를 치른다. 가능하면 심사숙고해서 단어 하나하나에 신경을 써야 한다. 대통령 이라 해서 항상 옳은 말만 하고 옳은 행동을 해야 하느냐고 할지 모른다. 그러나 그런 의식이 없으면 정치를 하지 않는 것이 좋다.

정치에서 행동이 당연히 말 보다 앞서야 한다. 말하는 것은 쉽고 그래서 누구나 말이 행동보다 앞선다. 그러나 말을 행동으로 옮기기는 쉽지 않다. 거기에는 많은 노력과 어려움이 따르기 때문이다. 공자는 이를 경계해서 "군자는 말은 어눌하게 하고 실행은 민첩하게 해야 한다"고 말했다(홍승직 역해, 1994, 논어; 47, 48). 군자가 실행이 아무리 민첩하다 해도 말보다 더 민첩하기는 어렵기 때문이라 한다.

공자가 지칭한 군자가 얼마나 능변일까를 상상키는 어렵지 않다. 당대 최고의 언변을 자랑할 만한 자질을 지녔을 것이다. 공자는 그런 군자가 말을 어눌하게 하고 실행은 민첩하게 해야 한다고 말한다. 말 잘하는 사람이 말을 어눌하게 하는 것도 매우 힘들 것이다. 자기 수양이 높은 경지에 다다르지 않으면 그렇게 하기 매우 힘들다. 공자가 언급한 군자는 그런 자제력을 지닐 정도의 경지에 다다른 사람이다.

요즘 시대는 너무 빨리 변하기 때문에 일반인들도 과거를 빨리 잊는 편이다. 하루가 다르게 모든 것이 변하다 보니 어떤 면에서 과거에 집착하는 것도 무리라 할지 모른다. 그래서 일반인들은 과거의 것에 대해 쉽게 망각하고 책임을 묻지 않기도 한다. 그러나 대통령에게는 그것은 당연히 해당되지 않는다. 일반인들은 대통령의 과거와 현재를 연결시켜 검증하고 시시비비를 가린다. 정보화 사회에서 그것은 매우 쉽게 행해진다. 인터넷을 통해 무한정 정보유통이 이뤄지고 정보 공유가 이뤄지기 때문이다. 만약 이런 과정을 거쳐 대통령의 말과 행동이 일치하지 않거나 말과 말이 서로 다를 때 큰 타격을 받는다.

민주사회의 대통령은 엄중히 말하고 엄중히 행동한다. 말과 행동이 분명하고 무게가 있어야 한다. 행동은 엄중한데 말은 그렇지 않은 것은 부적절하다(홍승직 역해, 1994, 논어; 239). 민주정치는 언론의 자유가 있고, 또 말의 정치가 힘을 갖는다. 따라서 대통령은 말과 행동 모두 최대한 활용해서 유권자에게 봉사한다.

대통령의 언행을 천하가 지켜본다. 민주사회에서 대통령의 말은 중요하다. 행동은 더욱 중요하다. 일반 국민들은 그의 말과 행동을 본받으려 하고 정치집단은 정책에 그것을 반영하려 한다. 대통령의 중요성은 너무 커서, 주목받는 것은 공식적으로 한 언행에 그치지 않는다. 그가 비공식적으로 행한 언행이라 해도 때로는 공식적인 언행 못지않은 무게를 지닌다(홍승직 역해, 1994, 중용; 255).

대통령의 언행을 국민은 24시간 내내 지켜보고 있다. 비유컨대, 그가 한 말을 낮에는 새가 듣고 밤에는 쥐가 듣는다. 그가 아무리 은밀히 행한 말이라 해도 감추어지지 않는다. 더욱이 그의 행동은 말할 나위 없다. 대통령을 바라보는 눈은 정치적 입장 등에 따라 천차만별이어서 하나의 말, 행동이라 해도 여러 가지 해설이 나오기 마련이다. 정반대의 해설이 나오는 경우도 허다하다.

뒤늦게 대통령 언행의 취지는 어떤 것이었다고 해명을 해도 이미 때가 늦다. 그런 일이 되풀이 되면 대통령의 권위만 땅에 떨어진다. 그 결과는 국가와 국민 모두에게 좋지 않다. 대통령에 대한 신뢰가 땅에 떨어지는 등 대의정치에 대해서 회의한다면 민주주의의 생산성에 대해 의심하게 된다. 이렇게 되면 결국 전체 사회가 뒤숭숭해진다. 이러니 대통령은 언행을 조심해야 한다. 불필요한 비판을 불러올 여지가 있는 언행은 삼간다.

## 2분과 두 시간의 연설

연설은 대통령이 자신의 의견을 밝혀 상대방을 설득하거나 동의를 요하는 수단이다. 역사에 길이 남는 연설은 그 사례가 수도 없이 많다. 미국 링컨 대통령의 게티스버그 연설도 그 가운데 하나다. 명연설은 주요한 특징이 있는데 상대방의 의견을 존중하고 그 내용에 귀를 기울이는 대화의 방법이 녹아들이 있다는 것이다. 게티스버그 명연설이 역사 속에서 빛나는 이유도 링컨 대통령이 미국인들의 심금을 울렸기 때문이다.[4)]

1863년 11월 19일 아브라함 링컨 대통령은 펜실베니아 주 게티스버그 국립묘지에서 미 역사상 가장 유명한 연설을 했다.

4) http://showcase.netins.net/web/creative/lincoln/sites/gettysburg.htm

'새로운 자유의 탄생'이라는 제목의 연설이다. 그의 연설은 '국민의, 국민에 의한, 국민을 위한 정부'로 우리들에게 잘 알려져 있다. 미국 남북전쟁(1861~1865)이 진행되고 있던 그 날, 링컨 대통령은 전쟁의 전환점이 된 혈전지 게티스버그를 방문하고 전몰자 국립묘지 봉헌식에 참석한다. 그는 불과 2분간 총 266 단어로 된 짧은 연설을 했다.

그 봉헌식에서 주 연설을 한 사람은 당시 미국 최대의 명연설가였던 에드워드 에버렛이었다. 그는 상원의원, 학자, 전도사로 그날 2시간 동안 연설했다. 명쾌하고 간결하면서 분명한 링컨의 연설은 에버레트 상원의원의 현란하고 유창한 연설과 크게 대비되었다. 그러나 기념식에 나와 있던 청중들은 링컨의 연설에 더 큰 박수갈채를 보냈고 그 후 세계적인 명연설로 기억되었다. 그러나 에버레트의 긴 연설은 아무도 기억치 않는다.

링컨 대통령의 연설문은 다음날 게티스버그 신문에 실리고 미국 정치사의 기념비적 연설문의 하나로 전해지게 된다. 링컨 대통령의 그 날 연설은 나자렛 예수의 '산상수훈'에 곧잘 비유된다. 미국의 명분을 몇 마디 말 속에 간결하게 압축하고 남북전쟁의 의미, 자유의 가치, 민주정부의 원칙을 제시했다. 정치지도자의 연설치고 그처럼 간결하면서도 강력하고 쉬운 말을 쓰면서도 감동적일 수 있었던 사례는 찾기 어렵다. 그 연설의 간결성과 간명성, 그리고 감동적 효과 때문에 이 연설은 미국역사를 지탱한 원칙과 비전의 원천이자 항구한 준거의 틀이 되었고 정치만이 아니라 문학사적으로도 긴 생명의 고전적 텍스트가 되어 있다.

링컨 대통령의 연설문에 대한 일화는 재미있다. 그해 9월 에버레트 의원은 봉헌식 준비위원회로부터 연사로 초청받았으나 연설문 작성을 이유로 봉헌식 연기를 요청했다. 위원회가 그 요구를 수락해 봉헌식이 두 달 가까이 연기되었다. 링컨 대통령은 위원회로부터 봉헌식이 열리기 3주일 전 짧은 연설을 해달라는 초청장을 받았을 뿐이다.

에버레트 의원은 봉헌식 다음날 링컨 대통령에게 서한을 보내 링컨 대통령의 간결했지만 감동적인 연설에 감사의 말씀을 전했다. 에버레트 의원은 서한에서 "대통령이 단 2분 동안에 언급한 내용을 저는 두 시간이나 걸려서 대통령의 연설 핵심 부근에 겨우 가까이 갈 수 있었다"고 언급하면서 링컨 대통령에게 찬사를 보냈다.

한편 링컨 대통령이 게티스버그로 가는 열차 안에서 편지 봉투 겉면에 서둘러 쓴 것이 이 연설문이라는 이야기가 있다. 그러나 그것은 만들어진 이야기이다. 링컨이 신임했던 기자 노아 브룩스(Noah Brooks)에 따르면 봉헌식 며칠 전 백악관 집무실에서 대통령이 "연설문을 초안했으나 아직 완성하지는 못했다고 말했다"고 한다. 링컨의 준비성 있는 평소의 성품과 그 연설문이 지닌 고도의 짜임새, 어휘 선택 등을 보면 한 순간에 생각한 것이 아니라 상당한 시간을 바쳐 조심스레 작성한 문건이라는 추정이 가능하다. 명궁과 같은 리더의 말솜씨는 쉽게 얻어지는 경지가 아니다.

대통령의 말은 국정에 대한 최종책임자의 말이다. 그것은 국민 개개인의 심금을 울리는 내용과 형식이어야 한다. 그렇게 되려면 대통령은 국민 모두의 목소리에 귀를 기울여야 하고 그들의 요구를 파악해야 한다. 그래야 정확하게 응답을 하는 것이 되어 국민의 심금을 울린다. 감동적인 리더의 말은 국민을 경청하는 데서 나온다.

## 대통령과 민심

### 국민이 가장 소중

민주주의 국가에서 국민이 가장 귀중하다. 대통령 등 공직자는 당연히 그 다음이다. 따라서 국민의 마음을 얻은 사람이 당연히 최고 지도자가 된다(홍성욱 역해, 1994; 332). 정직한 정치에는 사람이 따른다. 국민의 지지를 받으려면 인재 등용이 올바르게 되어야 한다. 정직한 사람을 찾아내 쓰고 굽은 사람을 버려두면 국민이 지지한다. 반대로 굽은 사람을 등용하고 정직한 사람을 버려두면 국민이 지지하지 않는다(홍승직 역해, 1994, 논어; 31).

정치를 잘 하면 국민은 애국자가 된다. 정치가 솔선수범해서 올바른 일을 경쟁적으로 하게 되면 전체 사회가 맑고 건강해진다. 당연히 도덕심도 높아진다. 우리나라처럼 정치인이나 그 자식들이 군대를 기피하는 일이 많거나 정치를 하면서 부정한 방법으로 축재하는 일이 많으면 사회 전체가 당연히 혼탁해진다. 일반 국민도 애국심을 가지기 어렵다. 정치가 국가와 민족을 위해 항상 모범을 보인다면 일반 국민도 당연히 국가와 민족을 위해 모범적인 행동을 하려 노력하기 마련이다.

정치를 할 때 먼저 민심을 파악하고 민심을 따라야 한다. 그래야 민심을 얻는다. 대통령이 선거를 통해 자기 정치철학과 정책에 대한 지지를 확보했다면 그것에 바탕을 두고 민심을 살피고 민심을 얻는 정치를 해야 한다. 대통령이 유권자에게 약속한 것을 의식하면서 거기에 중심을 잡고 정치를 해야 한다.

유권자에게 약속했던 바를 행하다 보니 여의치 않아서 중도에 송두리째 바꾸는 것은 적절치 않다. 그런 상황이면 자신의 공약을 지킬 수 없게 된 것으로 보고 결단해야 한다. 즉 정치 노선을 유지할 것이냐 아니면 바꿀 것이냐를 놓고 유권자의 견해를 물어야 한다. 이런 과정을 생략한 채 정치 지도자가 우왕좌왕하는 모습을 보여서는 안 된다. 민심을 얻는 방법은 간단하다. 국민이 원하는 바를 얻고 좋아하는 것을 즐기도록 노력하는 것이다(홍승직 역해, 1996, 여씨 춘추; 321).

국민이 무엇을 원하고 좋아하는지를 어떻게 알 수 있는가? 그것은 당연히 선거를 통해 알 수 있다. 선거에 출마해서 자기를 뽑아달라고 호소하는 것은 자신의 정책을 지지하느냐를 묻는 과정이다. 다른 후보들도 다 자기들만의 정책을 내놓고 유권자의 지지를 호소하기 마련이다. 그런 과정을 통해 당선이 되었다면 당선자의 정책이 바로 국민이 원하고 좋아하는 정책이다. 대통령은 자신이 유권자에게 행한 약속을 지키기 위해 최선을 다해야 한다. 아무리 좋은 정책이라 해도 실행 단계에서 정성을 다하지 않으면 중간에서 아무 성과도 거두지 못하고 망쳐버리는 수가 많다. 따라서 정책을 실행하기 위해서 사전에 치밀한 계획을 세우는 등 원만하게 일을 진행시키는 세심한 배려가 필요하다.

좋은 정책이라 해도 그것을 반대하는 세력이 있기 마련다. 반대세력에게 반대할 구실을 주거나 그것이 국민에게 큰 설득력이 있게 되면 그것은 중대한 실책이다. 그러니 훌륭한 정책이라 해서 마구 밀어붙이거나 반대하는 사람들을 감싸 안고 가는 식이 아니면 벽에 부딪치기 쉽다. 솜씨 좋게 해야지 그렇지 않으면 민심이 변하거나 심지어 민심이 대통령에게 등을 돌리는 일이 생긴다.

올바른 정치도 현명함과 부지런함이 필요하다(최진규 역해, 1996; 134). 민주주의 사회에서의 정치는 국민을 상대로 치열한 경쟁을 벌이는 것과 같다. 아무리 뜻이 고상하다 해도 국민들이 알아주지 않으면 아무 소용이 없다. 그러니 항상 국민의 입장에서 생각하고 그것을 실천할 방법이 무엇인지 생각해야 한다. 옳은 정치에도 반드시 전략과 전술이 필요하다는 말이다. 남보다 먼저 하면 남보다 앞설 수 있고, 늦게 하면 남에게 뒤진다. 정치에서 이런 각오가 없다면 상대방에게 휘둘려 아무 일도 하지 못할 수도 있다.

민주주의는 궁극적으로 국민을 상대로 하는 정치다. 아무리 좋은 정치적 목적이라 해도 치밀한 준비와 성사 노력이 없이는 뜻을 이루기 어렵다.[5)] 최대한 노력해서 국민을 감동시키는

---

5) 열린우리당이 2004년 정기국회에서 4대입법을 통과시키겠다고 호언장담했으나 결국 실패한 것은 정치에는 전략 전술이 반드시 필요하다는 귀중한 사례다. 열린우리당은 대통령 탄핵의 후폭풍으로 불어 닥친 국민들의 열화와 같은 개혁요구 속에 일거에 과반수가 넘는 거대 여당으로 군림했다. 국보법 폐지나 신문법, 과거사 청산법, 교육법 제정 필요성은 지난 수십년 동안 우리 사회에 올바른

그런 모습으로 임하는 것이 필요하다. 그런 노력이 없이는 다수당이라 해도 소기의 목적을 달성치 못한다.

올바른 대통령은 모든 사람으로부터 칭송받는 대통령이 아니다(홍승직 역해, 1994, 논어; 232). 올바른 유권자로부터 칭찬받되 문제가 있는 유권자로부터 욕을 먹는 대통령이 가장 올바른 대통령이다. 모두에게 욕을 먹는 대통령은 존립이 불가능하니 그런 상황을 논할 가치는 없다.

대통령이 어떤 자세로 공직을 수행하려 하느냐 하는 것은 너무도 중요하다. 쉽게 생각하면 모든 유권자로부터 칭찬받는 그런 정치를 하고 싶을 것이다. 실제 많은 대통령이 그런 욕심을 부리기도 한다. 그러나 그것은 과욕이다. 모든 사람이 다 좋아하는 대통령이라 하면 현실적으로 존재하기도 힘들지만 설령 존재한다고 가정할 때 그는 정치 철학이 없다는 것을 의

민주주의, 정의로운 경제정책이 도입되는 것을 저지해온 결정적 장애물들을 제거하자는 것이었다. 선진사회로 가기 위해서는 후진적 병폐를 도려내야 한다는 취지였다. 열린우리당은 4대입법안을 제기할 때만 해도 기세등등했고 그것은 실현 가능한 것처럼 보였다. 그러나 이 당은 그것을 관철하기 위한 치밀한 사전 준비가 없었다. 4대입법의 제정 취지를 널리 알리고 그것을 반대하는 사람들을 설득하면서 국회 내에서의 입법이 최선이라는 확신을 심어주어야 했다. 그러나 열린우리당은 그렇지 못했다. 별다른 노력, 행동도 보이지 않았다. 그 흔한 공청회조차 눈에 띄지 않았다. 더욱이 민노당의 적극적 지원 등이 있었고 1천여 명이 넘는 단식 농성단이 국보법 폐지를 외치면서 국회의사당 밖에서 장기 농성하는 유리한 분위기를 활용하지 못했다. 열린우리당은 이렇다 할 전략도 없이 우왕좌왕하다가 한나라당 지휘부와 밀실회담을 하는 등 원칙도 없고, 임기응변도 없는 무기력한 모습으로 허둥대다가 결국 실패했다. 열린우리당은 그 후 심각한 내홍에 휩싸여 지도부가 총사퇴하는 등의 대가를 치러야 했다.

미한다. 정치철학이 확고할 때 현실 정치에서 크고 작은 충돌을 피할 수는 없다. 매사에 누이 좋고 매부 좋을 수는 없는 노릇이다.

정치가 모두로부터 칭찬을 받는다는 것은 정치가 모든 사람의 정치적 욕구를 충족시킨다는 것을 의미한다. 그러나 현실 정치에서는 한정된 인력과 자원으로 정치적 수요를 충족시켜야 한다. 여기에서 수요와 공급의 법칙이 나타난다. 막대한 정치적 수요가 있으나 거기에 투입할 자원은 한정되어 있다면 결국 선별적으로 공급할 도리 밖에 없다. 그 같은 정치적 선별 과정에서는 만족하는 사람과 그렇지 않은 사람, 좋아하는 유권자와 그렇지 않은 유권자가 생기기 마련이다. 정치 행위는 개인 또는 정당의 정치철학에 영향을 받는다. 결국 정치적 선별 과정은 정치 철학에 좌우된다는 점에서 유권자들이 좋아하거나 싫어하는 것과 직결된다. 이런 연유로 모든 유권자로부터 칭찬 받는 대통령은 존재하기 어렵다.

대통령은 자신을 지지하는 유권자와 지지하지 않는 유권자가 공존하는 현실 정치에서 살아남아야 하는 그런 존재다. 궁극적으로 올바른 정치의식을 가진 지지자들이 그렇지 않은 지지자들보다 많다면 올바른 정치 지도자의 길을 계속갈 수 있으나 반대의 경우는 그렇지 못하다. 유권자들이 지닌 정치적 편향성이나 대의에 어긋나는 정치의식에 영합하는 대통령은 결국 큰 정치는 하지 못한다.[6)]

---

6) 민주화운동을 저지하면서 독재 권력을 휘둘렀던 대통령이 특정 지역에서 정치적 생명을 유지하는 경우가 있다. 광주항쟁의 역사적

올바른 대통령은 올바른 유권자들로부터 칭찬받고 올바르지 않은 유권자로부터 욕을 먹는 것이 가장 정당하다. 반대로 올바르지 않은 유권자로부터 칭찬받고 올바른 유권자로부터 욕을 먹는 대통령은 큰 대통령이 되기 어렵다. 올바르지 않은 유권자의 무관심 속에 올바른 유권자로부터 욕을 먹는 대통령이 가장 부적절한 대통령이다.

국민이 대통령을 비난할 때 민심이 떠난 증거인지를 살핀다(홍성욱 역해, 1994; 69). 현대 사회에서는 대통령도 국민이 선출하기 때문에 국민 중에 지지하지 않는 사람은 현직 대통령에 대해 심한 비판을 퍼붓기도 한다. 국회의원 등 선출직에 대해서는 다 마찬가지다. 그러면 어떤 정도의 비판이면 민심이 떠난 증거로 보아야 하고, 아직도 민심의 지지를 받고 있다고 여길 수 있는가. 이 부분에서 판단하기가 쉽지 않다.

미국처럼 민주주의가 꽃 핀 사회에서도 대통령에 대한 반대 시위가 기승을 부리기도 한다. 반대할 사람은 하라, 나는 나의 길을 간다라고 할 수 있다. 그러나 여러 가지 선택 가능성이 있는데도 그럴 경우는 접근법이 달라야 한다. 첫 단추가 중요하다는 교훈에 따라 대통령은 신중하게 출발점을 고르고 물샐 틈없이 치밀한 자세로 일을 추진해야 한다. 그 과정에서 중요한 것은 대통령의 선택을 지지하는 세력과 함께 가야한다. 출발선에서는 그럴 듯 했는데 중간에 미적거리거나 방향을 바꾸는 식으로 지지하는 세력을 실망시켜서는 안 된다. 그래서 대

---

의의가 확립되었는데도 광주항쟁의 가해자를 국회의원으로 당선시키는 유권자들의 정치의식을 올바르다고 보기 어렵다.

통령은 항상 지지 세력과 함께 간다는 자세로 임해야 한다. 그렇게 해야 국민의 부분적인 비판이 있어도 위태롭지 않다.

### 국민의 고통이 대통령의 고통

국민을 위해 근심하는 대통령이라야 한다. 대통령이 국민의 즐거움을 즐거워하면 국민도 대통령의 즐거움을 즐거워한다. 대통령이 국민의 괴로움을 괴로워하면 국민도 또한 그의 괴로움을 괴로워한다. 이처럼 국민적 즐거움을 즐거워하고 국민적 괴로움을 괴로워하는 대통령이 제대로 정치를 못한 경우는 매우 드물다(홍성욱 역해, 1994; 70).

그러면 어떻게 국민적 즐거움과 괴로움을 파악할 수 있을 것인가? 그것은 간단하다. 국민의 입장에서 생각하고 행동하면 자연 그것을 알 수 있다. 국민 대다수의 어려움을 파악하면 물론 즉시 그것을 해결하도록 노력한다. 모두가 감동할 만큼 성의를 다해 노력한다.

대통령이 원대한 포부가 있다 해도 국민과 같이 생각하고 행동한다는 원칙에서 벗어나서는 안 된다. 현실이 대통령 자신의 뜻을 몰라준다고 갑갑해 하면서 설득을 포기하거나, 못 따라오면 어쩔 수 없다는 식으로 독주해서는 안 된다. 그럴 경우 반드시 대가를 치른다. 자칫 정치 생명도 위태로울 수 있다.

진정한 대통령은 국민의 배고픔을 자신의 책임으로 인식한다(홍성욱 역해, 1994, 맹자; 11-21). 우리의 경우 경제 규모가 세계 상위권이라 해도 극심한 내수 부진, 높은 청년 실업률 등의 어려움이 공존한다. 이는 빈부 양극화를 심화시키는 경제

구조 탓이다. 이런 상황에서 대통령은 어려운 국민의 고통을 자신의 책임으로 적극 받아들여 그 해결책을 모색해야 한다. 그리고 끊임없이 이들의 고통을 확인하고 어루만져 주는 자상함이 필요하고 다수 국민도 어려운 이들을 껴안을 수 있는 상황을 만들어가야 한다. 우리 경제나 사회가 심한 배고픔과 심리적 고통을 당하는 사람들을 방치하고 올바르게 발전할 수 없다. 그들로 인한 부작용은 이 사회 전체의 정상적인 성장에 큰 장애가 되기 때문이다.

경제는 연속적인 것이어서 오늘의 문제는 사실 과거 정권의 실책 탓일 수 있다. 그러나 그렇다 해서 과거 정권 탓을 하면서 손을 놓을 수는 없다. 그것은 정치논리에 맞지 않다. 정치도 연속적인 것이어서 과거 정권으로 인한 책임은 당연히 현 정권에 승계된다. 이런 탓에 오늘의 문제에 대한 뿌리가 어디에 있는지를 가리는 것도 중요하지만 그런 문제 해결에 발 벗고 나서야 할 책임이 정치에 있다.

정치는 국민들의 바람이 무엇인지를 보고 그에 따른 정치를 행하는 것이다. 우선 국민의 의식(衣食)을 풍족하게 하는 것이다. 그리고 정치 지도자가 법과 원칙을 따르고, 예의염치를 잃지 않으며 결정을 순리대로 내리는 것이다. 민주주의에서 대통령은 국민의 바람을 저버리고는 정권을 잡을 수 없다. 그러니 국민의 공복이 되고자 하면 항상 국민의 바람을 살펴야 한다(최진규 역해, 1996; 312).

국민의 의식(衣食)은 경제를 상징한다. 경제가 어려우면 국민은 이유가 무엇이든지간에 불편해 한다. 그리고 정치 쪽에 책임을 돌리면서 집권층을 갈아치우려 한다. 경제는 살아 있는 생물과 같아서 끊임없이 변한다. 오늘날의 경제는 세계가 좁아지면서 서로 영향을 밀접하게 주고받는다. 먼 나라에서 전쟁이나 천재지변이 나도 그것이 우리 경제에 영향을 미친다.

정치 지도자는 경제에 전념하면서 그와 함께 법과 원칙을 준수하는 자세가 필요하다. 법과 원칙을 지키지 않는 대통령은 이미 그 생명이 다한 것과 마찬가지이다. 민주사회에서 한번 국민의 눈에 벗어나면 그것을 회복하기 매우 어렵다. 특히 법과 원칙을 지키지 않는 것으로 국민으로부터 버림받은 대통령이 다시 일어선다는 것은 보통 어려운 일이 아니다. 그러니 매사에, 그것이 큰일이거나 작은 일이거나 대통령으로서의 의무를 지켜야 한다.

민주주의 사회에서 순리란 민주적 방식이다. 민주적 방식은 대화하고, 협의해서 최선의 결론을 만들어내는 것이다. 서로 의견이 다르면 결국 표결로 해야 하고 표결의 절차가 정당한 것이면 그 결과에 승복해야 한다. 자신이 반대했다 해서 결과를 받아들이지 않는 자세는 적절치 않다. 민주사회에서 대통령이나 국회의원을 선거로 뽑게 되는데 일단 선출된 대통령은 유권자 모두의 대리인이 되는 것이다. 그런 자세를 지키지 않으면 선거의 의미는 크게 퇴색한다.

투표할 때 지지했거나 그렇지 않았거나 일단 선출되면 그 대통령은 모두의 대통령이고, 선거에 참여했던 모든 유권자는 그 대통령에 대해 동등한 권리와 의무를 지니는 자세를 지녀야 한다. 내가 안 찍었으니 너의 대통령일 뿐이라는 태도를 지니거나, 지지했던 대통령이 크게 실망스러울 때 그를 찍은 유권자들에게만 책임을 묻는다면 그것은 잘못이다. 선거의 결과에 대해서는 대통령이나 유권자 모두가 무한 책임을 지는 것이다.

대통령은 항상 경제현장을 챙겨야 한다. 국민들의 눈에 대통령이 경제에 무관심한 것처럼 비치는 것은 최악이다. 먹고 사는 것에 국민이 불편하다는 것은 보통일이 아니다. 그러니 국민의 아픈 곳을 어루만져 주고 위로하는 자세를 항상 갖는 것이 필요하다.

## 대통령의 인사

정치는 인사가 만사다. 옛날에도 성군(聖君)이 되려면 훌륭한 신하들의 도움이 필요했다(홍승직 역해, 1994, 논어; 129). 하물며 오늘날에야 더 말할 나위 없다. 정치를 얼마나 잘 하느냐는 최고 권력자 혼자의 힘만으로는 되지 않는다. 최고 통치권자의 인사권에 의해 발탁된 인물이 얼마나 제대로 하느냐에 달려있다. 정치는 정부와 정당 조직만으로 이뤄지지 않는다. 그 조직을 채우고 있는 사람에 의해 정치가 이뤄진다.

성공한 대통령에게는 반드시 유능한 참모가 있고, 실패한 대통령에게는 문제가 많은 참모가 있는 법이 많다(홍승직 역해, 1996, 여씨 춘추; 98). 성공한 대통령은 언제나 바른 말을 하고 직언을 하는 참모를 중용한다. 그것이 쉬운 일은 아니다. 권력을 장악한 대통령은 자기가 하고 싶은 대로 고집을 피우기 마련이다. 성공한 대통령은 성공의 원인이 자신에게 있다고 생각하기 마련이라 참모 등 남의 말을 듣고 따르기가 쉽지 않다. 특히 험난한 과정을 거쳐 정권을 잡으면 자신에게 헌신한 참모를 멀리하기도 한다.

집권에 성공한 공을 자신에게 돌리고 참모들에게 인색한 그런 대통령에게 창업공신이 붙어있기는 어렵다. 창업공신은 자기가 봉사한 대통령의 모든 것에 대해 샅샅이 알고 있고 자신의 기여도에 대한 자신감도 있어서 행동이 자신감에 차있는 경우가 많다. 직언을 서슴지 않는 등 성공한 대통령에게 때로는 불편한 존재가 되기도 한다. 이처럼 껄끄러운 참모를 곁에 두기란 쉬운 일이 아니다. 그러나 어려웠던 시절의 초심을 잃지 않는 그런 대통령만이 성공한 대통령이 될 수 있다. 겸손하게 임기를 채우는 대통령이 칭송받는 대통령으로 기억될 것이다.

현실 정치를 보면 권좌에 오른 대통령은 듣기 좋은 말만 들으려 하고 아차하면 아첨에 넘어가기 쉽다. 그런 대통령은 매우 교만해져서 약이 될 만한 말은 들으려 하지 않거나 심지어 약이 될 만한 말을 하는 사람을 멀리 하거나 벌을 주기까지 한다. 이러니 주변에는 진실로 봉사하는 참모가 남아 있지 않게 된다. 결국 쓰레기 같은 참모만 남아서 사리사욕을 채우거나 부정한 일에 손을 뻗치게 되어 그를 곁에 둔 대통령에게 흙탕물이 튀기게 만든다.

대통령의 아들이나 친인척들이 비리에 연루되어 줄줄이 철장신세를 지니는 일을 우리는 많이 목격했다. 대통령에게 일이 커지기 전에 직언하고 시정되도록 했다면 그런 일이 없었겠지만 그것이 그리 쉽지 않다. 수사기관이나 정보기관에서 대통령의 주변 인물이 일을 잘못 벌이려 한다는 정보를 일찌감치 입수했다 해서 그것을 대통령에게 보고하기란 매우 어렵다. 관련 기관의 직원들이 정확한 정보를 올린다 해도 그것이 일의 초기단계이기 때문에 명백하지 않은 부분도 있어서 그런 정보를 올린 사람이 자칫 수세에 몰리게 되고 심지어 좌천되는 일도 있다. 대통령이 직언하는 참모를 항상 신뢰하고 중용한다면 대통령 본인에게도 큰 누가 될 불미스런 일을 미연에 방지할 수 있을 것이다.

대통령이 참모와 각료, 공무원을 자신의 신체 일부처럼 소중히 여긴다면 그들은 대통령을 자기의 심장처럼 여길 것이다. 그러나 대통령이 만약 참모와 각료, 공무원을 개나 말처럼 가볍고 천하게 여긴다면 그들도 대통령 보기를 길가는 사람 보듯 할 것이다. 대통령이 만약 참모와 각료, 공무원을 흙이나 풀처럼 천하게 여긴다면 그들은 대통령 보기를 원수처럼 여길 것이다(홍성욱 역해, 1994; 213).

예로부터 사람은 자신을 알아주는 사람에게 목숨까지 바친다고 하지 않았던가? 대통령을 정점으로 해서 전 행정조직이 일체감 속에 집무한다면 최상의 대국민 서비스가 될 수 있다. 그 일체감은 전체 행정조직원이 서로 아끼고 존중하는 데서 생긴다. 행정조직은 큰 기계와 같다. 그래서 어느 한 곳의 톱니바퀴 하나만 잘못되어도 전체 기계가 잘 돌아가지 않듯이 행정조직도 마찬가지다. 때로는 행정력이 망가지기도 한다. 살다 보면 99.9% 잘 해도 마지막 사소한 실수로 일이 잘 안 되는 것을 경험하게 되는데 행정도 마찬가지다. 전 행정조직이 분업과 협업을 통해 잘 돌아가야 한다. 그러기 위해서는 위에서부터 말단까지 서로 존중하고 아끼는 그런 분위기가 조성되어야 한다.

대통령은 사람을 쓸 때 신중에 신중을 기해야 한다. 정치는 결국 사람이 하는 것이므로 정치의 성패는 인재 등용에 달려 있다(홍승직 역해, 1994, 대학; 84). 지도자가 지나친 자만심으로 모든 것을 자신이 챙기면서 참모나 정부 각료를 어떤 부문의 전문기능인만으로 채운다는 것은 위험하다. 대통령 자신은 머리 역할을 하고 장관 등은 팔다리 역할을 하면 된다는 식은 올바른 인재 등용 방식이 아니다.

정치에서 사람 쓰는 일은 대통령이 자신을 다스리는 것 다음으로 중요하다. 대통령이 장관을 지명했는데 자질이 문제가 되어 장관이 된 뒤 며칠 만에 물러나는 일이 있다. 이는 사람을 평가하는데서 치명적인 잘못을 저지른 경우다. 사람을 평가하는 데는 일곱 가지 관찰법이 있다(홍승직 역해, 1996, 여씨춘추; 137).

첫째는 꽤 잘 나가는 사람일 경우 그가 극진히 받들거나 섬기는 사람이 누구인가를 살핀다. 이는 개구리가 올챙이 시절을 잊는다는 것을 경계하는 말이다. 즉 잘 나가는 지위에 오를수록 과거 자신을 돕거나 자신과 친했던 사람보다 장차 자신이 더 잘 되는데 유익할 것 같은 사람들에게 접근하고 관계를 맺으려 하는 사람인지를 살피는 것이다. 둘째, 높은 자리에 오른 사람의 경우 그가 추천하는 사람이 어떤 사람인지를 살핀다.

추천하는 이유가 자신의 세력을 더 불리려 하거나 지신의 이익을 더 취하려는 데 있다면 곤란하다.

셋째, 부유한 사람인 경우 그가 봉양하는 사람이 어떤 사람인지 살핀다. 부자의 행실을 살필 때 어떤 사람들을 도와주는지를 보는 것이다. 넷째, 눈앞에서 고분고분 말을 잘 듣는 사람이면, 그가 무슨 말을 받아들여 행동을 하는지를 관찰한다. 많은 말을 듣고 그 가운데 어떤 말을 받아들여 행하는지를 살피면 그 사람의 됨됨이가 드러난다.

다섯째, 만약 한가로이 집에 있는 사람이면 무엇을 좋아하는 것인지 살핀다. 사람은 이른바 백수 상태에서 그 됨됨이가 가려진다. 집에서 지내면서 너무 무료한 나머지 시간을 원수처럼 여긴다든지, 아무 가치도 없는 일로 소일하면 곤란하다.

여섯째, 무엇을 배우는 사람이면 그가 말하는 것이 무엇인지 관찰한다. 배운다는 것은 중요하지만 배운 것 가운데 어떤 것을 받아들이고 오래 기억하는지를 보면 어떤 사람인지 드러난다. 일곱째, 곤궁한 사람이면 그가 받아들이지 않는 것이 무엇인지 관찰한다. 궁하면 이것저것 가리지 않고 챙기려 하는 사람을 경계하는 말이다.

정치에서 사람을 쓸 때 뽑는 과정이 허술하거나 객관적 방법이 아닌 시험이라면 뽑아 쓴 뒤에 크게 후회하게 된다. 시험하는 방법은 기업체에서 응시자를 상대로 실시하는 것과 매우 유사한데 다음과 같다(홍승직 역해, 1996, 여씨 춘추; 138).

첫째, 피시험자를 기분 좋게 만든 다음 그가 기본적인 규범과 예의를 지키는지 시험한다. 기업체 면접 과정에서 응시자들과 술을 함께 마시면서 취한 상태를 살피는 것과 같은 방식이다. 둘째, 화가 나게 만들거나 흥분하게 만들어 얼마나 절제하는지를 살핀다. 사람은 흔히 이성보다 감성의 지배를 받는 상태에서 그 됨됨이가 가장 잘 드러난다. 셋째, 공포에 질리게 하거나 두려움에 사로잡히게 만들어 남보다 다른 점이 있는가를 시험한다. 넷째, 슬프게 만들어 품위를 지키는지 살핀다. 다섯째, 고통스럽게 하거나 어려움에 처하게 만들어 얼마나 의지가 강한지 시험한다.

# 2

# 대통령의 자기관리

## 대통령의 권력은 설득하는 권리

민주사회에서 대통령의 권력은 설득하는 권력이라는 말이 있다. 권위주의적 대통령은 명령하거나 호령하는 대통령이다. 나약한 대통령도 물론 미흡하지만 권한을 행사한다. 이처럼 대통령의 권한 행사 방식은 여러 가지가 가능하다. 명령도 설득의 방법이다. 그러나 설득의 대상이 대통령에 대해 신뢰하지 않으면 설득이 되지 않는다. 대통령이 일반 대중이나 정부, 의회를 상대로 한 협상의 방식은 설득이다. 따라서 대통령은 언제든지 국민적 신뢰를 상실해서는 안 된다(Neustadt, Richard, 1990; 50-51).

대통령의 신뢰는 주로 전문적으로 대통령을 관찰하고 평가하는 전문인들에 의해 좌우된다. 그 전문인들은 사회의 지배계

층이다. 그들은 정치, 경제, 학계, 언론 등의 주요 분야에 포진해 있으면서 일상적으로 대통령을 주시한다. 여야 원로 국회의원, 행정 고위 관료, 군 고위층, 지방자치단체장, 대기업 총수 등 기업가, 금융인, 유명 학자, 언론기관의 논설위원과 민완 기자, 외교관 등이 그들이다. 이들은 개인적으로 또는 자신이 속한 그룹의 멤버들과 함께 자신들의 고유한 시각과 가치관 등으로 대통령을 평가한다.

이들 전문가 그룹은 분야에 따라 그 시각이 매우 다양하다. 매우 이질적이다. 그러나 한 가지는 동일한 점이 있다. 그들은 직업적으로 대통령을 주시하고 면밀히 관찰, 평가한다는 점이다. 그들은 재미 삼아 대통령을 살피지 않는다. 그들의 직업상 대통령은 너무 중요하기 때문이다. 대통령의 결정에 따라 자신들의 이해관계가 크게 좌우된다. 그래서 그들은 한시도 대통령에게서 눈길을 떼지 않는다. 대통령이 무심코 던지는 말, 의미 없는 것 같은 행동도 놓치지 않고 체크한다. 그것은 대통령을 판단하는 중요한 단서가 된다.

대통령이 아무리 많은 참모들과 정부 각료들의 도움을 받는다 해도 그는 결국 개인이다. 그래서 그가 어떤 사고방식, 어떤 취미를 가지고 있느냐는 매우 중요하다. 때로는 정신분석가, 정신과 의사들이 대통령의 특성을 면밀히 분석하기도 한다. 정신분석학에서의 학문적 성과가 대통령의 분석에 활용된다.

자타가 공인하는 전문가 그룹이 대통령에 대한 평가를 공유하는 방식은 매우 다양하다. 그들은 자신들의 대통령에 대한 평가를 언론에 공개하기도 하지만 은밀한 대화를 통해 자기들

끼리만 속삭이기도 한다. 언론에 보도되게 하는 방식이 그 파급효과가 가장 크다. 기자들에게 은밀히 정보를 흘리기도 하고, 칼럼의 형식으로 써 갈기는 경우도 있다. 싸구려 주간지는 가장 많이 활용되는 대중매체의 하나다. 아무 내용도 없는 것인데도 '제목 장사'에 능한 주간지들은 그럴싸하게 정보를 포장해서 사람들의 주목을 끈다. 인터넷도 중요한 정보 공개의 장이 된다.

남에게 알리고 싶어 하는 욕구가 강한 사람은 증시 루머처럼 대통령에 대한 은밀한 정보를 흘리기도 한다. 유언비어의 생리에 정통한 사람은 그런 방식이 매우 효과적이라는 것을 잘 알고 있다.

이들 전문가 그룹은 몇 분야를 제외하고는 정치적인 영향력이 영속적이지는 않다. 자신들이 어떤 정치 노선을 택하고, 어떤 정치인을 지지하느냐에 따라 달라진다. 선거에서의 승패가 결정적이다. 누가 대통령이 되느냐에 따라 '여야'가 갈린다. 자신들이 지지하는 후보가 당선이 되면 그 후보가 대통령으로 재직하는 동안 이른바 '여권 전문가' 그룹에 속하게 된다. 그렇지 않은 전문가 그룹은 '야권 전문가' 쪽에 속한다. 여야 쪽의 전문가 모두 대통령의 모든 것을 살피지만 대통령 쪽에 영향을 미치는 정도는 차이가 있다. 자신들의 영향력을 발휘하고 싶어 하는 전문가 그룹은 그래서 정치권에 줄을 대는데 혈안이 된다. 자기 인생의 성패가 걸린 문제이기도 하다. 대통령 선거 때가 되면 먹물들이 대선 후보 쪽에 줄을 서는 이유다.

대통령은 외부 전문가 집단에 의해 이뤄지는 자신의 신뢰도

형성에 속수무책인 것은 아니다. 대통령도 이들 전문가 그룹의 대통령 신뢰도 평가 작업에게 영향을 미칠 수 있다. 그것은 대통령에 대한 예측 가능성이다. 대통령이 어떤 부분에 대해 일관성을 유지하고 있어서 전문가 그룹이 전망할 수 있게 하는 것이다. 대통령은 집무 수행 과정에서 필수적으로 해야 할 일과 그렇지 않은 일을 명백히 구분해 행동으로 보여주어야 한다. 이랬다저랬다 하면 곤란하다. 동일한 사안인데도 말을 바꾸거나 행동이 달라진다면 치명적이다. 물론 그것을 각오하고 했을 경우 상당한 대가를 치러야 한다.

전문가들은 자신들과 직결된 분야에 대해서는 세세한 것까지 대통령의 언행을 기억하고 있기 마련이다. 그들은 그것을 바탕으로 대통령의 집무에 대해 예측하고 전망한다. 전문가 그룹은 대통령을 중심으로 수행되는 정책에 대해 예측하는 것이 최종목표다. 미래를 전망하고 싶어 하는 것이다. 그러나 그것이 빗나가면 혼란이 발생한다. 전문가들은 자신들이 축적한 대통령에 대한 지식들이 갑자기 쓸모없어지면 즉시 대통령을 비판하고 비난하게 된다. 대통령에 대한 신뢰를 철회한다. 그것은 자신들의 영역이 위협을 받는데 대한 방어행위의 성격을 지닌다. 전문가들은 자신이 대통령에 대해 판단했던 것이 옳았으며 대통령이 말이나 행동을 변경함으로써 차질이 생겼다는 강조하고 싶어 한다.

대통령의 설득력은 대통령에 대한 신뢰도에 비례한다. 대통령이 그 언행에 일관성이 있을 때 그가 제시하는 정책 등에 대한 신뢰도가 높다. 대통령의 설득력도 자연 높기 마련이다.

대통령이 예측 가능하다는 평가를 받는 것은 매우 중요하다. 그럴 경우 대통령을 관찰하고 평가하는 전문가 그룹들은 자신들의 대통령에 대한 전문성이 자기가 속한 분야에서 인정받는 것에 만족한다. 그러나 대통령이 일관성을 상실하면서 예측 불가능한 상태라고 인정될 때 대통령의 신뢰도와 설득력은 동반 추락한다.

## 대통령의 정치 철학

정치는 사회를 바르게 하는 것이다. 사회에 영향을 미치는 것이 정치만이 아니겠으나 정치의 궁극적 목표도 역시 사회 정의(正義) 실현에 있다. 정치 지도자가 바르게 나아가면 전체 사회도 바르게 나아가게 된다. 정치 지도자가 바르게 나아가지 않으면 당연히 그것은 사회에 부정적인 영향을 미친다. 정치가 혼탁할 때 사회 기강이 흔들리게 된다.

공자는 정(政)은 정(正)이라고 했다(홍승직 역해, 1994, 논어: 206). 정치가 추구하는 바가 매우 다양하겠으나 정의를 수립하는 것이라고 그는 본 것이다. 정의를 세우지 않는 정치는 올바른 정치라고 보지 않은 공자의 가르침은 오늘날에도 빛을 발한다. 한국 사회에서 과거사 바로 잡기를 놓고 극력 반대하는 사람들이 명심해야 할 가르침이다. 뒤틀어진 과거는 과거의 정통성 없는 정치와 직결되어 있다. 과거사 바로 잡기는 과거 정치의 바로 잡기라 할 수도 있다. 흉측한 과거 정치를 바로 잡지 않고 오늘날의 정치에 정의를 요구할 수 없다.

정치적 정의를 빼놓고 사회 정의를 언급한다는 것은 사리에 맞지 않다. 현실의 정의는 과거에 확립된 정의의 연장선에서 벗어나지 않기 때문이다. 그들이 이런 평범한 진리를 몰라서 그런 태도를 보이는 것은 아닐 것이다. 그들은 과거를 들춰내서 썩어 악취 나는, 때로는 범죄의 독기가 서린 그런 것들을 바로 잡는 것이 개인의 이익에 반하기 때문이다. 그러나 역사적 진실을 규명하자는 취지 앞에서 그런 태도는 큰 힘을 발휘치 못할 것이다.

진정한 정치 지도자는 덕(德)을 앞세우는 정치를 한다(홍성욱 역해, 1994; 297). 힘을 바탕으로 한 정치는 저급한 정치다. 정치의 구심점은 도덕이다(홍승직 역해, 1994, 논어; 23). 비민주적 사회에서는 권력은 총구에서 나온다고 하였다. 그런 권력의 구심점은 당연히 힘이다. 군사정부 시절 권력 주변에 모여든 사람들은 최고 권력자를 하늘처럼 섬기고 떠받들어 마음에 들고자 하였다. 그래야 권력의 떡 고물이라도 얻어먹을 수 있었기 때문이다. 오늘날은 다르다. 권력은 국민으로부터 나오기 때문이다. 국민에게 잘 보여야 정치적 생명을 유지할 수 있다.

민주사회의 정치의 구심점은 무엇인가? 말할 것도 없이 도덕이다. 진정한 대통령이 도덕을 근본으로 삼아 정치를 하면 그 구심점이 자연 도덕이 된다. 이런 대통령의 주변에는 역시 도덕을 근본으로 삼는 사람들이 모여들게 마련이다. 그래서 도덕을 구심점으로 한 정치가 이뤄진다. 만약 도덕이 정치의 구심점이 아니고 돈이나 권력 등이 될 경우 어떻게 되는가? 즉 돈과 권력으로 인한 정치적 다툼이 그치지 않아 결국 구심점이 파괴되면서 대통령 본인은 물론 주변 사람들도 다 망가지게 된다. 이런 사례는 지금껏 수도 없이 많았다.

정치는 명분을 바르게 하는 것이 원칙이다. 명분을 바르게 하는 것은 겉으로 들어난 취지와 속에 담긴 의미가 어긋나지 않는 즉, 명실상부하게 하는 것이다(홍승직 역해, 1994, 논어; 218, 220). 그렇게 해야 정치가 무리가 없고 어색하지 않다. 정치는 하루도 쉬지 않고 움직인다. 그런 과정에서 대통령이 해명하거나 설명해야 할 경우가 많다. 그럴 때 명분이 바르지 않으면 말이 엉킨다. 엉킨 말은 당연히 설득력이 없고 또 다른 시비를 부른다. 이렇게 되면 일이 제대로 될 리가 없다.

정치는 스스로 바르게 하는 것이다(홍승직 역해, 1994, 논어; 225). 그래야 떳떳한 정치를 할 수 있고 정치를 하는데 어려움이 없다. 자신을 바르게 하지 않으면서 남을 탓할 수도 없다. 대통령이 자신을 바르게 해서 정치를 하면 국민의 정치에 대한 신뢰가 커진다. 올바른 정치는 서둘러 하지 않고 작은 이익을 넘보지 않는다(홍승직 역해, 1994, 논어; 226).

서두르면 일이 제대로 되지 않고, 작은 이익을 넘보면 큰 일이 이뤄지지 않는다. 정치가 아니라 해도 서둘러서 잘 되는 일은 그리 많지 않다. 차근차근 나아가는 자세가 필요하다. 특히 정치는 다수의 국민을 상대로 하는 것이다. 따라서 국민과 대화해서 의견이 서로 어떻게 같고 다른지를 확인하고 최상의 결론을 찾는 협의 절차를 거치는 것이 기본이다. 때로는 돌다리도 두드리고 건넌다 하는 식으로 신중한 것도 필요하다. 항상 그렇게 하면 짜증내는 사람도 있겠으나 기본적으로 신중한 자세를 항상 지니는 것이 안전하다.

덜렁대면서 몰아 부치면 졸속 정치라는 비판을 피하기 어렵다. 작은 이익을 넘보면 흔히 큰일을 망치거나 제대로 하지 못한다. 정치는 이것을 명심해야 한다. 눈앞의 이익을 좇아 뛰어가다가는 큰 것을 놓치고 후회하게 된다. 길게 보고 차분하게 추진하다 보면 작은 이익은 과감히 양보할 수도 있다. 정치는 단거리 경주 라기 보다 마라톤과 같다. 마라토너의 심정으로 차분하게 목표를 향해 뛰어가는 대통령이 최후의 과실을 딴다.

정치 지도자는 항상 최선의 것을 가려서 행한다(홍승직 역해, 1994, 중용; 115-118). 그런데 최선은 항상 일정하지 않고 시대에 따라 다르게 나타나기 때문에 그것을 가려내는 것이 어렵다. 언제 어디서나 타당하고 최선인 것은 존재치 않는다. 그래서 책에만 의존해서는 올바른 정치가 되지 않는다. 책의 내용에서 제시하는 최선의 것은 시간과 공간, 그리고 거기에 등장하는 여러 가지 변수들에 의해 다르게 나타난다. 예를 들어 서구 선진 사회의 발달한 정치 제도를 후진국에 도입한다 해서 민주주의가 꽃피지 않는 것과 같다. 아무리 좋은 철학, 제도라 해도 그것은 어느 특정 사회가 지닌 특성 속에서 최상의 것일 뿐이다.

상황이 바뀌면 타당성과 당위성이 바뀌게 된다.[1] 이런 차이를 정확하게 깨닫고 그것을 행동으로 옮기는 대통령이 성공한

1) 중국 유학자들이 말하는 중용(中庸)은 치우치지 않고, 지나침도 모자람도 없는 바뀌지 않는 평상의 이치를 일컫는다. 군자는 중용을 몸소 실행하고 소인은 중용을 어긴다는 것이다.

대통령이 될 수 있다. 최상의 것은 치우치거나 지나치거나 모자람이 없는 원칙의 바탕위에서 이루어지는 것이다. 자신이 아는 것만을 고집하면서 변화하는 상황에 대처하지 못하는 것은 어리석다. 그러나 이는 기회주의나 무소신과 다르다. 자신의 욕망에 휘둘려 줏대 없이 흔들리는 것과 근본을 지키면서 최선의 방향을 찾는 것은 분명히 차이가 있다.

정치는 매사를 공경하는 자세로 신뢰감을 주면서 시행한다(홍승직 역해, 1994, 논어; 14). 또 국가 재정을 절약하면서 국민을 사랑하고, 국민에게 부담을 줄 때는 때에 맞추어 한다.

오늘날과 같이 대통령의 말 한마디, 행동 하나가 모두 대중에게 알려지는 투명 사회에서 대통령의 국민에 대한 인식은 너무 중요하다. 대통령이 속마음은 국민을 무시하고 깔보면서 겉으로만 국민을 섬기는 척 해서는 그 정치 생명이 길지 못하다. 부지불식간에 국민에 대한 마음가짐이 드러나게 마련이다. 흉내를 내는 것은 오래가지 못한다. 거짓은 잠시 사람들을 속일 수 있을 뿐이다. 그러니 진정한 대통령은 국민에 대한 사랑과 봉사를 천직으로 아는 사람에게 적절하다. 이런 마음이 없는 대통령은 국민에게 부담을 주는 정책을 시행할 때 함부로 하기 마련이다. 항상 국민의 입장에서 생각하고 행동한다면 무리한 시책을 국민에게 강요하는 일은 없을 것이다.

독창적인 정치의 세계를 깨우쳐 실천하는 것이 정치의 완성이다.[2] 정치는 누구나 뛰어든다. 그러나 정치적 동지들과 같이

2) 공자는 학문을 완성하는 길이 얼마나 험난한지를 알고 있었다. 그는 학문의 완성은 그것의 이치나 원리를 깨우쳤다고 완성되지 않

어울리면서 뜻을 세운다 해도 독창적인 정치의 세계를 깨우치는 것은 어렵다. 정치의 독창적 세계라는 고지를 점령해야 정치의 고수가 될 수 있다. 그런 경지는 당연히 하루아침에 이뤄지지 않는다. 그것도 당연히 발전 단계가 있다. 초보의 단계에서 최고의 단계까지 가는 길은 험난하기 짝이 없다.

첫째, 함께 정치를 공부할 수는 있어도 함께 정치의 의미를 깨닫기는 어렵다. 당연한 말씀이다. 정치 우등생과 열등생은 있기 마련이다. 둘째, 함께 정치의 의미를 깨달을 수는 있어도 함께 정치의 뜻을 세우기 어렵다. 셋째, 함께 정치의 뜻을 세울 수는 있어도 함께 독창적인 정치의 세계를 실천하기는 것은 어렵다. 이처럼 독창적인 정치의 세계는 교과서적인 정치의 이치나 기준을 초월해 만들어진 새로운 경지의 정치적 실천 방안을 시대 상황에 맞게 적절하게 적용하는 세계이다(홍승직 역해, 1994, 논어; 155).

## 정치는 종합예술

정치는 콩 심은 데 콩 나고 팥 심은 데 팥 나는 식으로 뿌

---

으며 시대 상황에 따라 적절히 적용할 줄 아는 세계를 터득했을 때 비로소 완성된다고 가르쳤다. 즉 학문은 단순히 누적된 학문적 성과를 답습하는 단계를 뛰어넘어 자신만의 독창적인 영역을 개척했을 때 완성된다고 것이다. 공자가 꽤 뚫어 본 학문 완성의 경지는 정치 완성의 경지와 유사한 점이 있을 것 같다. 학문의 최고 경지에 이른 학문 10단이 정치의 최고 경지에 오른 정치 10단이 될 수는 없다. 그러나 영역이 다르다 해도 최고 고수의 경지는 일맥상통하는 점이 없을 수 없다.

린 대로 거두는 것인가? 그럴 수도 있고, 그렇지 않을 수 있다. 정치는 종합예술이라고 하듯 매우 복합적인 것이어서 뜻한대로 결과가 이뤄지기가 매우 어렵다. 자기는 최선을 다했는데 결과가 엉뚱한 것으로 나오기도 하지만, 그 반대의 경우도 있다. 왜 그럴까? 많은 정치 지망생들 가운데 본인이 원하던 목표를 달성하는 사람은 극소수다.

성공한 대통령이라 해서 마냥 행복한 것은 아니다. 영광의 순간은 짧고 고통과 번민, 인내의 시간은 길다. 그 영광의 순간을 누리기 위해 평생 애를 쓰다가 결국 달성치 못하는 사람이 많다. 그래서 정치는 마약과 같다고 한 사람도 있다. 승리의 월계관을 쓰는 순간 어렵고 힘들었던 과거가 한 순간에 보상받을 수 있다는 기대감을 버리지 못한 경우다.

정치가 종합예술이라는 말은 정치가 다인다과(多因多果)이기 때문이다(김진열, 1993; 127-134). 정치는 수많은 원인이 존재하기 때문에 수많은 결과가 올 수 있다는 특성이 있다. 인간의 삶 자체가 그렇지만 정치도 거기에서 벗어나지 않는다. 자연계는 대부분 하나의 원인에 일정한 조건이 충족되면 항상 일정한 결과가 나온다. 즉 일인일과(一因一果)의 관계다. 그것은 자연의 법칙이다.

그러나 정치는 자연과 다르다. 즉 정치는 어떤 원인에 일정한 조건이 충족되었다 해서 반드시 동일한 결과가 나오지 않는다. 예측할 수 없는 결과가 나와 사람들을 놀라게 하는 경우가 많다. 선한 동기에서 출발했다 해서 반드시 좋은 결과가 나오거나 나쁜 동기에서 시작했기 때문에 반드시 그 결과가 좋지 않다면 문제는 간단하다. 동기는 착했으나 결과가 나쁘거나 동기가 나빴는데 결과는 좋은 것이 될 수도 있다. 이는 인간사회에서는 어떤 원인이 결과로 움직여가는 동안 다수의 원인이 작동되면서 예측하기 힘든 결과를 만들어 나가기 때문이다. 정치가 지닌 매력은 아마도 이상에서 말한 복합적인 성격 때문인지 모른다. 힘든 만큼 성취감도 비례한다.

민주정치가 완벽하지는 않다. 그러나 그것은 다른 정치제도보다 미래를 예측할 가능성이 더 높다. 민주정치는 다수를 이롭게 한다는 목표가 있어서 사회적 합의로 만들어진 법칙에 의해 움직여지기 때문이다. 전제정치나 독재정치는 한 사람 또는 소수의 권력자에 의해 정치가 휘둘려 다수의 이익과 거리가 멀다. 최대다수의 최대행복을 위해 노력하는 민주주의가 아직까지 인간이 발명한 정치제도 가운데 최상의 것이다. 그러니 정치가 아무리 변화무쌍한 것이라 해도 그것은 인간으로서 도전해볼만한 가치가 있다. 성취감은 그것을 달성하기까지의 노력과 고통에 비례한다. 정치적 성취감이 높은 것은 정치가 다인다과(多因多果)이기 때문일 것이다.

성공한 대통령을 보면 남다른 데가 있다. 경쟁 상대와 비교해 볼 때 무언가 다른 점이 있다. 개인의 학식과 품성, 대인관계 등에서 감탄할 만한 장점이 발견된다. 그것이 승리를 가져다 준 결정적 요인일 수 있다. 승리는 그냥 오는 것이 아니다. 그러나 정치에 손을 댔다가 큰 낭패를 보고 괴로워하는 사람이 훨씬 많다. 정치가 고통스러운 것은 자기가 바라는 대로 되지 않기 때문이다. 자신은 최선을 다 하는데 왜 정치가 왜 잘

안 되는 것일까? 그것은 정치가 시대적 상황을 고려하면서 사람들의 마음을 사로잡아야 한다는 매우 복잡한 과정의 것이기 때문이다.

시대적 상황을 고려해야 한다는 것은 김대중 전 대통령의 말을 인용하는 것으로 대신할 수 있다. 즉 정치는 한 걸음 앞서가도 안 되고 반걸음만 앞서가야 한다는 것이다. 유권자들의 의식과 그들의 지적 수준 등 전체적인 면을 고려해서 그들보다 반걸음만 앞서가는 현명함이 없이는 성공한 대통령이 될 수 없다. 정치는 사회가 요구하는 수준을 벗어나기 어렵다. 후진국의 대통령이면서 선진국의 그것을 직접 도입해 실행하려 하려 하면 성공의 확률은 매우 낮다. 그러나 사회의 요구는 매우 변화무쌍하다. 그래서 그것이 어떻게 변하는지 항상 정확히 파악하고 있어야 한다.

사람들, 즉 유권자들의 마음을 사로잡아 표를 얻어야 하는 것은 정말 어렵다. 표를 얻는다는 것은 유권자들을 감동시킨다는 것과 같다. 요즘 같은 시대에 사람들을 감동시키기가 쉽지 않다는 것은 누구나 다 안다. 그러나 그것을 찾아야 한다. 그것을 찾아 행동하지 않으면 성공할 수 없다.

## 정치와 과욕

대통령의 지나친 욕심은 금물이다. 공자는 높이 그리고 귀하게 될수록 연연하지 말라 했다(홍승직 역해, 1994, 논어; 127). 연연하면 추해지고 자칫하면 모든 것을 망친다. 정상에 올랐을 때 모범을 보이고 욕심을 억제해야 한다. 필요하면 물려주면서 등을 돌릴 때를 알아야 한다. 시쳇말로 아름다운 퇴장이다. 그러나 인간의 욕망은 상한선이 없어서 그것을 아는 것은 정말 어렵다. 그래서 기본적인 자기 수양이 필요하다.

정치가 빈부의 문제를 어떻게 보느냐 하는 것은 매우 중요하다. 민주사회에서 정치도 잘하고 정당한 방법으로 재산도 많이 모았다면 큰 행운아다. 정치를 하면서 이재에 밝다 보면 사회적 비판의 대상이 되는 일이 적지 않기 때문이다. 정치를 하는데 일정한 부의 뒷받침이 없이는 불가능한 측면도 있다. 당장 하루 세 끼 먹고사는 것도 바쁜데 정치에 몰두한다는 것은 개인적으로 많은 희생을 감수해야 한다. 그래서 빈부 문제는 매우 어려운 문제다. 이 문제에 접근하기 위한 방법의 하나로 빈부에 대한 평가를 어떻게 하는 것이 적절한 것인가를 살펴본다.

가난하고 부자로 사는 것에 대한 평가는 시대에 따라 다르다. 가난하게 사는 것이 언제나 정당하다거나 부자로 사는 것이 언제나 부끄러운 일은 아니다. 빈부에 대해 어떤 견해를 가질 것인지 공자는 명쾌하게 다음과 같이 가르친다 - 나라에 도(道)가 있으면 가난하고 천한 것이 부끄러운 일이다. 그러나 나라에 도(道)가 없으면 부유하고 귀한 것이 부끄러운 일이다(홍승직 역해, 1994, 논어; 125).

공자의 가르침은 개발 독재를 경험한 우리에게 중요한 것을 시사한다. 즉 정경유착이나 독재의 하수인으로 부와 영예를 얻은 것은 부적절하다는 것이 명백해진다. 개발독재는 부의 축적을 위해 인권을 짓밟고 민주주의의 숨통을 막았다. 독재치하에서 재벌들은 큰 부를 축적했고, 그것은 오늘날 민주화된 사회에서도 그 기득권이 유지되고 있다. 보수층 일부에서는 개발독재 시절을 미화하면서 경제 제일주의를 강변한다. 이들 세력은 당연히 개발독재를 비판하는 민주세력을 적대시한다. 나라에 도가 없었을 때 부유했던 것을 귀하게 여겨야 한다고 억지를 쓰는 것이다. 공자가 지하에서 통곡할 일이다.

우리 사회는 해방이후 반세기가까이 독재정권이 지배하면서 친일세력과 반민주세력이 경제적 과실을 독점했고, 그런 과정에서 민주세력은 가난을 면치 못하고 심지어 교육조차 제대로 받지 못했다. 민주화가 진전되고 있으나 경제 정의는 아직도 실현되지 않아 독재세력 하에서 형성된 빈부구조가 온존되고 있는 실정이다. 참 부끄러운 일이다. 이는 우리나라가 일제강점에서 벗어난 뒤 일제 잔재를 청산치 못한 결과이기도 하다. 즉 일제 잔재를 잘 청산했다면 나라에 도가 없을 때 부유한 것을 부끄럽게 여기는 귀중한 역사적 교훈을 세울 수 있었을 것이다.

그러나 친일세력이 권력을 장악한 상황에서 일제하에서 친일이나 부일의 대가로 일본 제국주의로부터 받은 막대한 재산은 부끄러운 것이 아니었다. 그것은 해방된 조국에서도 자랑꺼리였다. 그 결과는 참담하다. 일본이 물러간 뒤 반세기가 훌쩍 넘었지만 친일세력의 후손들은 자신의 크게 부끄러워 할 조상들이 일제에게 받은 논과 밭 등을 되찾는 소송을 제기해 승소하는 일이 줄을 이었다. 그 부끄러운 재산들이 해방된 국가에

되돌려졌다면 해방이후 독재 치하에서 행해진 부의 축적에 대해서도 사회적 심판이 내려졌을 것이다.

## 쓴 소리가 단 소리

올바른 정치에 현명함과 부지런함이 필요하다. 민주주의 사회에서의 정치는 국민을 상대로 치열한 경쟁을 벌이는 것과 같다. 아무리 뜻이 고상하다 해도 국민들이 알아주지 않으면 아무 소용이 없다. 그러니 항상 국민의 입장에서 생각하고 그것을 실천할 방법이 무엇인지 생각해야 한다. 옳은 정치에도 반드시 전략과 전술이 필요하다는 말이다. 남보다 먼저 하면 남보다 앞설 수 있고, 늦게 하면 남에게 뒤진다(최진규 역해, 1996; 134). 정치에서 이런 각오가 없다면 상대방에게 휘둘려 아무 일도 하지 못할 수도 있다.

대통령은 쓴 소리에 항상 귀를 기울여야 한다. 대통령을 포함해 누구든지 자신의 귀에 달콤한 말을 듣기 좋아한다. 듣기 좋은 말은 마약과 같아서 귀를 즐겁게 하고 잘못을 지적하거나 중요한 일을 건의하는 말을 물리치게 만든다. 그러나 현명한 대통령은 귓가를 간지럽게 하는 아첨을 물리친다. 나아가 그런 아첨을 흘리는 사람을 경계하고 멀리한다. 모자란 대통령은 아첨 배를 주변에 두고 중용한다(홍승직 역해, 1996, 여씨춘추; 383). 그것이 자신과 정치, 나아가 국가를 망치는 일인데도 그것을 떨치지 못한다.

대통령은 정치가 잘못되면 그 원인이 자신에게 있다고 여기는 것이 현명하다. 남의 탓만을 하게 되면 자신의 허물이 눈에 보이지 않게 되어 큰 실수를 범하기 쉽다(홍승직 역해, 1996, 여씨 춘추; 130~131). 더욱 심각한 것은 대통령 자신에게 직언을 하는 사람이 줄어든다.

좋은 정치를 하는 방법은 간단하다. 선거 당시 유권자에게 행한 약속을 지킨다는 초심을 임기가 끝날 때까지 유지하는 것이다. 초심을 유지하는 것은 겸허한 태도를 항상 지키는 것이다. 그런 태도는 대통령 자신의 눈높이를 유권자에게 표를 구할 때와 같이 항상 유지하는 것과 같다. 그러면 권력을 잡았다는 자만심과 허황된 욕심에서 벗어날 수 있다. 대통령의 눈높이가 시간이 지나면서 흩어지면 일을 억지로 꾸미면서 상대를 무시하고, 부당한 이익을 취하려는 일로 연결되는 경우가 많다.

탁월한 대통령은 자신의 허물을 고치는데 주저하지 않는다(홍승직 역해, 1994, 논어; 15~18). 자신의 허물은 감춘다 해서 감춰지지 않는다. 만약 허물을 감추기 위해 거짓말을 하면 거짓이 거짓을 낳는 악순환이 거듭된다. 정직하게 처신하는 것이 최선이다. 또한 일을 하면 민첩하게 하고 말을 삼가서 한다. 자기보다 훌륭한 사람에게 배우는 것을 주저하지 않는다. 어진 이를 어질게 여겨 받들고, 친구와 더불어 사귈 때 성실과 신의로 대한다. 그가 자신보다 미치지 못한다 해도 이끌어주기 위해 노력한다. 결코 자기만 못한 사람을 골라 사귀려 하지 않는다. 가난하되 아첨하지 않고, 부자이면서도 교만하지 않는다. 가난하다 해도 즐거움을 잊지 않고, 부자이면서도 깍듯이 예를 갖추는 자세가 가장 좋다.

훌륭한 정치는 탐욕과 거만함의 유혹을 이기고 올바른 행동규범, 즉 예(禮)를 지키는 것이다(홍승직 역해, 1994, 논어; 196). 그런 정치를 지향하는 대통령의 몸가짐은 매우 조심스럽다. 즉 올바른 행동규범인 예에 어긋나면 보거나 듣지 않고, 당연히 말하거나 행동하지 않는다. 이런 절도 있는 행동을 하기는 매우 힘들다. 험한 일들이 속출하는 이 세상에서 가려서 보고 듣고 말 하고 행동하는 것은 웬만한 자기 수양이 없이 불가능하다. 자기의 이익과 관련된 일들인데 행동규범에 어긋난다 해서 외면하기도 어렵다. 그러나 당장은 참기 힘들어도 궁극적으로 그런 엄격한 자기 관리가 빛을 발하게 된다.

대통령은 어느 누구보다 자신이 뛰어났다는 자신감에 넘쳐 있다. 주관도 물론 뚜렷하다. 뚜렷한 주관이 없이 대통령 자리에 오를 수는 없는 노릇이다. 그래서 대통령이 자신의 견해를 바꾸는 일이 쉽지 않다. 고집이 세다. 정치인으로써 산전수전 경험을 쌓았고, 천신만고 끝에 대선에서 승리했기 때문이다. 그러니 비서진이나 대통령을 돕는 위원회의 건의에 따라 대통령의 집무 방향이 바뀐다는 것을 상상키 어렵다. 비서진은 대통령이 원하는 방향으로 보조 자료를 챙겨주는 역할에 그친다. 위원회도 마찬가지다. 위원회에서 대통령의 정치적 견해를 바꿀만한 굉장한 '물건'을 내놓기 어렵다.

대통령이 자만에 빠져 고집불통이 되거나 자신이 가장 지혜롭다고 생각하면 이미 지혜롭지 않은 것과 같다. 대통령은 자기가 지혜롭다고 생각하면 그 순간부터 매사를 독선과 독단으로 처리할 위험에 처한다. 지혜를 과신하면 스스로 함정에 빠지는 것과 다를 바 없다. 그러니 항상 최상의 것을 찾기 위해 겸손해야 한다(홍승직 역해, 1994, 중용; 128).

## 대통령의 정보 관리

대통령에게 절실히 필요한 것은 정보다. 정부에 관한 것은 물론, 사회 각 부문에 대한 정보를 정확하게 신속히 입수하는 것이 가장 중요하다. 정보 없는 대통령의 집무를 상상키 어렵다. 대통령은 공식적인 사항에 대해 소상이 알아야 하지만, 사소한 일에 대해서도 정보가 필요한 경우가 있다. 물론 대통령이 싫어하는 정보도 있다. 그런 정보에 대해 그의 보좌진은 침묵하거나 보고에서 빠뜨리는 경우가 많다.

대통령에게 도움이 되는 정보는 국정과 관련해서 상식에 가까운 일반적인 사항에 대한 정보가 아니다. 아직 언론에 보도되지 않았고, 정부 관련부처에서도 가닥을 잡지 못하고 있는 일에 대한 정보가 대통령에게 유익하다. 그런 정보가 공개된 여러 정보를 연결시키고, 막힌 곳을 연결시키는 것이면 최상이다. 이런 일은 대통령이 노력해야 가능하다. 대통령이 관심 가지고 지시하고 사후관리를 하는 등의 노력을 해야 한다. 그는 자신의 정보망을 관리하는 정보 책임자가 되어야 한다. 이 과정에서 대통령이 명심할 사항이 두 가지 있다.

첫째는 어느 누구든, 어느 기관이든 대통령이 필요로 하는 정보를 흡족하게 제공할 것으로 상정치 말아야 한다. 대통령 주변의 스텝이나 정보를 전문으로 다루는 기관이라 할지라도 대통령에게 보고할 사항에 대해 신중하다. 대통령에게 보고하는 것이 자신에게 유리한 것인지, 그렇지 않은 것인지가 대통령에게 보고될지 여부를 결정한다. 아무리 국가와 민족을 위해, 또는 대통령 자신을 위해 필요한 정보라 해도 그것을 보고하는 당사자가 대통령의 불신이나 미움을 사게 되는 일이라면 그 정보는 생략된다. 그런 정보 가운데 대표적인 것은 대통령 자신이나 대통령 가족의 불명예와 관련 있거나 대통령의 최측근에 대한 부정적인 사안 등에 대한 것이다.

둘째 대통령이 필요로 하는 것에 대해 공적 조직이나 스텝들이 '이것입니다, 각하'하면서 달려와 보고할 것으로 여기지 말아야 한다. 그들은 대통령과 눈높이가 항상 같지 않다. 대통령의 눈높이는 자신 혼자만의 눈높이다. 자신의 스텝이나 국무위원들도 대통령의 눈높이에서 판단하고 대통령에게 건의하려 하지만 그것이 언제나 그럴 수는 없다. 대통령의 눈높이에서 잡다한 정보를 취합하고 분석해서 결론을 제시하는 스텝이 있다. 그러나 거기에 전적으로 의존하는 것은 때로는 낭패를 부른다. 대통령은 자신에게 보고되는 이런 저런 정보에 담겨 있는 의미를 읽어야 한다.

대통령은 비서실 등에서의 정보와 아이디어의 흐름을 잘 파악하고 있어야 한다. 이는 전적으로 대통령에게 달려 있다. 정보 흐름은 공식, 비공식 채널을 통해 전달된다. 공식 채널은 비서실, 정보기관 등의 공조직에 존재한다. 비공식 채널은 대통령의 친구, 지인, 친척 등이 포함된다. 정보관리에 유능한 대통령은 공식, 비공식 채널을 통해 입수되는 정보를 비교하거나, 필요한 것을 골라 활용한다. 때로는 공식, 비공식 채널을 경쟁시키는 일도 있다.

노무현 대통령은 당선된 후 한참 동안 국정원과 경찰 쪽의 정보 자료를 보고받지 않았다. 역대 대통령이 해온 관행을 무시한 것이다. 이는 이들 기관이 독재정권의 민주화 운동 탄압에 앞장선 것에 대한 거부반응이었다. 국정원은 국가안보보다 정권안보에 더 치중했던 어두운 과거를 가지고 있었고, 이들이 제왕적 대통령에게 정보보고를 하면서 야당, 민주인사에 대한 정치사찰 결과 등을 보고해 왔다. 이 점을 노 대통령은 비판하면서 정보보고를 받기를 거부했다. 그러나 민주국가에서 정보기관 등이 정상적인 업무추진을 하면서 입수한 정보를 대통령에게 보고하는 것은 대통령의 국정 수행에 도움을 주는 측면도 많다.

미국 루즈벨트 대통령은 공식, 비공식 채널을 통해 정보를 입수했다(Neustadt, Richard, 1990; 131-132). 그는 때로는 자신의 비공식 정보채널을 공식 정보채널보다 더 신뢰하기도 했다. 루즈벨트 대통령의 비공식 정보채널은 그가 대통령이 되기 전부터 맺어온 친분 관계를 바탕으로 이뤄졌다. 그는 각 분야에 정통한 전문인들과 교분을 지속하면서 도움을 받았다. 때로는 대통령의 영부인이나 영부인의 친구들이 도와주기도 했다. 그의 개인적인 친분은 해외 지도층도 다수 포함되어 있었다. 그는 이 같은 비공식 정보채널을 통해 긴급 시 필요한 정보를 다양하게 입수하고 활용했다.

루즈벨트 대통령의 정보 입수 방법은 '경쟁을 시키는 것'이었다. 그의 보좌관이 털어놓은 일화는 다음과 같다 - 어느 날 대통령이 집무실로 자신을 불렀다. 대통령은 당시 시끄럽던 어떤 미묘한 사안에 대해 조사해 보고하라고 지시했다. 대통령의 지시에 따라 며칠 동안 열심히 그 사안에 대해 조사해 보고서를 만들어 대통령 집무실로 들어갔다. 그런데 이게 웬일인가? 대통령은 이미 그 사안에 대해 상세히 알고 있었다. 자신이 미처 챙기지 못한 것까지 알고 있는 것 아닌가? 대통령은 그런 정보를 누구에게 입수했는지 말하지 않았다. 그러나 그 후 대통령의 지시가 있을 때는 좀더 신중히 그리고 신속히 업무를 수행하려 노력했다.

루즈벨트 대통령은 자신만이 가동하는 정보 수집 채널을 통해 자신이 설정한 정보수집 보고 기한에 맞춰 일을 처리했다. 이 방식의 핵심은 정보 수집채널간의 경쟁이었다. 이 같은 방식 때문에 생긴 역기능도 있었다. 즉 정보 수집 조직 간의 업무영역 중복, 인력 낭비가 발생했고 동원된 조직이나 개인들이 대통령의 업무 스타일에 혼란스러워 하거나 때로는 분노하기도 했다. 그러나 그 같은 대가에도 불구하고 장점도 있었다. 대통령에게 충성해 출세하고 싶어하는 비서진이나 정부 기구 구성원들이 밤잠 안자고 최선을 다해 일했다. 대통령은 정보 채널의 최정상부에서 최신의 정보를 입수해 국정에 활용했다.

박정희 전 대통령은 정보기관 등을 포함한 공조직의 충성경쟁을 유도하는 통치방식을 썼다. 이들 기관의 정점에서 박정희는 자신을 받들고 있는 권력층 내부에서의 동향이나 야당, 재야 민주 세력의 움직임에 대한 정보를 한 눈에 파악했다. 그리고 그것을 최고 권력자의 자리를 지키기 위해 활용했다. 박정희는 안기부나 보안사, 청와대 비서실 등의 조직 책임자들이 서로 경쟁하고 견제하게 만들었다. 그러나 그 방식이 화를 불렀다. 박 전 대통령은 부하들 간에 충성경쟁이 생겨 정보 책임자에게 살해당한 것이다.

민주정부나 독재정부의 공조직이 어떻게 활용되느냐 하는 것을 이상에서 살펴보았다. 두 체제가 모두 공조직의 경쟁심을 유발시키는 동기부여는 비슷한 측면이 있다. 그러나 입수된 정보를 어떤 목적으로 활용하느냐는 큰 차이가 나타난다. 똑같은 밀가루도 잘 쓰면 약이 되지만, 잘 못쓰면 독이 된다는 선각자의 가르침을 생각나게 한다.

군인 출신 대통령은 군대식 행정 처리에 익숙하다 보니 자신의 사무실을 굳게 지키면서 명령하고 보고 받는 식에 익숙하다. 그는 사무실에서 '이래라, 저래라' 지시하고 그 결과를 기다린다. 그의 지시는 행정부의 해당부처에 전달되고 업무절차에 따라 관리들에게 전달된다. 즉 청와대에서 장관에게, 장관은 차관이나 국장에게, 그리고 국장은 과장 등에게 전달해 결국 말단 관리에 의해 추진된다. 그리고 업무추진 결과는 담당 직원에서 계장, 과장, 국장을 거쳐 장관에게 보고된 다음 청와대에 전달되어 대통령에게 보고된다. 이런 식으로 업무가 추진되다 보면 대통령은 그 업무추진 과정에 영향을 미치지 못하고, 자신의 지시에 대한 결과를 접할 뿐이다.

헌법에 보장된 막강한 권한을 가진 대통령이라 할지라도 그 영향력은 매우 제한적이다. 미국 아이젠하워 대통령은 백악관을 군 지휘본부처럼 편성했다. 긴 군대경력이 있는 아이젠하워 대통령은 군대식으로 백악관을 운영했다. 외견상 치우침이 없게 균형감 있게 조직이 구성되었다. 그 결과 밑에서 올라오는 정보는 지휘계통을 밟아 올라오고, 위에서 내려가는 지시 사항도 그런 식이었다. 대통령은 백악관안의 정보 전달 흐름이나 의사결정 과정에서 맨 끝에 위치했다.

## 대통령에 대한 평가

대통령에 대한 인상과 기대의 평가 작업이 간단치 않다. 그만큼 대통령이라는 직책의 의미가 복합적이기 때문이다. 대통령은 지속적으로 변하는 유권자와 정치, 정책적 과제를 조정, 통합해야 하는 어려운 직업이다. 따라서 대통령에 대한 평가는 매우 다양할 수밖에 없다. 대통령에 대한 인상과 기대가 서로 부딪힐 경우 그것을 적절히 조정하는 것은 쉽지 않다. 모두가 만족할 객관적인 결론을 제시하는 것은 힘들다. 이 방식이 이처럼 완벽하지 않다 해도 참고할 만한 가치는 있다.

대통령이 되는 것은 역사적인 의미가 있다. 대통령 집권 기간 동안의 기간을 구분하게 되는데, 예를 들면 이승만 정권, 박정희 정권, 김대중 정권 등으로 시대를 구분하는 것이다.

대통령의 평판, 명성은 주관적인 변수다. 대통령을 어떻게 생각하고 있느냐 하는 것이다. 그것은 대통령의 막강한 권한을 바탕으로 한 전문가나 대중의 판단이다. 대통령에 대한 평판은 대통령 자신의 정치적 판단에 따라, 그것이 합법적인 것이라면 무엇이든 집행할 수 있다는 힘을 전제로 만들어진다. 힘이 있는데도 제대로 행사하지 못하거나, 힘을 행사할 시기를 놓치거나, 판단을 잘못하는 과오를 저지르는 것은 대통령의 명성에 큰 흠이 된다. 대통령의 평판은 전문가 그룹이 대통령에 대해 어떤 기대를 하고, 대중이 대통령의 행동을 보고 어떻게 판단하느냐 등의 과정을 통해 이뤄진다. 상호 영향을 미치는 것이다.

대통령의 신뢰도와 명성 측정에는 전문가 그룹과 일반 유권자간에 차이가 있다(R. Neustadt, 1990; 73-90). 이른바 기득권층에서 판단하는 대통령의 신뢰도와 대중이 판단하는 그것의 격차가 큰 경우가 적지 않다. 예를 들어 2004년 대통령 탄핵안이 그것이다. 당시 일부 정치인들은 자신들의 대통령에 대한 판단결과에만 의존했을 뿐 일반인의 판단을 고려치 않았다. 철저히 무시했다. 그러다가 엄청난 역풍을 맞았다.

대부분의 사람들은 언론보도를 통해 대통령의 평가를 접한다. 여기에 맹점이 숨어 있다. 언론보도의 생명력은 짧다. 신문은 하루, 방송은 더 짧다. 신문은 하루 한번 정도 독자에게 배달되지만 방송 보도는 매 시간 이뤄진다. 사람들은 언론보도를 통해 접한 사실을 정확하게 오래 기억하지 않는다. 대개 단시간 내에 그것을 잊어먹는다. 언론보도가 일주일 또는 한 달 전에 이뤄진 것이라면 그것을 전문가 몇 사람이나 기억할 뿐이다. 사람들의 언론 보도 망각은 너무나 많은 보도들이 쏟아지는 것도 중요한 이유가운데 하나다. 언론보도에 대한 사람들의 반응은 과거 보도의 연장선상에서 이뤄지지 않는다. 이런 언론

보도의 특성 속에서 대통령에 대한 평가도 이뤄진다.

대통령의 신뢰도나 명성은 대통령 자신에 의해 만들어지거나 변한다. 누구도 대통령을 대신해서 그것을 방어할 수 없다. 대통령은 공사를 불문하고 행한 말 한마디라 해도 전문가 그룹에게는 대통령 평가의 자료로 활용된다. 대통령은 일상적으로 만들어지는 자신에 대한 평가에 일일이 신경을 쓸 필요는 없다. 그러나 가랑비에 옷 젖는다는 속담에 유의할 필요는 있다.

대통령은 전문인 그룹이나 일반 지지자들이 자신을 평가하는 것에 대해 속수무책이다. 민주사회에서 사람들이 대통령을 어떻게 생각하는지를 통제하는 것은 안 된다. 그것은 불법이다. 따라서 대통령이 선택할 수 있는 방법은 단 한 가지 뿐이다. 선거 공약을 충실히 추진하면서 국민에게 약속을 이행하고 국민에게 봉사한다는 의식을 가지고 최선을 다하는 것이다.

대통령의 평가를 좋게 하려면 국민에게 감동을 주는 정치, 즉 피부에 와 닿는 그런 정치가 필요하다. 대통령이 선거 때는 감성에 호소하는 식으로 국민에게 한 표를 호소하다가, 당선된 후에는 뻣뻣하기 이를 데 없는 태도를 취한다면 곤란하다. 국민이 고통 받는 현장을 찾아 위로하고, 어려움이 있는 곳의 문제를 해결하는데 발 벗고 나서는 자세를 지녀야 한다. 몸소 실천하면서 모범을 보이는 것이 최선이다.

### 언론에 의한 평가

언론은 대통령을 항상 주시한다. 대통령은 민주사회에서 가장 주목받는 정치적 존재다. 3권 분립 차원에서 볼 때 행정 쪽은 대통령이 단연 으뜸이다. 대통령에 대한 평가의 많은 부분은 언론에 의해 이뤄진다. 언론은 대통령에 대해 두 가지 방향에서 단기적인 논평과 평가를 내놓는다.

첫째는 대통령이 정치 시스템 속에서 어떻게 대통령직을 수행하는지에 대한 것이다. 대통령으로부터 받는 인상(impression)에 대한 것이다. 평가에는 현직 대통령 본인 뿐 아니라 전직 대통령들과의 비교로 이뤄지기도 한다.[3] 대통령에 대한 두 번째 평가는 대통령으로써 당연히 해야 할 의무에 대한 판단, 즉 대통령에 대한 기대(expectation)에 의해 이뤄진다. 이는 대통령이 어떤 사람인지 판단하거나, 평소의 언행에 대한 것들을 평가 대상으로 삼는 것이다. 이상과 같은 두 가지 평가 방식은 대통령의 업무 평가에 대한 균형 잡힌 판단의 근거를 제공한다.

그러나 위와 같은 두 방향에서의 대통령 평가방식은 각기 다른 기준에 따라 이뤄지면서 때로는 서로 부딪히는 결론을 내는 수가 있다. 예를 들면 어느 대통령이 매우 타협적인 정치 스타일을 지녔을 때 그는 정치지도자로서 당연히 그래야 할 것으로 긍정적인 평가를 받는다. 그러나 그런 스타일은 때로는 소신이 없는 정치인, 신뢰할 수 없는 정치인으로 비판받는다. 노무현 대통령처럼 탈권위적인 언행을 보일 때 그에 대한 평가는 크게 다르게 나타난다(P. James, Pfiffner, 1999; 340,

3) 미국의 유명한 언론인 월터 리프만이 지적한 것처럼 사람들은 남을 평가할 때 직접적이고 분명한 지식에 의존하지 않는다. 사람들은 자신이 만들었거나 언론 등에 의해 주어진 머릿속의 기준, 즉 인상에 따라 평가할 뿐이다.

335-336).

언론에 비춰진 3개 권력기구는 차이가 있다. 의회와 사법부도 중요하지만 대통령만큼 언론의 관심이 집중되지는 않는다. 대통령을 정점으로 한 행정은 법의 구속을 받으면서 법을 구체적으로 집행함으로써 현실적으로 국가목적을 실현한다. 언론의 관심은 정부의 심볼인 대통령에게 집중된다.

입법권을 행사하고 정부 예산을 심의하는 국회만 해도 많은 국회의원이 있고 그들은 개개인이 모두 헌법기관이다. 다들 제 목소리를 갖고 있다. 국회를 보도하기 위해서는 많은 의회지도자가 등장한다. 대통령만큼 권력이 집중되어 있지 않기 때문에 국회에 대한 보도는 그 초점이 여러 곳으로 분산된다. 국회의장이라 해서 국회의원들 위에 군림하는 것은 아니다. 국회운영에 도움을 주는 것이 주요 역할이다. 대통령이 행정부 최고 책임자로써 누리는 막강한 권한과 국회의장을 비교할 수 없다.

언론에 등장하는 사법부는 수동적이고 간접적이다. 사법부는 구체적인 법적 분쟁이 발생하여 그 당사자들로부터 쟁송이 제기되어야 비로소 발동되는 특성이 있다. 사법부는 구체적인 법적 분쟁에 있어서 제3자적 입장에서 무엇이 법인가를 판단하고 선언(재판)함으로써 법적 분쟁을 해결하고, 나아가 법질서를 유지한다. 이처럼 사법이 사건을 전제로 수동적으로 개입한다는 점은 행정이 공적인 목적을 실현할 필요가 있지만 아직 구체적으로 이해당사자가 발생하기 전이라도 능동적으로 행해지는 것과 큰 차이가 있다.

언론에 강력한 존재로 등장하는 대통령이 모든 것을 행할 수 있는 자리는 아니다. 언론의 대통령에 대한 큰 관심 때문에 대통령에 대한 기대치가 높아질 가능성이 항상 존재한다. 대통령이 실제 대통령직을 수행할 수 있는 능력이상으로 평가되는 것이다. 이를 꿰뚫어보는 대통령은 대통령에 대한 기대치를 낮추기 위해 노력한다. 대통령이 항상 국민과 언론의 칭송과 지지를 받는 것은 아니다. 대통령에 대한 지지율이 최고치에 달했을 때 현명한 대통령은 지지율 하락에 대비한다.

### 전문가 그룹의 평가

대통령에 대한 일반적인 평가는 다양하지만 어느 한 시점에서 보면 많은 사람들이 인정하는 주도적인 평가가 존재한다. 그런 평가는 유명한 정치평론가, 학자 등 전문가들에 의해 생산된 것들이다. 전문가들의 대통령에 대한 평가는 많은 사람들이 자기 것으로 삼아버리는 강한 영향력을 지니고 있다.[4]

전문가 그룹은 자신들의 전문성을 앞세워 끈질기게 대통령에 대한 평가 작업을 멈추지 않는다. 대통령이 업무를 얼마나 효율적으로 수행하느냐는 능력은 외부 전문가 그룹이 어떻게 판단하느냐에 따라 다르게 비춰지기도 한다. 즉 전문가 그룹은 자신들의 판단을 공유하면서 대통령에 대한 평가 자료를 늘려간다. 이것이 대통령의 영향력, 신뢰도에 대한 평가 자료가 된다. 대통령의 신뢰도나 명성 그 자체가 대통령의 설득력을 높

4) 대통령의 일상적인 집무와 연결된 공무원이나 대통령 소속 당원, 적극적인 지지자 등은 대통령에 대한 일부 전문가들의 평가를 쉽게 받아들이지 않는다. 그들은 대통령에 대해 일반 전문가들보다 좀더 정확히 알고 있고 있다고 생각하기 때문이다.

이기도 하고 깎아 내리기도 한다(R. Neustadt, 1990; 52-68).

전문가 그룹은 대통령에 대한 평가를 어떻게 하는가? 그들은 많은 방식으로 그것을 행한다. 평소 알고 지내는 보통 사람과 대화를 하거나 택시 기사와 의견을 주고받기도 한다. 주변에서 흘러 다니는 대통령에 대한 평가를 가볍게 흘리지 않고 그것을 메모, 분석한다. 이 지역, 저 지역을 여행하면서 만나는 사람에게 귀를 기울인다. 물론 국회를 예의 주시하고 의원들이나 당원들의 이야기를 경청한다. 야당 의원들의 대통령에 대한 비판적 태도나 관리들의 견해도 중요하다. 여론 조사를 살피고, 뉴스에 귀를 기울인다. 이런 과정들에서 확보된 정보를 종합해 대통령에 대한 대중의 종합적인 평가를 시도한다.

대통령을 주시하는 전문가 그룹이 자신의 경험에 국한해서 대통령을 평가할 때 자칫 그것이 부정확할 수 있다. 즉 대통령이 의도적으로 공개한 것만이 판단자료로 활용되는 위험에 처한다. 이들 전문가 그룹에게 언론보도에 등장하는 대통령의 동정 기사는 매우 유용하다. 보도 내용에 대한 신뢰도가 높을수록 그 정도도 심하다. 전문가 그룹은 유사한 일에 종사하는 다른 전문가 그룹들과 정보를 교환한다. 이는 매우 신중하게 이뤄진다. 이들이 맺고 있는 유대관계는 매우 강하다. 그것은 내부 협조가 긴밀하게 이뤄지는 공동체의 성격을 지닌다. 이 때문에 대통령에 대한 평가와 전망에 대한 정보는 서로 밀접한 관계를 지닌다. 그것이 교환되는 과정에서 서로 보완하고 완벽해진다.

전문가 그룹이 대통령에 대해 평가할 때 고려해야 할 중요한 변수가 대중의 대통령에 대한 평가다. 이들은 자신들의 영역을 벗어난 일반인들 사이에 대통령이 어떤 모습으로 비춰지는 지를 심각하게 고려한다. 그리고 대중의 인기도 등을 측정하는 노력을 게을리하지 않는다.

여소야대 국면일 경우 대통령에 대한 평가는 상반된 것으로 나타난다. 한편에서는 그런 정치적 상황에서 대통령이 야당과의 관계에서 정치적 대립이 심했던 것으로 나타나는 반면 다른 한편에서는 국가의 생산성을 높이기 위해서는 대통령과 국회가 초당적인 협력을 했으면 하는 기대치가 높다. 이처럼 대통령에 대한 여론이 상반된 현상은 장기적으로 볼 때 상호영향을 주고받으면서 차이가 줄어든다. 전문가 그룹이나 대통령이나 궁극적으로 대통령에 대한 평가는 대중의 판단에 의존하기 때문이다. 전문가 그룹도 자신들의 대통령에 대한 평가가 대중의 그것과 동일하기를 희망한다. 이처럼 두 집단의 대통령에 대한 평가가 단기적으로 차이가 난다 해도 시간이 지나면서 동일한 것으로 수렴된다. 그것이 하나로 통일되는 중대한 계기가 국민투표이다. 선거라는 수단을 통해 전문가 집단과 국민 대중의 그것은 하나로 모아진다. 이처럼 최종적으로 가장 중요한 것은 대중의 판단이다.

전문가 개인의 가치 판단이 많이 개입할수록 대통령에 대한 평가는 쉽게 변화한다. 그러다 보면 대통령의 평가가 시간이 흐르면서 정반대로 내려지기도 한다. 즉 취임 초기에는 '결단력'으로 미화된 대통령에 대한 평가가 시간이 지나면서 '불같이 급한 성질'로 바뀐다. 이런 사례는 또 있다. '마음이 확 트인 대통령'이 '줏대 없는 대통령'으로 '용기 있는 대통령'이 '저돌적 대통령'으로 평가가 180도 바뀌기도 한다.

### 대중의 평가

대중이 접하는 대통령에 대한 정보는 전문가 그룹의 그것과 차이가 있다. 대중은 대중매체를 통해서, 때로는 유언비어를 통해서 대통령에 대해 여러 가지를 듣는다. 그들은 전문가 집단처럼 항시적으로 대통령을 살피거나 그에 대한 정보를 모아 분석하는 일 등은 하지 않는다. 그들은 때로는 사실과 거리가 있는 대통령에 대한 정보를 듣는 일이 흔하다. 대중은 이성적으로 판단한다고만 볼 수 없다. 그러다 보면 대통령에 대해 부정확한 인식을 갖게 될 수도 있다. 언론 보도가 문제가 있으면 그것이 대통령에게 미치는 부정적 영향은 매우 크다. 유언비어 형태로 돌아다니는 부정확하거나 근거 없는 대통령에 대한 정보로 인한 폐해도 적지 않다. 그러나 이런 정보들을 부정기적으로, 부분적으로 듣는 대중에 의해 대통령의 평판이 결정된다.

대중의 실체는 종잡기 어렵다. 대중이 누구냐고 물으면 그 답이 쉽지 않다. 대통령의 평판에 직접적 영향을 미치는 대중 또한 구체적으로 그들이 누구냐 하고 접근하면 그 파악이 용이치 않다. 대중이 합리적인 동기에 의해서만 자극받고 움직이느냐 하는 것에 대해서는 여러 이론이 있다. 그러나 대중은 때때로 엄청난 힘을 발휘한다. 평소 그들은 존재하는지 조차 애매하지만 격동기의 사회나 선거 때 이들은 가공할 위력을 발휘한다. 평상시에 그 실체가 희미한 대중을 경시하거나 무시할 때 그로 인해 치러야 할 대가는 혹독하다. 전문가 그룹도 이 점은 알고 있다. 그러나 전문가 그룹 자신들의 영역에 몰입하다 보면 대중을 잊는다. 그때 실수가 시작된다. 대통령에 대한 평가가 부정확하게 내려지기 시작하는 것이다.

대통령의 하루하루를 지켜보는 보통 사람들은 쉽게 기뻐하고 쉽게 분노하는 순진한 사람들이 대부분이다. 그들을 실망시켜서는 안 된다. 대통령에 대한 여론조사 결과는 유권자들의 대통령에 대한 개인적인 소감의 표현이다. 개개인의 대통령에 대한 평가는 대통령이 수행한 전체 업무량을 고려치 않거나 극히 부분적으로만 타당성을 인정하는 그런 불합리한 것일지 모른다. 그러나 그것이 현실이다. 어떤 유권자도 대통령의 모든 업무 수행을 정확히 파악하거나 이해하기 어렵다. 거의 모든 유권자들은 부족한 정보 입수 상황, 불완전한 국정 이해 상황에서 자신의 견해와 희망 달성 가능성에 의해 대통령을 평가한다. 이런 한계와 현실을 정확히 파악하는 대통령이 훌륭한 대통령이다.

## 동네 북 대통령

"대통령과 직접 대화하겠다."

"이런 대통령은 당장 물러가라."

우리 사회에서 억울한 사람들은 대부분 대통령을 찾는다. 직접 만나서 얘기하겠다는 거다. 자신들의 문제를 담당하고 있는 공직자가 바로 눈앞에 있어도 공무원 사회의 조직을 뛰어

넘어 바로 대통령과 담판하겠다고 외친다. 때로는 자신들의 요구가 관철되지 않았을 때 대통령의 하야를 쉽게 말한다. 대통령에게 하야는 최악의 상황이지만 일부 국민들은 그것을 아무렇지 않게 입에 담는다. 과거 체육관 대통령 시절 같으면 상상도 못할 일들이 일상적으로 일어난다. 그때는 대통령에 대한 불경스런 언행을 하는 사람은 즉각 연행되어 처벌받았다. 국가안보 차원에서 무거운 형벌이 내려지기도 했다. 그러나 요즘은 아니다. 대통령의 명예를 손상하는 그런 행동으로 보일 수도 있으나 그것으로 인해 불이익을 당한 사람은 거의 없다.

우리 사회의 민주의식이 많이 상승된 증거다. 대통령을 절대 권력자로 여겨 두려워하는 사람은 거의 없다. 대통령은 멀리 있지만 가까운 곳에 있는 존재로 여긴다. 국민이 직접 자기 손의 뽑은 대통령이라서 그럴까? 대통령에 대한 친근감이 깊어지고, 대통령에 대한 기대감이 커진 탓일 것이다.

우리나라는 대통령 직선제가 정착된 후 20년이 안됐지만 그것은 국민 사이에 깊이 뿌리를 내렸다. 국민들은 대통령을 자기들과 아주 가까운 존재로 느낀다. 대통령과 유권자 자신을 직결시키는 의식이 매우 강하다. 자신이 지지한 후보가 대통령으로 당선되면 뛸 듯이 좋아하지만 싫어하는 후보가 당선되면 임기 내내 속상해 한다. 대통령은 선거를 통해 선출되면 모두의 대통령이다. 그것이 민주주의의 기본이다. 나를 지지하지 않은 유권자니까, 내가 지지하지 않은 후보니까 라는 식으로 나 몰라라 하는 식이면 민주주의의 기본이 유지되지 못한다.

대통령에 대한 사회적 인식이 부정적인 쪽으로 많이 변한 것에는 이유가 여럿 있겠으나 언론이 대통령을 오늘날처럼 만드는데 크게 기여한 측면도 있다. 언론 보도 속의 대통령은 권력자로서 '특별대접'을 받지 않은 지 오래되었다. 십여 년 전 군사정부 시절 언론은 독재자의 선전 홍보 기구에 불과했다. 대통령의 권위를 강화하고 무서운 권력자라는 이미지를 집중 부각시켰다. 그러다가 민주화가 되면서 언론은 정치권력보다 더 강한 영향력을 지니게 되고 대통령도 언론의 집중적인 공격 대상에서 빗겨가지 못했다. 언론은 민주화에 그다지 기여하지 못했지만 민주화된 상황에서 가장 많은 과실을 따고 있다고 할까? 언론의 대통령에 대한 깎아내리기는 김영삼, 김대중 정부에 이어 노무현 정부에 이르러서도 지속되고 있다.

우리 한민족은 강한 리더십을 선호하는 것으로 분석하는 정치학자들이 적지 않았다. 우리나라는 서구 사회와 같은 시민혁명을 거치지 않은 역사적 특성 탓으로 사회 구성원들이 민주의식이 희박하고 전근대적 지도자를 더 선호한다는 것이 학자들의 견해였다. 우리나라는 조선왕조, 일제침략, 해방, 남북 분단, 분단이후 남북한에서 독재자의 오랜 지배의 과정을 거쳤다. 분단이후 사상과 이념이 다른 체제였지만 공통적으로 강력한 리더십이 지배하는 공통점을 나타냈다. 단 남한은 80년대 말부터 민주화가 급속도로 진전되고 있어 부자가 세습통치하는 식의 북한과는 큰 차이를 나타낸다. 한반도가 근세사에서 시민혁명을 성공적으로 수행치 못했지만, 남한의 경우 서구 사회 못지않은 민주의식이 성숙하고 있다.[5)]

5) 남한에서 대통령은 '동네 북'쯤의 존재인데 반해 북한에서는 아직

훌륭한 대통령은 정부가 잘 돌아가도록 하는 대통령이다. 그렇게 하기 위해 준비된 대통령이면 더 말할 나위가 없다. 대통령은 그 직을 최선을 다해 수행하기 위한 프로그램을 가지고 있어야 하고 그것을 실행할 수 있는 물적, 정신적 역량을 갖춰야 한다. 훌륭한 대통령은 활동가이어야 한다. 즉 국민들에게 절실한 의제 설정을 하면서 그것이 실행에 옮겨져 성공적인 결실을 맺을 수 있도록 주의 깊게 살펴야 한다. 그리고 그 결과에 대해 모든 책임을 질 자세가 갖춰져 있어야 한다. 훌륭한 대통령이 되기 위해 항상 의식할 사항이 하나 있다. 그것은 국민적 지지를 받아야 하는 것이다. 민주사회에서 국민이 외면하는 훌륭한 대통령은 존재하기 어렵다.

대통령은 자신의 직책의 한계를 아는 것이 중요하다. 그 자리는 많은 법률적 제약 등으로 어떤 면에서 한계가 분명한 자리다. 따라서 많은 노력이 필요하다. 린든 존슨 미 대통령은

---

도 그 최고 지도자는 '어버이' 수준이다. 남한에서는 대통령을 새로 뽑는데 익숙하다. 그러나 북한은 간단치 않다. 지도자를 그 주민들이 우리처럼 선출해 본 경험이 없다. 북한은 김정일 이후 누가 어떤 식으로 새 지도자로 등장하고 그 이후 어떤 상황이 벌어질지 예상키 어렵다. 김일성, 김정일 체제는 두 사람의 북한에서의 독특한 위상 때문에 절대 왕조 비슷한 정치체계가 가능했다. 그러나 김정일 이후에 어떤 지도자가 등장할 것인지 애매한 상황이다. 설령 지배기구 내에서의 권력투쟁으로 새로운 지도자가 등장한다 해도 김정일 부자가 누린 카리스마와는 현격한 차이가 있을 수밖에 없다. 그것은 북한 주민이 60년이 넘게 경험해온 정치 상황과는 매우 이질적이다. 어버이와 같은 지도자상에 익숙한 북한 주민들이 과거의 지도자와 딴판인 새 지도자를 어떻게 받아들일지는 쉽게 전망키 어렵다. 단지 북한 주민들이 새로운 정치 지도자의 등장으로 심리적 혼란을 겪게 될 것으로 상정할 수는 있다. 이 점이 북한의 김정일 없는 미래가 불투명한 이유다.

대통령직이 얼마나 어렵고 힘든 자리인지에 대해 다음과 같이 언급했다—"대통령은 대통령직을 제대로 수행하기 위해서 국가의 다양한 부문과 관계를 설정해야 한다. 대통령에 당선되었다 해서 대통령직을 제대로 수행토록 보장되는 것은 아니다. 대통령은 유권자들의 신뢰를 얻기 위해 노력해야 한다. 대통령은 훌륭한 리더십을 보여야 한다. 훌륭한 리더가 되기 위해서는 대통령을 지지할 열정이 있는 지지자들을 매료시켜야 한다. 대통령은 자신의 권력을 뒷받침할 도덕적 자질을 갖춰야 한다"(P. James, Pfiffner, 1999; 340, 335-336).

대통령의 신뢰도, 영향력에 직접적인 영향을 미치는 요인은 세 가지다(R. Neustadt, 1990). 우선 법률적으로 규정된 대통령의 권한이다. 대통령은 헌법과 기타 법률에 의해, 또한 관습에 의해 막강한 권한을 행사한다. 문제는 이 같은 권한을 얼마만큼 대통령이 행사할 의지가 있고, 그런 능력이 있느냐 이다. 인간의 권력 욕구는 한이 없어서 대통령도 자칫 월권하거나 법의 한계를 넘나드는 수가 적지 않다. 그러나 노무현 대통령은 대통령의 권한을 축소시키는 방향으로 노력한 특이한 대통령이다. 그는 당정분리, 분권과 자율 등을 앞세워 제왕적 대통령의 이미지를 벗어나려 했다.

둘째, 대통령의 신뢰도는 대통령 자신의 전문가적 능력의 영향을 받는다. 그가 자신의 전문성과 의지를 얼마나 발휘할 수 있느냐 하는 것이다. 이른바 준비된 대통령이냐 그렇지 않느냐 이다.

세 번째는 대통령의 덕목이다. 그가 객관적으로, 공개적으로 대통령다운 언행을 하느냐 이다. 아무리 격식 없는 자리라 해도 대통령의 품위를 손상시키는 것이면 곤란하다. 역대 제왕적 대통령들이 국민을 깔보는 식으로 하는 것은 물론 지탄의 대상이다. 그러나 권위주의를 탈피한다 해서 시정잡배들의 언행을 보이는 것은 문제다.

대통령은 아마추어가 하는 일은 아니다. 그 자리는 전문성을 필요로 하는 자리다. 그 전문성은 정치에 대한 깊은 경험과 경륜을 바탕으로 한다. 대통령은 그 자리가 어떤 자리인지를 확실히 알고 있어야 한다. 그래야 대통령으로서 적절한 역할을 할 수 있다. 대통령의 역할은 대통령에 대한 신뢰도와 명성을 필요로 한다. 만약 그것이 없다면 대통령을 하기 힘들어진다. 대통령다운 대통령을 하지 못한다.

대통령이 최대한의 역량을 발휘하고자 한다면 자기 관리에 철저해야 한다. 빛나는 내일을 과시하고 싶다면 오늘의 자신을 살피면서 경계해야 한다. 만약 오늘의 대통령이 자신의 신뢰도를 바탕으로 오늘 최선을 다했다고 여긴다면 그 신뢰도를 내일까지 연장시키기 위해 경계심을 늦춰서는 안 된다. 최대한 자신을 경계해야 한다. 대통령을 대신해서 대통령의 신뢰도를 보호하고 증대시킬 사람은 아무도 없다. 오직 대통령만이 할 수 있다.

대통령의 신뢰도는 대통령 자신이 내부에 비축하고 있는 전문성과 비례한다. 국정수행 과정 초기에는 어디에 함정이 있는지, 어디가 지뢰밭인지 잘 드러나지 않는다. 그러나 대통령이 전문성을 지닌 탁월한 정치가라면 표면에 드러나지 않은 위기의 그림자를 눈치 챌 수 있다.

대통령은 모든 정치인들이 선망하는 최고의 자리다. 정치인이라면 한번쯤 도전하거나 그 자리를 위해 모든 것을 바치는데 주저치 않는다. 그러나 대통령은 모든 정치인에게 열려 있는 그런 자리는 아니다. 보통 정치인은 대통령이라는 자리를 감당할만한 자질을 지니고 있지 않다. 정당 업무나 조직 관리의 달인이라 해도 대통령의 자질을 지니고 있다고 보기 어렵다. 경륜이 풍부한 정치인이라 해서 대통령직을 훌륭하게 수행할 수 있는 것은 아니다. 고위 공직자의 경험 또한 대통령의 직책에 적합지 않다. 행정부에서 근무한 어떤 고위 공직자라 해도 대통령의 신뢰도에 바탕을 둔 업무 수행 능력을 지니기 어렵다. 업무를 바라보고 처리하는 눈높이가 다르기 때문이다. 행정의 달인이라 해서 대통령에 쉬 오르지 못한다.

대통령은 국내외 정세에 밝아야 한다. 그 자리는 챙겨야 할 업무가 너무 많아 한쪽에 몰두하다 보면 다른 쪽을 소홀히 하거나 자칫 실수를 범하게 된다. 어떤 면에서 과거의 경험이 현재의 대통령직을 수행하는데 반드시 도움이 되지는 않는다. 과거의 경험이 때로는 걸림돌이 된다. 실수를 저지르는 원인도 된다. 국내외 정세는 시시각각 변하고 있다. 어제까지 옳았던 방법이라 해서 오늘도 옳을 것이라는 보장은 없다. 단순한 경험은 대통령의 신뢰도를 보장해 주지 못한다. 대통령의 신뢰도는 대통령이 국정을 수행하면서 최선을 다하려고 노력하는 과정에서 생성된다.

지적인 면과 감성적인 면 모두가 대통령의 신뢰도를 결정하는 요인이다. 이들 두 요인은 적절히 배합되어야 한다. 한쪽이 너무 튀는 것은 좋지 않다. 미국에서 가장 훌륭한 대통령의 한 사람으로 손꼽히는 루즈벨트 대통령에 대한 평가를 참조할만하다. 루즈벨트 대통령의 국민적 신뢰도는 '이지적이기보다 감성적인 대통령'에서 비롯되었다는 것이다. 케네디 대통령은 위기 시에 냉정하고 과단성 있는 면모를 보여주었다. 그는 대체로 열정적이고 감성적이었지만 평소에 그것을 자제했다. 그는 설혹 냉정함을 잃는다 해도 오래가지 않았다. 그는 상황을 관찰하면서 참여했다. 자신을 객관화 시키면서 남의 입장에서 사물을 보는 신중함을 잃지 않았다. 그러나 위기 상황에서도 유머를 잊지 않았다.

국민에게 호소하고 국민이 친근감을 느끼는 대통령이 국민적 신뢰를 받는다. 대통령이 지나치게 이지적인 모습일 때 보통 국민들은 거리감을 느낀다. 그리고 대통령이 짧은 대화나 대담을 통해 어떤 분야에 대해 '이지적인 모습'을 과시 한다 해도 그 분야의 전문가들은 항상 이견을 준비하고 있기 때문에 문제가 간단치 않다. 대통령의 지적인 수준에 대한 반론은 야당이나 언론에 증폭되어 국민을 혼란스럽게 하거나 불편하게 한다.

대부분의 정치인이나 지식인은 어떤 문제가 터질 때 매우 이지적인 해답이나 해결책을 내놓기를 즐겨한다. 그러나 그것이 바로 이런 정치인의 한계다. 대통령은 이지적인 면은 전문가나 해당부처 국무위원의 몫으로 맡기고 자신은 국민의 감성에 다가갈 수 있는 그런 방향을 택하는 것이 좋다. 대통령이 특정 주제를 가지고 공개리에 토론하고, 때로는 격한 감정을 드러내는 것은 장기적으로 대통령의 신뢰도에 부정적 영향을 미친다.

대통령이라는 막강한 권좌에 있을 때보다 야인으로 돌아간 뒤 더 리더십이 빛을 발한 사람이 있다. 지미 카터 전 미국 대통령(39대)이 대표적이다. 그는 닉슨 대통령이 워터게이트 사건으로 물러난 뒤 대통령에 당선했으나 재직 기간 동안 별다른 성과를 내지 못했다. 그는 무능한 대통령이라는 손가락질을 받기도 했다. 카터가 재임 중 거뒀던 주목할 만한 성과는 30여 년 동안 단절돼 왔던 중국과 미국 간 외교관계를 수립하고, 이스라엘과 이집트 간 평화협정인 캠프 데이비드 협상을 성공시킨 것이 손꼽힌다.

이란 회교혁명 당시 인질로 잡힌 미국 대사관 직원 66명의 석방을 놓고 지난 1979년 444일 동안 그가 보여준 외교정책은 무능과 우유부단하다는 혹독한 비판을 받았다. 굴욕적인 협상 끝에 최후카드로 꺼내든 특공대 투입작전은 참담한 실패로 끝났다. 미 인질은 그가 퇴임하는 날 석방되었다. 그가 4년 임기를 끝냈을 때 그의 나이는 겨우 56세였다. 차기 대통령을 노렸지만 오일쇼크에 높은 실업률로 고통받던 유권자는 그를 외면했다. 그는 로날드 레이건에게 대선에서 패배한 뒤 고향의 땅콩농장으로 돌아갔을 때 그에게 남겨진 것은 100만 달러가 넘는 빚더미였다.

카터는 극심한 패배감과 재정적 압박으로 고통을 받았다. 그는 그때가 자신이 처한 가장 어려운 시기 중 하나였다고 술

회했지만 패배의 구렁텅이에서 그는 힘차게 재기했다. 그는 원로 정치인으로써의 역할을 훌륭히 해내면서 국제 분쟁지역의 해결사를 자임해 현장으로 뛰어들었다. 평화협상을 주도했고 구호활동에 큰 성과를 거뒀으며 카터센터를 만들어 인권과 민주주의에 대해 활발히 활동하고 있다. 그는 가난한 사람들을 위해 집지어주기 운동을 벌이는 등 활동을 벌였다. 1994년 북한 핵문제로 한반도가 전쟁위기에 직면했을 때 카터는 평양으로 날아가 평화적 해결의 실마리를 제공했다. 세계가 존경하는 전직 대통령카터는 2002년 노벨 평화상을 받았다.[6]

## 대통령의 자기수양

정치는 뿌린 만큼 거둔다. 그러니 곤궁에 처했다 해도 초심을 잊지 않고 부정과 불의를 멀리 해야 한다. 그것이 가장 올바르고 안전한 처신이다. 권모술수를 좋아하면 한두 번 또는 단기간 정치적 성과를 거둔 것처럼 보인다. 꽤 수확이 큰 것으로 착각할 수도 있다. 그러나 정치는 상대가 있어서 권모술수를 좋아하다 보면 결국 권모술수에 당한다. 꼼수 정치가 아닌 큰 정치를 항상 생각하고 추구해야 정치권이 맑아진다.

진정한 정치를 실천하기 위해 지켜야 할 세 가지가 있다(홍승직 역해, 1994, 논어; 119, 120). 첫째, 말을 할 때는 비속하거나 도리에 어긋나서는 안 된다. 할 말만 원칙에 따라 적절한 용어로 언급한다. 말이 잘못 전달되는 것도 두려운 일이지만

6) http://en.wikipedia.org/wiki/Jimmy_Carter

천박한 느낌을 줘서는 대중이 속으로 깔보게 된다. 둘째, 몸을 움직일 때 남에게 사나운 인상을 주거나 나태한 모습이어서는 안 된다. 자연스러우면서도 품위를 지킨다. 셋째, 마음이 성실해야 안색이 바르다. 마음이 성실하지 않은 데 안색만 바르게 하기는 어렵다. 거짓으로 안색을 꾸밀 수 있으나 마음이 성실하지 않으면 사람들이 곧 그것을 알아채게 된다.

대통령은 양심을 지켜야 한다. 양심은 누구나 가지고 있지만 결정적으로 중요한 선택의 순간에 양심을 지키기는 어렵다. 양심을 지키다 보면 목숨을 버리기도 한다. 진정한 대통령은 물론 양심을 지킨다. 그들이 본능적인 것에 치우치는 비양심적인 사람과 차이가 없다면 진정한 대통령이라 할 수 없다.

맹자는 목숨과 의리 가운데 하나만 취한다면 의를 취하고, 사는 것이 죽는 것만 못할 때 차라리 죽음을 택하라고 가르친다(홍성욱 역해, 1994; 286-290). 그는 사는 것이 자신이 바라는 것이고 의로운 삶을 지향하는 것도 자신이 바라는 것인데 이 둘을 모두 이룰 수 없다면 목숨을 버리고 의를 취한다 했다. 또한 목숨을 유지하는 것이 자신이 원하는 것이라 해도 성취하고자 하는 바가 목숨보다 더 소중하다면 구차스럽게 살고자 하지 않겠다는 것이다.

대통령은 스스로 자신을 돌아보아 한 점 부끄러움이 없어야 한다(홍성욱 역해, 1994; 100, 104). 그래야 모든 사람이 자신을 다그쳐도 바위처럼 꿋꿋할 수 있다. 자신이 도덕적으로 전혀 하자가 없는 사람은 항상 자신만만할 수 있고 매사에 확신과 용기 있는 태도로 임한다. 도덕에 기초한 내면의 용기가 육신의 괴력을 앞세운 용기보다 앞선다. 그러나 자신이 올바르지 못하다면 도둑이 제 발 저리듯 처신이 옹색해진다.

올바른 대통령은 훌륭한 인격자다. 그는 이익을 보면 의를 생각하고, 위험에 처한 것을 보면 최선을 다해 돕는다. 또 오랫동안 곤궁에 처해도 평소의 말을 잊지 않는다. 권모술수를 쓰지 않는다(홍승직 역해, 1994, 논어; 242). 이익이 눈앞에 있을 때 무엇이 옳은 것인지를 생각하는 것은 쉽지 않다. 경제적, 정치적 이익이 가져오는 달콤한 결과의 유혹이 너무 강하기 때문이다. 그래서 자신을 이기지 못하고 덥석 그것을 물었을 때 그 후에 치러야 할 대가는 참혹하다.

대통령은 초심을 잃어서는 안 된다. 대통령이 되거나 국회의원이 될 수 있었던 것은 대중의 지지가 있었기 때문이다. 그러니 대통령은 선거에서 약속했던 바를 지지한 대중을 임기가 끝날 때까지 성심을 다해 봉사해야 한다. 정치는 대중의 힘이 한데 모여 일을 해내는 것과 같다. 정치지도자나 통치자의 혼자 힘만으로 되는 것이 아니다. 정치는 임기 처음부터 마지막까지 대중을 소중히 의식하고 봉사해서 그 힘을 계속 얻는 것이다(홍승직 역해, 1996, 여씨 춘추; 190). 그러나 대중을 정치적 목적을 달성하기 위해 일시적으로 필요한 수단으로 여겨 대통령에 선출된 뒤 대중을 저버리거나 심지어 배신하면 어떻게 되는가? 그것은 대통령이 자신의 가장 소중한 것을 저버리는 것과 같다. 자신의 파멸을 자초하는 것과 같은 어리석은 짓이다.[7]

---

7) 대통령에 당선된 뒤 당명을 바꾸거나 아예 당을 새로 만드는 일은

공자는 군자가 지녀야 할 자세로 미혹되지 않고, 근심하지 않고 두려워하지 않는 것을 강조했다(홍승직 역해, 1994, 논어; 154). 그가 말한 군자를 오늘날의 대통령으로 바꿔도 큰 무리는 없을 듯하다. 즉 결정적인 순간에 헤매지 않는 대통령이 되려면 지혜로워야 한다. 또 정치하는 과정에서 괜한 근심 걱정으로부터 해방되기 위해서는 어진 성품을 지녀야 하고, 위기에서도 두려워하지 않기 위해서는 용감해야 한다.

대통령은 항상 자기 수양에 힘써 자신을 가다듬어야 한다. 자신을 갈고 닦는 것만큼 중요한 일은 없다. 모든 것의 시작이 바로 자신에게서 비롯된다는 점을 명심하고 언제나 한 점 부끄러움이 없도록 처신한다. 항상 자신을 거울에 비춰보듯 투명하게 가꿔야 한다(홍승직 역해, 1996, 여씨 춘추; 45). 특히 인터넷이나 몰래 카메라 등이 흔해진 오늘과 같은 사회에서 순간의 방심으로 자세가 흔들릴 때 돌이킬 수 없는 지경에 빠지는 수가 많다. 항상 자기를 경계하고 수양하는 것은 그 무엇보다 중요하다.

대통령은 위대한 인물에 자신이 미치지 못하는 것을 부끄럽게 여기고 자기보다 못한 사회적 약자를 안타깝게 여겨야 한다. 누구나 위대한 인물을 본받아 그렇게 되고 싶어 한다. 그렇지만 자기에 미치지 못하는 사람을 안타깝게 여겨 챙겨주는 사람

---

정치 신의 상 있어서는 안 될 일이다. 어느 당의 간판으로 선거에 나서서 당선되었다면 당연히 임기가 끝날 때까지 그 당의 간판아래서 정치를 해야 한다. 개인의 사사로운 감정을 억제하지 못해 자신을 대통령으로 만들어준 당을 탈당하고 짓밟는 일은 없어야 했다. 그러나 그것에 분노하지 않은 대중의 책임도 크다. 눈 뜨고 사기를 당한 꼴인데도 멍청히 앉아 있는 것과 같기 때문이다.

은 많지 않다. 어떤 사람이 현재 자기에게 미치지 못한다 해도 세월이 흐르면 언젠가 자기보다 더 훌륭하게 되기도 한다. 이런 경우를 생각해서 부족한 사람을 챙겨주는 것은 아니다. 그것은 인간된 도리이기 때문이다. 그렇게 함으로써 지식이나 지혜가 전수되면서 전체 사회의 민도와 생산성이 높아진다.

대통령은 불필요하게 남의 일에 간섭하지 말고 자신의 일에 전념해야 한다. 이는 대통령이 아니라 해도 누구에게나 해당된다. 쓸데없이 간섭하는 일은 전체 분위기를 해칠 뿐 아무런 도움이 되지 못한다. 물론 남이 원해서 도와주는 것은 별개의 문제다.

대통령이 인의예지(仁義禮智)를 완전하게 이해하고 행하면 큰 정치를 잘 할 수 있다. 仁은 남의 어려움을 보고 측은하게 여기는 마음에서 비롯되고, 義는 다른 사람의 잘못된 행동을 보고 부끄러워하거나 미워하는 마음에서 비롯되고, 禮는 남에게 양보하고 사양하는 마음에서 비롯된다. 智는 옳고 그른 것을 가리는 마음에서 비롯된다. 이 네 가지 덕을 갖추는 것은 인간이 꼭 지녀야 할 기본적인 가치이다(홍성욱 역해, 1994; 120-124). 만약 대통령이 이 네 가지 덕을 갖춘다면 화염이 치솟고 물이 분출하는 것과 같은 큰 영향력을 발휘할 것이다.

대통령은 신의를 지켜야 한다. 정치는 교만해서는 모든 것을 잃는다. 올바른 대통령은 정성을 다해 자신을 갈고 닦아 이치에 어긋나지 않는 정치를 해야 한다. 신의를 지키지 않는 대통령은 이미 올바른 대통령이 아니고 한낱 정상배에 지나지 않는다. 비민주적 통치자는 흔히 독선적이고 배타적이 되어 국민이 바라는 것과 거리가 점차 멀어지고 결국 독재로 흐르기도 한다.

신의를 지키는 대통령은 자신 뿐 아니라 국민 모두에게 바람직스런 일이다. 대통령은 신의를 지킴으로써 국가와 민족에 대한 기여를 할 수 있고 작게 보아도 자신의 정치 생명을 길게 할 수 있다. 이런 면에서 보면 대통령에게 신의는 당연히 지녀야 할 자질이지 그것을 특별한 덕목이나 칭송받을 품성이라고 말하기 어렵다(홍승직 역해, 1994, 대학; 79).

대통령이 일단 권력을 쥐게 되면 자칫 교만해지기 쉽다. 그러면 정당한 것을 보아도 보이지 않고 들어도 들리지 않는다. 재야에서 민주화 운동을 하던 사람도 일단 제도 정치권에 들어가면 사람이 달라진다는 비판을 듣는다. 이는 신분이 상승한 것에 자만하면서 생활의 눈높이가 달라지기 때문이다. 이렇게 되면 과거 자신을 지지하고 성원하던 사람들의 정서에서 멀어지는 것은 시간문제다.

## 대통령의 하루

대통령의 하루는 빈틈없는 스케줄로 꽉 차있다. 온갖 결재서류를 훑어보아야 하고, 이런저런 보고를 받으며 이런 저런 인사들과 접촉해야 한다. 대통령의 하루 일과 가운데 중요한 것들은 대략 몇 가지를 들 수 있다(R. Neustadt, 1990; 192-229).

첫째, 외부인사 면담이다. 대통령 면담 신청이 줄을 잇기 때문에 보통 몇 분 또는 십여 분의 면담시간을 정하게 된다. 대통령이 건강이 좋지 않으면 외부인사 면담을 지속할 수 없다. 그러니 대통령의 건강관리가 필수다. 그 다음 면담 대상을 적절히 조정하는 일이다. 면담을 희망하는 사람들이 각계각층이기 때문에 대통령이 자기의 기호에 따라 특정부문의 사람들만을 선호하거나 배제해서는 안 된다. 대통령 비서진들이 '알아서' 선정하는 것도 가끔 점검하고 시정해야 한다.

비서진들을 방치할 경우 자칫 그들이 대통령의 눈과 귀를 가로막는 장벽이 될 수 있다. 면담 대상을 면담 신청자로만 할 것인지도 고려할 문제다. 면담 신청자만을 대통령이 만날 경우 대통령이 폭넓은 정세를 파악하는데 적절치 않을 수 있다. 그래서 비서실이나 대통령 자신이 면담자를 선정하는 적극적 자세를 보일 필요가 있다. 언론보도 등을 통해 부각된 인물을 면담 대상으로 선정하는 것이다.

둘째, 대통령과 언론의 관계다. 대통령이 정기적으로 언론을 만나 질의응답을 할 것인지, 아니면 대변인이 그 역할을 대신할 것인지를 정하는 것이다. 대통령 기자회견이 사전에 무엇을 질문할 것인지를 정하는 방법은 민주화가 되면서 점차 사라지는 추세다. 그러나 전국에 실황 중계되는 대통령 기자회견에서 '황당한' 질문이 나오는 것도 고려할 문제다. 미국의 경우 언론과 사이가 좋은 대통령은 매주 또는 격주로 기자회견을 하기도 한다.

셋째, 대통령과 행정부의 관계다. 대통령은 정기적으로 각의를 주재한다. 국정을 챙기는 것이다. 대통령 비서실은 각 행정부처의 업무 추진 상황을 파악하고 무엇이 긴요한 의제인지를 설정해 대통령에게 보고한다. 수많은 부처 업무가운데 여론이 주목하고 있거나 장차 여론이 주목할 그런 사안을 비서진이 파악하는 일은 쉽지 않다. 이는 비서실이 각 부처의 업무를 정확하게 파악하고 있어야 한다는 것을 전제로 한다. 대통령이 정기적인 각의가 아닌 개별적 면담을 통해 행정부의 각료들과 접촉해 업무를 협의할 수 있다. 그러면 어떤 장관을 어떤 식으로 만나야 하는지도 고려해야 할 문제다.

대통령 중심제에서 대통령이 행정부에서 무슨 일이 어떻게 돌아가는지 당연히 알아야 한다. 모른다면 그것은 비정상이다. 알려고 하지 않는 것도 비정상이다. 국민에게 책임을 지는 정부 수반으로서 각 부처의 업무 추진과 부처간 업무 중복 또는 의견충돌 등이 있는지 살펴야 한다. 그리고 최종적으로 부처간 갈등 등을 조정해 해소토록 한다. 이런 과정에 대통령의 리더십이 발휘되어 정부의 생산성, 효율성이 높아지도록 해야 한다. 대통령이 분권과 자율이라는 원칙을 앞세워 공식적으로는 정부 각 부처의 업무에 개입치 않았을 때의 부작용을 심각하게 고려해야 한다.

노무현 대통령은 행정부처 자율성을 강조했다. 변호사라는 법 전문가답게 '법 대로'를 강조했다. 그러나 구태의연한 관료사회가 그것을 따라 주지 못했다. 결국 행정부처의 대국민 행정은 행정 서비스와는 거리가 멀었다. 과거 권위주의 정권 시절 못지않은 관료주의가 판을 쳐도 아무런 견제를 받지 않았다. 노 정권의 선부른 서구식 행정시스템 도입이 행정서비스의

퇴보라는 부작용을 낳았다. 과거 권위주의 정권은 정부가 일사분란하게 움직이는 측면이 있었지만 참여정부에서 행정난맥 상태가 나타난 것은 안타까운 일이다. 이러니 무능하고 무기력한 정부라는 비판이 그치지 않았다.

넷째, 대통령의 의회 관계다. 민주정치는 대의정치라 하듯이 대통령은 의회와 끊임없이 대화하고 협상해야 한다. 대통령의 권한도 막강하지만 국회의 권한도 역시 마찬가지다. 대통령과 국회가 원만한 관계를 유지하지 않으면 결국 국민에게 그 폐해가 돌아간다. 대통령은 전체 국민의 대표성을 지니고 있지만, 국회의원은 각 지역구의 대표성만을 지닌다. 이런 면에서 대통령이 국회를 경시하거나 소홀히 하면 큰 코 다친다. 국회의원 개개인보다 그 대표성이 대통령 쪽이 크다 해도 전체 국회의원들의 결집체인 국회는 대통령과 동일한 권한을 지닌 대표성을 행사한다고 할 수 있다. 이런 점에서 대통령은 대소 국사를 의회 지도자들과 협의하고 조율해야 한다.

노무현 대통령은 야당 지도자들과 만나기를 꺼려했다. 또한 여당과의 관계에서 불협화음을 빚다가 대소 선거에서 연패하고 결국 여권 와해, 대통령 탈당으로 이어졌다. 안타까운 일이다.

대통령은 자신이 필요로 하는 정책이 국회에서 잘 처리되지 않으면 곤란한 처지에 빠진다. 여소야대라 할지라도 대통령이 의회 설득과 여론에의 호소 등을 통해 정책을 수행할 수 있다. 야당은 차기 정권을 잡기 위해 사사건건 여권에 반대하고 비판하기 마련이다. 민주사회에서 야당이란 대체로 이런 모습에서 크게 벗어나지 않는다. 그러나 민주사회에서는 정치권력도 중요하지만 여론의 집중적인 권력 감시와 비판 기능이 강하다. 야당이 아무리 집권층에 반대한다 해도 그것이 법과 상식에 어긋날 경우 역풍을 맞는다. 그래서 여소야대를 대통령이 꼭 걱정할 일은 아니다.

다섯째, 대외관계다. 대통령은 외교 국방문제에 적절히 대처해야 한다. 우리처럼 분단 상태의 특수상황에서 대통령의 역할은 막중하다. 북한과의 관계 개선이나 평화 정착과 평화 통일 문제에 대통령의 역할이 매우 중요하다.

대통령제에서의 정치는 대통령, 행정부가 유기체와 같은 관계이다. 좌우상하의 조직들이 서로 밀접하게 연결되어 피가 통하고 체온이 따뜻한 것과 같은 상태가 유지되어야 한다. 그렇지 않고, 대통령은 지시하는데 행정조직이 그것을 따르는데 소극적이거나 심지어 깔아뭉개는 식이면 곤란하다. 서로 일체감을 가지고 작동되어야 한다. 대통령의 지시는 국무총리, 장관이 수시로 챙기고 살펴서 집행이 잘 되도록 해야 한다. 그래야 공무원 조직이 잘 돌아가는 엔진처럼 활발히 움직인다. 정부 각 부처가 저마다 맡은 일을 충실히 하고 그것이 정부 전체의 생산성을 높인다면 일등 국가가 될 수 있다.

## 대통령은 외로운 자리

TV 뉴스 등에 흔히 나오는 대통령의 집무 모습은 대부분 엇비슷하다. 대통령이 넓은 집무실에서 혼자 큰 책상위에 놓인 서류를 뒤적이거나 서명하는 것으로 나온다. 그러나 현실은 어떤가? 대통령은 한가로울 수 없다(Pfiffner, P, 1999; 23). 대통령은 수많은 국사에 결정을 내려야 하는 긴장 속에서 바쁜 하루를 보낸다. 대통령은 집무실에 혼자 앉아 있을 여유가 거의 없다. 정상적인 대통령이라면 그래야 한다.

대통령은 업무 때문에 많은 사람과 긴밀히 접촉하면서 땀을 흘리는 그런 직업이다. 매일 접촉해야 하는 사람은 다양하기 짝이 없다. 우선 각기 업무가 다른 수많은 보좌진이 줄을 서서 기다리고, 장·차관이나 고위관리가 대통령을 단독 면담할 기회를 호시탐탐 노린다. 의회 쪽 정치인들은 말할 것도 없다. 여러 분야의 학자나 전문가들이 자신의 견해를 대통령 앞에서 피력할 기회를 갖고 싶어 한다.

대통령은 사람을 직접 만나기도 하지만 우선 검토하고 결재할 서류더미가 엄청나다. 참고용 자료로 수북이 쌓인다. 이런 업무는 정보의 흐름으로 비유할 수 있다. 다양한 분야의 정보들이 홍수처럼 대통령에게 밀어닥친다. 그것은 대부분 최대한 압축된 형태로 대통령 앞에 놓여 지거나 대통령에게 직접 언급된다. 대통령이 한가하지 않다는 것을 전제로 해서 그렇게 하는 관행이 굳어져 있다. 문제는 그런 정보 대부분이 대통령에게는 생소한 것이라는 사실이다. 대통령이 모든 일에 정통할 수는 없다. 여기에서 유의할 사항이 있다. 대통령이 자기에게 익숙한 일에 주로 관심을 갖거나 그것에 몰두하려 할 때 국정의 균형이 깨질 수 있다. 그래서 대통령은 항상 깨어 있어야 한다. 그것은 어느 누구도 대신해 줄 수 없다.

대통령의 보좌시스템이 외견상 완벽하다 해도 대통령은 외롭다. 대통령은 항상 불확실한 미래를 향해 최종 결단을 해야 하기 때문이다. 보좌진들이 정책에 대해 책임을 진다 해도 대통령이 궁극적으로 책임을 지게 된다(P. James, Pfiffner, 1999; 25). 업무 추진과정에서 보좌진은 충성심을 가지고 최선을 다한다. 그러나 그들도 인간이다. 자신의 전문성과 기호에 좌우되기 마련이다. 따라서 자신들의 판단에 따라 은연중 어떤 방향으로 유도된 방안을 대통령에게 제시하기도 한다. 그들은 주요 정책을 놓고 많은 대안들을 마련하고, 대안별 득실을 계산해서 대통령에게 제출할 때 거기에는 이미 무엇이 최선인가가 누구의 눈에도 확연한 경우가 많다. 그것을 놓고 대통령은 최종적인 선택을 해야 한다. 그러나 보좌진이 최선을 다해 노력한다 해도 대통령이 필요로 하는 것을 항상 충족시킨다고 보기 어렵다.

사회가 발전하면서 대통령 보좌진도 전문그룹으로 세분화된다. 대통령은 모든 분야의 전문가가 아니기 때문에 전문 보좌진에게 의존하는 정도가 심화된다. 보좌진이 대통령에게 미치는 영향력이 커지는 추세다. 여기서 문제가 발생할 소지가 있다. 대통령이 경계해야 할 위험이 이 부분에서 발생한다. 즉 대통령이 보좌진의 도움을 받아서 직무를 수행하는 것에 만족할 경우 거기에 위험이 도사린다. 대통령은 보좌진의 맹목적 충성심이나 대통령의 보좌진에 대한 절대적인 신뢰로 인해 큰 화를 입을 수 있다.

대통령은 가장 어려운 결정을 내려야 하고 그 결과가 어떨까에 대해 그 누구보다 더 노심초사 한다. 하루 종일 스케줄에 따라 바삐 보내고, 그리고 그 다음날도 그 전날과 엇비슷한 하루를 준비해야 한다. 가장 중요한 자리라는 중압감을 덜어줄 사람은 아무도 없다. 결국 혼자 그 중압감을 견뎌야 한다. 그러다 보면 심리적으로, 실제 업무 추진과정에서 외로움을 느껴야 한다. 그는 외부세계의 움직임을 언론이나 보좌관 등을 통해 듣는다. 자신의 평가에 대해 민감할 수밖에 없다(R. Neustadt, 1990; 203).

대통령은 자신의 인기도와 신뢰도 변화에 신경을 쓴다. 언론보도에서 자신이 부당하게 거론되는 것은 참기 힘들다. 매일 최고의 자리라는 자부심 속에서 지내기 때문 일 것이다. 부당한 논조를 접하면 하늘에서 땅 바닥으로 곤두박질치는 것 같은 충격을 받아야 한다. 대통령이 언론 속에서 만신창이가 되는 일이 너무 흔하다. 기자들이나 칼럼니스트들이 정확히 알지 못하거나, 알려고 하지 않고 대통령에 대해 부정적으로 써 갈기는 일이 적지 않다. 대통령은 자신에 대한 부당한 언론보도나 논평에 대해 여러 가지 반응을 보인다. 명예훼손 등을 이유로 소송을 제기하거나 해당 언론사에 대해 정중히 항의하는 등 그 방식이 다양하다. 이런 결정도 보좌진의 의견을 참조하지만 최종적으로 대통령 자신이 결정해야 한다.

대통령은 재임기간 동안 따뜻한 동지애나 친밀감을 느끼는 인간관계를 맺기 힘들다. 대통령이 되면 주변에 눈높이가 자신과 동일한 사람은 존재치 않는다. 대통령의 눈높이는 자신만이 지니는 혼자만의 눈높이다. 이러니 같은 눈높이의 사람사이에서 맛볼 수 있는 짙은 동료의식을 맛보기 어렵다. 형제처럼 친했던 사이라 해도 서먹해진다. 정치적 높낮이가 크게 나면 대통령과 '맞장' 뜰 수 없게 된다. 격식을 갖춰야 한다. 그러다 보면 과거 흉허물 없던 친근감 등은 점차 사라진다.

대통령 자신에게 진정어린 충고를 하려는 사람도 줄어든다. 과거 대통령이 되기 전에는 들어 넘겼을 충고인데 대통령이 된 뒤에 듣게 되면 영 그게 아니다. 듣기 힘들어진다. 이것은 어쩔 수없는 인간의 심리변화다. 대통령이 되면서 치러야 할 대가다. 이런 것들이 대통령을 외롭게 한다.

대통령의 임기가 끝나가면서 정치적 관심이 대통령 자신이 아닌 차기 대권 주자에게 옮겨갈 때 대통령의 심정은 괴롭다. 자기 주변의 보좌진들도 다음 대통령이 누가 될까에 촉각을 곤두세우거나, 그 쪽에 줄을 대고 뛰는 모습을 목격하지 않을 수 없다. 레임덕이라는 말이 일상적으로 오르내린다.[8] 아무도 그것에 대해 거부 반응을 보이지 않을 때 대통령은 더욱 외롭고 적막하다.

모든 것에는 시작이 있으면 반드시 끝이 있다. 대통령 임기도 어느덧 마지막 카운트다운을 해야 하는 시기가 온다. 대통령도 조용히 임기 이후를 대비해야 한다. 사심을 버리는 것이 좋다. 세상 일이 대통령 마음대로 되지 않는다. 특히 차기 대

---

8) 노무현 대통령은 임기 1년을 앞두고 개헌 제안과 함께 왕성한 정치력을 과시하는 등 과거 대통령과는 판이한 모습을 보이려 했다. 대통령 임기 말에는 벌여놓은 일이나 마무리 하는 모습을 보이는 것이 최선이라는 상식을 뒤집는 역발상이었다고 할까? 그러나 열린우리당의원들이 대거 탈당하면서 여당의 간판을 내려야 할 상황이 되고 대통령도 탈당하는 등 청와대가 고립되는 정치 상황이 전개되었다. 과유불급이라는 옛 말은 결코 빈 말이 아니다.

권 문제는 매우 어려운 문제다. 차기 대통령이 누가 되느냐 하는 것은 현직 대통령의 영향을 받는다. 그러나 현직 대통령이 노력하는 만큼 정 비례하는 결과가 오지 않는다.

대통령이 정권 재창출을 위해 노력할 수도 있다. 그러나 그것이 역풍을 불러와 정권 재창출을 더 어렵게 하는 일이 더 많다. 대통령이 자신이 못 다한 일을 차기 대통령이 이어주고, 자기가 시작한 원대한 국가 전략을 성공적으로 이행해 주기를 희망하는 것은 당연하다. 그러나 그런 쪽으로 대통령이 움직이면 즉시 야당과 언론의 공격이 시작된다. 지나치게 정략적인 쪽으로 움직이면 그 대가를 치러야 한다.

대통령은 외로움과 적막감, 때로는 분노를 혼자 소화시켜 배설할 수 있는 자기 수양이 필요하다. 차기 대권에까지 지나치게 관심을 쏟거나 너무 드러나게 노력하는 일을 삼갈 자제력을 길러야 한다. 그렇지 않으면 곤란하다. 혼자 결정하고 그 결과에 대해 걱정해야 하는 부담을 잘 조정해서 해소해야 한다. 언론의 부당한 공격이나 비판도 관대하게 넘길 아량을 길러야 한다. 과거의 벗이나 친구들이 격의 없이 대통령을 만나 이야기하고 비판할 수 있도록 대통령이 분위기를 만들어야 한다. 이런 것들을 위해 우선 대통령은 안하무인식의 자세를 스스로 버려야 한다. 정권 재창출이 가능할 것으로 자만하거나 그 쪽으로 너무 움직이지 않도록 선을 그어야 한다. 그래야 덜 외롭고, 덜 고독하고, 덜 화나게 된다. 또 덜 초조해진다.

얼떨결에 대통령이 된 뒤 세계사에 획을 그을 만한 굵직한 업적을 성공리에 수행하고도 6·25 한국전쟁과 관련해 유권자가 등을 돌린 불운한(?) 미국 대통령이 있다. 33대 대통령(1945-1953) 해리 트루먼이 그런 대통령이다. 그는 프랭클린 루즈벨트 대통령 시절 부통령을 하다가 루즈벨트 대통령이 갑자기 사망하면서 대통령에 취임했다. 부통령이 된 지 82일 만이었다.

트루먼은 백악관 주인이 되었지만 국내외 주요 문제에 대해 잘 알지 못했다. 2차 대전을 종식시킨 원자폭탄 개발 계획, 즉 맨하튼 프로젝트 등에 대해서는 전혀 들은 바가 없었다. 미국 대통령제가 부통령의 존재를 중시하지 않은 탓이었다. 그러나 트루먼은 신속하게 국정을 익혀나갔고 원폭을 일본에 사용해 2차 대전을 종식시켰다.[9] 그는 이어 유엔 창립, 유럽을 재건키 위한 마샬 계획 수립, 공산주의를 봉쇄하기 위한 트루먼 독트린 제시 등과 같은 세계사적 일들을 성공적으로 수행했다.

그가 대통령이 된 지 5년만인 1950년 한국에서 6·25전쟁이 터졌다. 트루먼은 소련과의 충돌을 크게 우려했으며 맥아더 장군이 한반도 전쟁을 만주까지 확전하려 하면서 대통령의 명령에 복종치 않는 것에 대노했다. 트루먼은 전장에서 장수를 바꾸지 않는다는 불문율을 깨고 맥아더를 사령관에서 해임했다.

당시 맥아더의 대중적 인기는 대단했기 때문에 트루먼은 맥아더를 해임한 대가를 톡톡히 치러야 했다. 트루먼은 한국 전쟁이 소강상태에서 장기화되면서 트루먼의 맥아더 해임에 대한 비판이 고조되어 차기 대권 도전에 실패했다. 트루먼은 2차 대전을 성공적으로 마무리지었지만 한반도에서 발생한 새로운

9) http://en.wikipedia.org/wiki/Harry__S.__Truman

전쟁이 빌미가 되어 정치적 생명이 끝났다. 한국전쟁에서 미군 3만 여명이 사망하면서 미국 유권자들은 그에게 등을 돌렸다. 그는 대통령 예비선거에서 패한 것이다.

1952년 2월 갤럽 여론조사에 의하면 트루먼의 인기는 22% 대였는데 이는 미 역사상 현역 대통령에 대한 가장 낮은 지지율이었다. 한국전쟁은 아이젠하워가 대통령에 취임한 뒤 휴전이 성립되었다.

# 3

# 국가조직 최고책임자 대통령

## 대통령은 정부를 경영해야

대통령은 권력을 사랑해야 하고 그것을 어떻게 활용할지를 알아야 한다. 미국의 정치학자 뉴슈타트(Neustadt)의 말이다(P. James, Pfiffner, 1999; 265). 그는 미국 대통령 가운데 아이젠하워와 루즈벨트를 사례로 든다. 아이젠하워는 정치권력을 이해하지 못했다. 그는 권력을 추구하지 않았다. 그는 '아마추어'였고, 권력을 자신이나 정치를 위해 활용치 못했다. 그의 관심은 대통령의 권력이 아니라 대통령이 행해야 할 의무감이었다. 그는 대통령으로 재직할 때 조직적인 의사결정과정에 너무 의존하는 소극성을 보였다. 반면 루즈벨트는 권력이 무엇이며 그것을 어떻게 쟁취해야 하고, 어떻게 써야 할지 알고 있었다.

대통령은 국정수행에서 경영인과 관리자의 모습을 지녀야

한다. 대통령의 경영 능력은 정당의 공약과 새로운 발상을 정책으로 전환시키는 것이다. 이는 대통령의 리더십에 결정적인 요소가 된다. 그렇다고 해서 대통령은 모든 일을 통제하려 하거나 경영 방식을 행정의 중심 논리로 삼아서는 안 된다. 대통령이 행정을 '법대로' 집행되도록 관리하는 것도 매우 중요하다. 대통령의 정책은 행정 시스템을 통해 추진된다. 행정은 법에 의해 규정된 시스템이기 때문에 엄격한 측면이 있다. '법대로'를 최고의 원칙으로 삼는다. 이것은 매우 중요한 부분이다. '법대로' 해야 정권이 바뀌어도 행정의 영속성이 보장되기 때문이다.

대통령 선거 방식은 정당에서 후보를 정하고 국민이 직접 뽑는 식이다. 대통령이 되기 위해서는 정당 후보가 되고 이어 국민적 지지를 받아야 한다. 최후의 관문은 국민인 셈이다. 대통령이 되기 위해 정당, 유권자에게 공을 들여야 하나 궁극적으로 국민의 선택이 중요하다. 정당에서 후보로 뽑히기 위해서도 국민적 지지가 전제다. 국민적 지지가 없으면 정당에서 후보로 뽑히기도 어렵다. 이러니 대통령의 국정 수행에서 국민을 많이 의식하게 된다.

대통령은 선거 과정에서 공약을 통해 제시한 국정철학과 정책 방향에 대해 반드시 책임을 져야 한다. 따라서 각 행정부처 등의 정책수립과 그 집행과정에 대해서는 비서실의 보좌를 받아 정확히 점검하는 등의 세심한 배려가 필요하다. 대통령이 특정 행정 분야에 대해 애착을 가지고 지나치게 개입하거나 특별히 관리하려 할 때 문제가 생긴다. 대통령의 국정 수행 관리 감독은 헌법 등에 보장된 권한이기는 하나 현대 정부의 행정업무의 복잡성, 전문성 때문에 그 행사에 신중을 기해야 한다. 대통령은 정책의 큰 가닥을 잡아주고 그 집행과정을 점검하면 된다. 그 이유는 간단하다. 대통령은 모든 일에 전문성을 지니기 어렵기 때문이다.

현대 사회는 나날이 세분화 전문화되고 있다. 어느 분야의 전문가라 해도 며칠만 한 눈을 팔면 헤매게 된다. 그 만큼 모든 분야가 속도감 있게 변화한다. 행정업무도 마찬가지다. 광범위하고 복잡하다. 그것을 대통령 혼자 파악하고 챙기려 하는 것은 무모하기까지 하다. 그것은 어느 누구에게도 불가능한 일이다.

대통령은 특정 행정 분야에 대해서는 해당 행정부처의 하급 공무원보다 그 전문성이 뛰어나기 어렵다. 대통령은 총론 차원에서 방향을 잡는 것이면 족하다. 각론으로 들어가서 '토론 합시다'라고 하게 되면 일은 복잡해진다. 각론은 역시 해당 행정부처의 전문성에 맡기는 것이 현명하다. 대통령은 정책의 철학과 방향에 대해 지침을 주면 족하다. 정책의 철학적 토대와 방향은 매우 중요하다. 그것은 보수냐, 진보냐에 기초적인 것에서부터 유권자 가운데 누구에게 혜택을 더 돌아가게 하느냐 하는 구체적인 것에 영향을 미친다.

대통령에 대한 국민적 기대가 높기 때문에 대통령은 행정부를 정치적 목적을 달성하기 위한 방향으로 권력을 행사하는 경향이 있다. 이는 대통령의 인사정책으로 나타난다. 대통령의 사람들을 정부나 주요 기관에 배치하는 것이다. 대통령제하에서 대통령의 국정철학을 실천하기 위해서는 대통령의 사람들을 요직에 발탁하는 것은 불가피하다. 그 같은 인사정책은 선거를 통해 정권을 장악하는 민주주의의 필수요소이기도 하다. 그러나 이것도 합리적인 선을 넘어서는 곤란하다.

대통령은 집무과정에서 중요 결정이전에 혼자 고민해야 한다는 고독감, 결정에 대한 책임을 져야 한다는 중압감에 시달린다. 따라서 신뢰할 수 있는 보좌진이나 측근을 곁에 두고 싶어 한다.[1] 그것을 극복하지 못했을 때의 대가는 그것을 극복했을 때의 대가보다 큰 경우가 다반사다. 감성적으로 대통령과 가까운 관계의 보좌진이나 측근은 자칫 대통령의 비위를 맞추는 쪽으로 일을 하기 쉽다.

대통령이 자신의 정책에 대한 다양한 견해를 듣지 못하게 되는 일이 많아지면 여야관계나 국정수행이 원만치 못하게 된다. 따라서 주변에 신뢰할 만한 인물로 벽을 쌓을 것이 아니라 국정수행을 극대화시키는 방향으로 인선을 해야 한다. 인사가 만사다. 이는 중요한 말이다. 대통령이 되어서도 구멍가게 살림하듯 인사를 하는 것은 적절치 못하다. 대통령은 궁극적으로 비서실이나 정부조직을 경영한다는 자세로 접근해야 한다.

---

1) 노무현 대통령의 최측근에 대한 태도는 역대 대통령과 엇비슷하다. 절대적으로 신뢰한다. 가장 가까운 측근을 여러 자리에 기용해 옆에 두려는 행동을 반복했다. 그 결과 '회전문 인사'라는 비판이 거셌다. 이런 인사는 국정 수행을 위해 인재를 널리 구하는 것과 거리가 먼 것으로 비춰져 임기 1년을 남기고 청와대가 우군이 없이 고립되는 불행을 자초하기도 했다.

## 대통령과 3각 관계

성공한 대통령이 되기 위해서는 세 가지 일이 중요하다. 첫째, 비서실 조직과 관리, 둘째, 행정부처와의 관계, 셋째, 당과 의회와의 관계다. 이 중 어느 하나도 소홀히 할 수 없다. 또 어느 곳에 치우치는 것도 피해야 한다. 대통령과 이들 3개 조직과의 관계는 모양 좋은 3각형과 같은 형태를 유지하는 것이다. 그런 가운데 대통령이 그 중심에 위치해야 한다.

첫째, 대통령 비서실은 대통령의 국정철학과 구체적 행정지침 등이 집행되는지를 점검해야 한다. 그런 기능이 행사되는지 대통령은 항상 살펴야 한다. 대통령은 일차적으로 비서실과 정책 통제의 능력이 있어야하고 그렇게 하는 것은 대통령의 의무이기도 하다. 그래서 일차적으로 중요한 것이 대통령이 비서실을 어떻게 조직하느냐 하는 문제이다.

대통령의 보좌진은 대통령의 지시를 충실히 이행하는 부류와 대통령에게 충고하고 대안을 제시할 수 있는 부류로 구성된다. 대통령의 국정수행은 결국 대통령으로서 명령하는 것과 3권 분립 차원에서 필수적인 협상의 두 가지로 나눠진다. 이 두 가지 성격이 다른 업무를 추진할 수 있는 비서진의 구성이 대통령의 집무에 큰 영향을 미치게 된다. 즉 대통령의 국정 수행과정에서 대통령이 나서서 챙겨야 할 일과 그 시기 등을 정확히 파악하게 된다. 또한 여론을 선도하는 의제 설정 역할을 대통령 쪽에서 적절히 수행함으로써 국정에 활력을 불어넣고 국민을 만족시키는 것이다.

둘째, 대통령과 행정부처와의 관계를 설정하는 것이다. 대통령은 임기 동안만 집권한다. 행정부처는 대통령의 취임 이전에도 존재했듯이, 그의 임기 이후에도 지속되어야 할 영속적인 조직이다. 대통령은 당 소속이지만, 행정부에 당의 영향은 매우 제한적이어야 한다. 다음 대통령이 정당이 다를 가능성은 언제나 존재한다. 그래서 행정조직은 대통령에게 최선을 다해야 하지만 일정한 거리를 유지하는 것이 원칙적으로 필요하다. 이 원칙이 존중되는 선에서 행정부처 직업 공무원들이 대통령을 중심으로 직무를 수행할 수 있도록 하는 것이다. 이는 충족시키기 매우 어려운 면이 있다.

명령하는 대통령과 설득 조정하는 대통령이라는 양면성이 필요하다. 결국 대통령은 강력한 권한을 행사해야 하지만, 직업 관리들의 협력을 받아 대통령의 정책 목표가 달성될 수 있도록 지혜를 발휘해야 한다.

대통령의 비서실과 행정부 운영에서 경계해야 할 것은 대통령의 부주의 또는 과오로 발생하는 부작용이다. '아차' 하는 사이에 대통령이 비판의 대상이 되면서 신뢰도에 금이 가는 것이다. 대통령이 명심해야 할 교훈적 사례를 보면 다음과 같다. 대통령의 명성과 리더십에 최악의 타격을 가한 것은 야권 등이 포함된 외부의 정적이 아니라 대통령 측근 또는 맹목적 충성파였다. 국정 수행에서 최상의 대통령 역할은 각 행정부처와 정부 기관들에 대해 직무 철학과 방향성은 대통령이 제시하되 업무는 그 조직에게 일임하는 것이다. 사후 관리 또한 생략할 수 없다. 대통령의 개입은 최소한, 그러나 확실하게 해야 한다.

대통령은 인사정책의 원칙을 제시하되 실제 인선은 각 기관의 장들에게 일임하는 것이 최선이다. 대통령에게 개인적으로 충성심이 강하다 해서 업무의 효율성이 높아지는 것은 아니다. 넷째, 관료사회가 대통령의 국정수행에 장애물이 되는 것으로 인식하는 시각이 있다. 그러나 관료사회의 적극적 지지를 이끌어내는 것이 대통령의 국정수행 목표 달성을 가능케 한다(P. James, Pfiffner, 1999).

셋째, 대통령과 당, 의회와의 관계 설정이다. 대통령은 정당조직의 노력을 바탕으로 권좌에 오른다. 대통령도 힘이 있어야 효율적인 국정수행이 가능하다. 그 힘의 원천의 하나는 대통령의 소속 정당이다. 대통령이 원하는 법령이 제정, 수정되기 위해서는 집권당의 역할이 대단히 중요하다. 대통령이 국정수행을 위해 당에 너무 의존하는 것이나, 반대로 당정 분리를 강조해 당을 멀리하는 것 모두 적절치 않다. 대통령도 선거과정에서 당과 공조했다는 점에서 당과 함께 대통령직을 수행하는 것은 자연스럽다.[2] 야당과의 관계는 대통령으로서도 신중히

---

2) 노무현 대통령이 내세운 당정 관계는 특이하다. 그는 민주당 간판으로 당선된 뒤 민주당과 결별하고 우리당을 만들었다. 그것은 대통령으로서 향후 평가받아야 할 주요한 탈선행위다. 우선 국민에 대한 약속을 깬 것이고, 다음으로 민주당을 배신했다는 점이다. 그는 민주당에 등을 돌림으로써 큰 대가를 치뤘다. 집권 초반 행정부등을 상대로 한 개혁이 중요했는데 그 시기를 놓쳐버린 것이다. 그는 당을 버림으로써 국정 수행력의 중요한 부분을 상실한 꼴이 되었고, 그 공백을 공무원 조직을 개혁의 동반자라 하면서 호도했으나 그것은 말장난에 불과했다. 공무원은 개혁의 동반자가 아니라 개혁의 대상이어야 했다. 공무원 조직의 반 개혁성이 방치되면서

해야 할 부분이다. 야당과 관계가 원만치 못하거나 대통령으로서 갖춰야 할 예의를 생략하면 대가를 크게 치른다. 인간은 역시 감정의 동물이기 때문이다.

대통령은 집권기간 동안 의회와 갈등을 빚게 되고 때로는 큰 상처를 입기도 한다. 자신이 원하는 법안이 국회에서 거부되거나 자신이 원치 않는 법이 국회에서 통과된다. 심한 경우 탄핵안이 국회에 제출되거나 통과되기도 한다. 대통령이 의회의 힘을 제어할 수 있는 방법은 국민적 지지다. 대통령은 복잡한 정치현실에서 업적을 쌓기 위해서는 대중의 지지를 받을 수 있는 리더십을 발휘해야 한다. 대중의 지지를 획득할 수 있는 구체적인 방법을 보면 대통령이 완벽하게 자신의 업무를 수행하거나, 정책에 대한 대중의 태도에 대통령이 강력한 영향력을 행사하거나, 주요 이슈에 대한 사회적 논란에서 기선을 제압하거나, 대통령을 지지하도록 대중을 동원하는 방법이 있다.

이상과 같은 세 가지 관계에서 비서실과 행정부에 대한 것만을 더 자세히 살펴보기로 한다. 의회 관계는 3권 분립이 제도화되어 있는 현실 등을 감안할 때 상술하는 것이 적절할 것 같지 않다.

---

노 정권은 집권 절반도 되지 않아 행정무능과 공직 사회 부정으로 뒤뚱거렸다. 대통령은 자신의 원죄를 의식한 탓일까? 노 대통령은 당정 분리를 유난히 강조했다. 그 탓에 참여정부는 정책 혼선을 거듭해 국민적 신뢰를 상실했고, 행정의 대국민 서비스 정신과 그 집행력이 매우 허약한 면을 드러냈다.

### 대통령 비서실의 ABC

대통령은 국정을 효율적으로 수행하기 위해 비서실을 조직, 운영해야 한다. 비서실의 합리적 운영은 최종적으로 대통령의 권한이지만, 최상의 국정수행을 하기 위한 대통령의 필수 사항이다(P. James, Pfiffner, 1999; 6). 대통령은 비서실이 어떻게 업무를 추진하고 작은 부서 간에 상호 협조하는 지도 파악해야 한다. 그리고 비서실과 행정부처와 균형이 유지되도록 유의해야 한다. 대통령은 항상 비서실과 행정 부처들이 추진하는 업무 흐름의 가운데에 위치해야 한다. 거기서 벗어나 있으면 문제가 생긴다.[3)]

대통령의 국정수행 과정에서 비서실이 행할 역할은 다양하다. 사안마다 다르게 나타난다. 어떤 사항은 세세하게, 다른 사항은 총론 차원에서 대통령을 보좌한다. 이에 따라 행정부, 의회와의 관계, 대통령의 개인 면담 등에 비서실이 대통령을 보좌하는 형식과 내용은 동일하지 않다. 비서실이 이토록 신축적으로 가동되도록 하는 것도 대통령의 책무다. 결국 대통령의 비서실 운영은 매우 탄력적인 것이다.

대통령의 비서실 경영은 어떤 것인가? 그것은 관리자와 지휘자의 중간쯤에 해당한다. 관리는 법과 규정이 엄밀하게 준수되는 것을 살피는 것과 같고, 지휘는 결정권자의 철학이나 소

3) 대통령이 대국민 담화문을 직접 작성하거나 컴퓨터 이메일을 검색하면서 댓글을 다는 식으로 오랜 시간을 보내는 것은 곤란하다. 그렇게 하는 것은 다양한 국사 추진 과정에서 그 중심을 벗어나는 위험을 초래한다. 국정을 두루 살피고 챙기는 자세는 국정의 한가운데에 위치하는 데서 출발해야 한다.

신 등이 개입될 수 있는 여지가 있는 경우로 비유할 수 있다. 이를 구체적으로 살펴보면 다음과 같다. 대통령은 세부 사항에 대해서는 관리자의 자세를, 일반적인 것에 대해서는 지휘 통솔하는 자세를 지녀야 한다. 구체적인 정책 등은 꼼꼼히 살펴야 하지만, 총론적인 것은 원칙과 방향을 제시하는 것으로 그치는 것이다(P. James, Pfiffner, 1999; 32).

관리자로서의 대통령의 일이 만만치 않다. 대통령이 직접 관리할 수 있는 주요 업무는 많아야 하루 서너 건을 넘기 어렵다. 보좌진 관리도 마찬가지다. 수많은 분야의 보좌진 가운데 대통령이 정색을 하고 챙길 수 있는 사람은 몇 안 된다. 아무리 능력이 출중한 대통령이라도 이런 물리적인 한계를 뛰어넘기 어렵다.

지휘, 통솔하는 일도 쉽지 않다. 자칫 대통령의 개성이나 기호가 강조될 위험이 있다. 세상사는 급변하기 때문에 어제의 지식이나 지혜가 오늘은 통하지 않는다. 대통령이 어떤 부문에 상식이 있다 해서 그것을 강조하면 무리가 따른다. 즉 전문가들이 힘들게 중지를 모아 추진하던 방향이 틀어지거나 주요 내용이 훼손되는 등 전체 구도가 망가질 수 있다. 대통령이 적절치 못한 방향이나 내용을 고집하면 보좌진이나 전문가들이 불평하거나 대통령의 신뢰에 금이 가게 만든다.

대통령이 관리와 경영에서 위험을 극소화시킬 수 있는 방식이 하나 있다. 그것은 대통령 자신을 너무 잘 알고 있는 보좌진이나 측근 대신 독자적인 영역을 개척한 다양한 전문가들을 수시로 접촉하는 것이다. 그런 전문가는 대통령의 기호나 개성에 신경 쓰지 않는다. 당연히 대통령으로서는 사물을 여러 방향에서 바라보고 판단할 수 있는 다양한 정보를 접할 수 있다. 국정수행에 필요한 기본적인 것들을 파악할 수 있다. 가장 중요한 것은 대통령을 위험에 빠뜨릴 수 있는 함정이 어디에 있는지를 알 수 있게 된다. 대통령이 비서실을 효율적으로 경영하기 위해 필요한 몇 가지 사항을 살펴보자.

첫째, 성실하게 국정에 임하는 자세를 가질 때 비서실 경영체계가 확립된다. 즉 대통령이 좀더 열심히 업무를 수행하려 할수록 대통령에 대한 국민적 기대가 커지면서 대통령의 역할이 강화된다. 대통령이 국정에 대해 깊은 관심을 가지고 직접 챙기려 할수록 관련행정부처 등이 긴장하면서 일을 하게 된다. 그렇지 않고 대통령이 다른 보좌진에게만 맡길 경우 그 반대의 현상이 생기게 된다. 대통령이 보좌진에 대한 신뢰가 클수록 업무의 효율성은 떨어진다. 대통령이 보좌진 모두를 전폭적으로 신뢰한다는 태도를 취하는 것도 곤란하다. 대통령의 신뢰가 지니는 가치가 떨어진다. 결론적으로 말해, 비서실을 잘 경영하지 못하는 대통령은 국정을 적절히 수행할 능력이 있다고 보기 어렵다.

둘째, 선택과 집중이 필요하다. 대통령이 직접 관리할 수 있는 업무나 보좌진의 수는 극히 제한적이다. 따라서 한 번에 모든 것을 챙기려 하는 것은 무모하다. 따라서 시기별로 대통령이 매우 중요하다고 여기는 업무 한 두 가지에 대해 집중적으로 관심을 갖고 수행하는 것이 현명하다. 선택과 집중의 원칙이 사라질 때 목표설정과 그 추진이 어렵다. 이런 일이 지속되면 비서실이나 행정부 쪽이 산만해지면서 방향감각에 이상이 생긴다. 이럴 경우 대통령 임기 동안 창조적이고 생산적인 국정수행보다는 비서실과 행정부에서 발생한 문제에 대처하느라 시간을 허비하게 된다.

셋째, 대통령이 비서실을 가장 효율적으로 경영하는 방법의 하나는 대통령이 행정부나 기타 정부 기구의 장을 대통령이 직접 임용하는 것이다. 이들 기관장이 대통령과 친숙하다는 점이 비서실에 알려진다면 보좌진들이 이들 기관장과 갈등을 빚거나 일이 꼬이는 일이 줄어들기 때문이다. 실제 보좌진들과 기관장 사이에 갈등이 첨예화될 경우 대통령이 이들 기관장을 직접 면담해 문제 해결의 실마리를 찾을 수 있다. 보좌진들은 대통령을 밑에서 보좌하는 역할에 충실해야지 대통령을 대행하는 식으로 행동하는 것은 안 된다.

대통령은 비서실과 행정부처 기관장들을 적절히 접촉하면서 국정을 수행해야 한다. 그 접촉에 치우침이 있으면 곤란하다. 대통령에게 이들 정부기구는 의사결정 측면보다 의사소통을 하는 의미가 더 강하다. 우선 기관장들은 대통령에게 보좌진이 들려줄 수 없는 정보들을 전해 줄 수 있고, 그렇게 함으로써 보좌진들을 더 열심히 뛰게 만들 수 있다. 대통령은 행정부처 기관장들 간에 갈등이 생길 때 이를 직접 중재해 원만히 해결할 수 있다.

넷째, 대통령은 비서실이나 행정부처 등의 공식 기구에 속하지 않은 상태에서 긴밀하게 조언에 응해 줄 절친한 친구나 친인척이 필요하다. 그 이유는 간단하다. 대통령이 국정수행

과정에서 자신이 미처 발견치 못한 과오나 소홀히 한 부분을 보완할 수 있기 때문이다. 대통령의 국정수행을 제 3자의 시각으로 보고 비판, 충고하는 것은 대통령에게 큰 도움이 된다. 그것은 대통령이 개인적으로 활용하는 안전판과 같다. 대통령을 비판적으로 감시하는 눈초리가 많기 때문에 대통령이 절친한 친구나 친인척을 비서실과 같은 정부기구에 기용할 경우 언론 등이 그냥 지나치지 않는다. 이 방법은 적절치 않다. 대통령이 필요할 때 자문 대상으로 활용할 수 있는 사람들은 사회적인 관심을 크게 끌지 않으며, 문제가 생기면 쉽게 교체가 가능해야 한다. 이들은 정부부처에 속하지 않은 자유스런 입장이라서 대통령에게 최상의 자문을 할 수 있다.

대통령 비서진은 대통령과 지근거리에 있다는 사실 하나만으로 많은 영향력을 행사한다. 그들이 행정부 등 외부기관과 접촉할 때 암묵적으로 대통령을 대행한다는 것이 전제된다. 외부 기관에서는 비서진의 의견인지 대통령의 의견인지 확인해야 하지만 그렇게 하는 경우는 드물다. 외부 기관에서는 대통령에게 직접 그것을 확인하는 것이 매우 힘들기 때문이다.

대통령 비서진은 일상적으로 대통령의 직무 수행과 사생활을 보좌하는데 바로 이 점이 외부기관 등에는 비서진의 파워로 인식된다. 비서진은 대통령의 하루 일과를 꾸리면서 누구를 만나 무슨 이야기를 하고, 무엇을 읽어야 하는가도 결정한다. 또한 언론에 발표할 사항이 무엇이고, 행정부와 의회 등에 어떤 메시지를 전달해야 할지도 책임진다. 이 같은 긴밀한 관계 때문에 대통령의 비서진에 대한 신뢰는 매우 강하다. 이런 긴밀한 신뢰관계는 대통령과 내각 쪽의 장관이나 고위 관리들 사이에 형성될 수 없다.

행정부 쪽 사람들은 대부분의 시간을 자신의 소속 부처에서 근무해야 한다. 대통령을 접촉할 시간은 매우 제한적이다. 그들은 정치적 중립성이 보장되거나 강조된다는 점에서 대통령 비서실 사람들과 다르다. 비서진은 우선 대부분이 대통령에 대한 충성심이 강한 인물들이다. 충성심과 함께 대통령과 동고동락 한다는 책임감으로 무장되어 있다.

대통령과 비서실의 관계는 대통령과 행정부와의 관계와 밀접한 관련이 있다. 대통령이 비서실을 국정수행에 더 긴밀하게 활용할수록 관련 행정부처와의 거리는 멀어진다. 비서진은 대통령과 가까운 거리에서 보좌하기 때문에 대통령이 필요로 하는 사항은 즉시 충족시킬 수 있는 이점이 있다. 행정부처는 이런 점에서 비서실에 매우 뒤진다. 비서진은 행정부처간에 업무가 중복되는 그런 사안에 대해서 특히 강점을 발휘한다.

비서실은 행정부처를 통합하고 조정하는데 매우 효율적이다. 행정 부처들이 서로 관련된 업무를 공동으로 처리하는 데는 많은 시간이 노력이 필요하다. 관련 규정을 일일이 점검하고 각 부처들의 권한과 책임 소재 등을 정밀하게 짚어나가는 작업은 간단치 않다. 이런 복잡한 과정을 거치다 보면 대통령이 원하는 시기나 방향에 맞는 결론이 난다는 보장이 없다. 그러나 업무 착수 시점에 비서실이 개입하면 쉽게 해소되는 경우가 많다. 비서진은 대통령이 원하는 시기에 맞춰 속도감 있게 집중적으로 업무를 처리할 수 있는 유리한 여건이다. 그러나 여기에 반드시 유의할 점이 있다.

대통령은 비서실에서 무슨 일이 진행되는지를 확실히 파악하고 있어야 한다. 주요한 사업일수록 비서실과 관련 행정부처가 보조를 맞춰 추진되는지를 점검해야 한다. 비서진은 행정부처를 경시하는 쪽으로 대통령에게 의견을 개진하는 경향이 있다. 행정부처가 지나치게 소심하다든가, 개혁적이지 않다는 식으로 깎아내리면서 자신들의 존재를 부각시키다 보면 흔히 발생하는 일이다. 그것을 대통령은 정확히 파악해야 한다. 비서실의 적극성이나 대통령에 대한 충성심과 함께 관련 행정부처가 지닌 전문성 등이 정책에 반영될 수 있도록 대통령의 '교통정리'가 필요하다. 바람직스러운 방향은 비서진과 행정부처가 어떤 균형 상태를 유지하면서 업무를 추진토록 하는 것이다. 한 쪽으로 치우치는 것은 위태로운 일로 발전될 위험이 있기 때문이다.

비서실 운영은 대통령의 소신이나 개성에 따라 이뤄진다. 그러나 좀더 정밀하게 관찰하면 비서실은 대통령 선거 당시 활약이 뛰어난 참모들에 의한 영향이 크다. 대통령이 당선되면 당선자는 여러 가지 일을 해야 하는데 비서실 인선은 선거 캠페인 참모들에게 일임되는 일이 흔하다(P. James, Pfiffner, 1999; 24).

### 대통령 보좌진

대통령은 스트레스를 엄청 받는 자리다. 대통령은 국정전반에 대해 신경을 쓰다 보니 아는 것도 많고, 생각할 것도 많고,

결정할 것도 많다. 일반인들이 상상할 수 없을 만큼 심리적 압박을 받는다. 근무시간 이외에도 정치를 근심하고 염려하게 된다. 대통령이 정서적으로 받는 스트레스는 거의 알려지지 않거나 관심의 대상에서 벗어나 있다. 그러나 그것은 당사자인 대통령에게 너무나 심각한 문제다.

대통령 주변에는 내로라하는 정치인과 정책 전문가들이 모여든다. 그들은 대통령을 돕기 위해 비서실에 줄을 서서 대기하지만 그들에게 절실한 것이 대통령에게도 꼭 절실한 것은 아니다. 그러나 그들에게 둘러싸인 대통령은 그들의 영향에서 완전히 벗어나기도 어렵다. 실제 그들은 대통령에게 큰 영향을 미친다.

대통령은 주변에 까다롭고 비판적인 인물이 있는 것을 달가워하지 않는다. 쓴 소리를 자주하거나 대통령 심기를 불편하게 하는 건의를 하는 사람은 원천적으로 배제되거나 설령 발탁되었다 해도 오래 버티지 못한다. 대통령은 일반적으로 편안한 사람을 보좌진으로 선호한다. 그러다 보면 비서실은 부드럽게 대통령을 보좌하는 인물들로 채워지기 마련이다.

보좌진은 대개 세 가지 부류로 구성된다. 첫째, 업무에 능숙한 전문인이다. 이들은 대통령에게 실질적인 도움을 준다. 둘째, 심부름을 하는 타입이다. 대통령에게 충성심이 강하거나 정치적 야망이 있는 젊은 층이 주로 많다. 이들은 경험은 적지만 매우 열정적이다. 이들은 권력 핵심부에서 정치 거물들을 접할 수 있다는 것만으로도 만족한다. 첫째와 둘째의 보좌진은 정당 출신이다. 세 번째, 철새 정치인이다. 이들은 탁월한 전문성을 가지고 대통령을 사로잡는 케이스다. 이들은 특별히 어떤 정치집단이나 정치인에게 몸을 던지는 스타일은 아니고 자신이 지닌 자질과 능력으로 대통령을 사로잡아 보좌진으로 발탁된 경우다(P. James, Pfiffner, 1999; 110).

대통령은 때로는 공식적인 보좌진과 비공식적인 자문 그룹간에 생기는 알력에 신경을 써야 한다. 이들 두 그룹은 대통령에게 영향력을 더 많이 행사하려 경쟁하고 시샘하기 때문에 부딪히게 되어있다. 비공식 자문 그룹은 대통령에 대한 친분이 매우 두텁다. 공식 보좌진들이 지니지 못한 결정적 요인이다. 이들은 어쩌다 큰 문제가 생기면 대통령에게 의견을 주고받지만 전문 보좌진은 일상적으로 대통령의 지시에 따르고 결재를 올려야 하는 자리다. 그러나 이들 두 그룹은 대통령에게 도움을 주어 어떤 결과가 구체적으로 나타나기를 희망하는 것은 똑같다.

대통령의 자문에 응한 뒤 생기는 문제에 대해 책임지는 것은 큰 차이가 있다. 비공식 자문단은 책임 추궁을 받지 않지만 공식 보좌진은 그렇지 않다. 이 때문에 알력이 발생하게 된다. 공식 보좌진은 대통령이 가급적 자신들을 중용하기를 희망한다. 이들 두 그룹의 알력이나 갈등을 방치하면 그 불똥은 대통령에게 튄다. 언론이나 정치권, 의회 등에서 그것을 알게 되면 절대 침묵하지 않는다.

대통령이 보좌진을 활용하는 정치는 정식 행정계통을 밟아 하는 것과 다르다. 그것은 대통령과 비서들간의 직거래 형식이 많다. 이 경우 부서가 다른 비서들은 서로 상대방이 무엇을 하고 있는지, 심지어 대통령으로부터 어떤 지시를 받고 움직이고 있는지 알지 못한다. 이들은 복도나 식당에서 얼굴을 대한다 해도 그 이상 관계가 진전되지 못한다. 이런 구조가 부서가 다른 비서진간에 갈등을 빚게 하는 원인이 된다. 비서들은 충성경쟁을 하면서 대통령의 신임을 독차지하기 위해 무한 경쟁을 벌인다. 심할 경우 다른 부서의 업무영역까지 침범해 대통령과의 접촉 기회를 늘리려고 애를 쓰는 경우도 있다.

오늘날 대통령 보좌 그룹은 매우 복잡해지면서, 관료주의적 성격이 강해지는 등 대통령에게 새로운 골치 꺼리가 되고 있다(P. James, Pfiffner, 1999; 23). 보좌진의 이런 경향을 정확히 파악하지 않으면 대통령은 보좌진이 자신의 주위에 세운 감옥과 같은 벽을 알아차리지 못할 수도 있다. 대통령이 보좌진에게 둘러싸여 그 벽에 갇히는 모습이 될 수도 있다. 이 같은 문제에 잘 대처하기 위해 대통령은 보좌진이 자신의 눈과 귀를 어떻게 어둡게 하는가를 알아야 한다. 그리고 보좌진을 어떻게 하면 대통령을 효율적으로 보좌하게 만들 수 있는지도 파악해야 한다.

예를 들면 김영삼 대통령이 자신의 아들 현철이가 정부 조직을 무력화시키면서 전횡을 할 때 이에 대한 보좌진의 경고를 받아들였다면 하는 아쉬움이 있다. 김대중 대통령이 자신의 아들들이 비리를 저지르는 것을 보좌진으로부터 전혀 보고받지 못한 것은 불행한 일이다. 대통령은 자신의 친인척이 비리나 과오를 저지르거나 저지르는 과정에 있다는 보고를 보좌진 등으로부터 듣는 것을 싫어하는 것이 일반적이다. 특히 잘못을 보고할 경우 이는 정식 수사 과정을 거친 후에 하기보다 첩보 수준에서 하는 일이 흔하기 때문에 정보의 정확성 등에서 오류가 있을 수 있다. 이런 점을 대통령이 양해하고 보좌진의 보고를 경청하고 신중히 대처한다면 큰 오류는 방지할 수 있다.4)

대통령은 자신이 행하는 모든 일이 보좌진 전체에 어떤 영향을 미칠지를 늘 생각해야 한다. 예를 들면 노무현 대통령은 정치적 소신 등을 보좌진들과 사전 협의 없이 일단 터뜨리는 일이 잦았다. 공식석상에서 원고에 없는 즉흥적 발언도 많았고 대통령의 입에서 나오리라고 상상키 어려운 정제되지 않은 단어들을 많이 사용했다. 이는 역대 대통령이 제왕적 위치에서 보좌진에 둘러싸여 국민위에 군림하는 자세로 하던 방식과 차이가 난다는 점에서 일부의 호평을 받기도 했다. 그러나 보좌진에게 그런 것을 매우 골치 아픈 일이었다. 예를 들면 노 대통령은 2005년 여름 정국을 들썩이게 한 '한나라당과의 연정' 구상 등을 비서실과 사전에 협의하거나 조율하지 않고 공개했다. 그 결과는 참담했다. 청와대가 소방수 역할을 하는 것도 한계가 있기 때문이다.

보좌진들이 자신의 업무를 충실히 수행하느냐 하는 것은 대

---

4) 노무현 대통령의 보좌진이 연루된 행담도 의혹에 대한 검찰 수사에서 비리가 드러난 것도 대통령의 허술한 비서실 관리의 결과라 하겠다. 한국도로공사(도공)의 행담도 개발 사건은 몇몇 청와대 인사들의 과욕과 아마추어리즘 때문에 빚어진 것이라고 검찰은 결론을 내렸다. 현대판 '봉이 김선달' 같은 한 개인 업자를 돕는 데 청와대와 도공, 국가정보원 관계자 등이 앞장섰으며 이 과정에서 이들의 부적절한 처신도 드러났다(연합뉴스, 2005년 8월 11일).

통령 국정 수행의 기본이 된다(P. James, Pfiffner, 1999; 33-34). 예를 들어 권력형 비리가 발생했을 때 초동 단계에서 대통령에게 보고했느냐 하는 것이 여론의 관심사로 제기되는 경우가 많다. 비서관이 자신의 판단으로 상부에 보고하지 않고 깔아뭉갤 경우 호미로 막을 것을 가래로 막는 불상사로 비화된다. 대통령에게 결정적 폐해를 주기도 한다.

비서실 보좌진이 원인이 되는 문제 유형에 대해 살펴본다. 대통령 보좌진이 서투르게 국정추진에 개입해 대통령을 곤란한 입장에 빠지게 하는 일이 있다. 이는 행정부처간에 조정이 되지 않거나 의회 위원회에서 논란이 되고 있는 사안, 또는 여러 이익단체들이 얽힌 문제에서 주로 발생한다. 비서진이 난마처럼 얽힌 국정을 놓고 앞장서 설치다가 관련기관들이 발을 빼면서 대통령이 결정을 내려야 하는 상황으로 전개되는 경우다.

보좌진이 호가호위(狐假虎威)하는 경우다. 여우가 범의 위세를 빌려 호기를 부리듯이 보좌진이 대통령을 팔아 자신의 위세를 과시할 때 문제가 생긴다. 보좌진들은 비서실 안팎에서 자신의 영향력이 대단한 것처럼 보이고 싶어 한다. 그래서 업무 추진 시에 대통령의 의지가 실려 있는 것처럼 꾸민다. 비서실 밖의 인물들을 상대로 이런 일을 벌이게 되면 비서진도 전혀 예기치 않은 불상사가 생기게 된다. 여러 사람이 관련된 그런 사안일 때 심할 경우 사기사건으로 비화되기도 한다. 결과적으로 대통령은 엉뚱한 피해를 입게 된다. 이런 폐단을 막기 위해 대통령은 비서실 업무추진 과정을 정밀하게 점검하는 시스템을 만들어야 한다. 보좌진의 일탈을 막기 위한 장치가 필요하다.

보좌진간에 알력이 발생할 때 대통령이 이를 조정해야 한다. 알력 해소 과정에서 대통령은 갈등을 빚은 당사자들에게 충분히 소명할 기회를 주어야 한다. 비서실의 특성상 보좌진간의 알력은 발생할 여지가 언제나 있다. 이를 부정적으로만 보아서는 안 된다. 그리고 일방적인 의사 결정구조인지를 살펴야한다. 다양한 견해가 공존하면서 조정이 되는 그런 구조가 최선이다. 그리고 갈등이 빚어지고 있다 해도 결론적으로 대통령에게 최상의 보좌를 한다는 공동목표가 훼손되는 일이 없도록 한다.

보좌진은 지향성이 다른 두 그룹으로 이뤄져 있다. 하나는 정치 쪽에 비중을 두고, 다른 하나는 정책 쪽을 중시한다. 중대한 문제가 발생할 때마다 대통령은 두 진영의 견해를 듣고 싶어 한다. 두 진영은 대통령의 관심을 사기 위해 경쟁하게 된다. 그러나 그 경쟁이 항상 평형상태에서 이뤄지는 것은 아니다. 언론의 보도 경향과 정치권의 관심 등이 두 진영에 우열이 생기게 만든다. 정치에 비중을 두는 보좌진은 선거에 유리한 방향으로, 즉 장기적 관점에서 정책을 집행하는 쪽을 우선시하는 반면, 정책 쪽을 우선시 하는 보좌진은 단기적 정책 효과 등을 중시한다. 대통령은 야당 등과의 관계를 고려해 절충점을 찾아야 한다. 균형이 깨지고 한쪽으로 너무 기울면 때로는 큰 화를 부른다.[5)]

---

5) 참여정부가 행정수도 이전을 추진할 때 야당도 수도권 비대화 시정 등의 취지에 찬동해 국회에서 관련법이 통과되었으나 이를 정

## 대통령과 내각

강력한 대통령의 리더십은 어떻게 발휘될 수 있는가? 그 힘은 어디에서 나오는가? 대통령이 국정을 수행하기 위해서는 권력의 뒷받침이 있어야 한다. 권력을 지탱해주는 3가지 자원은 강제력, 돈과 정보다. 정치에서 이들 자원은 행정부처를 통해 배분 된다(Pfiffner, P., James, 1999; 175). 따라서 대통령의 국정수행에서 가장 중요한 것의 하나는 행정부처와의 관계다. 성공적인 대통령이 되느냐의 여부는 거기에 달려있다.

대통령이 행정부처를 효율적으로 지휘 통솔하기 위해서는 두 부류의 전문가 그룹이 필요하다. 첫째는 정치적으로 발탁된 전문가들이고, 둘째는 행정부처 내의 전문가들이다. 이들 두 부류는 상부상조 정신으로 협업체제 속에서 균형을 이루면서 공존해야 한다. 어느 한 쪽으로 기울면 문제가 생긴다.

대통령은 대선 공약을 이행하기 위해 자신의 정치철학을 집행할 수 있는 인력이 필요하다. 그래서 집권 후 통치력을 강화하기 위해 주요 기관장을 임용한다. 주요기관의 지향성을 새 대통령의 정치철학에 맞추기 위해 필요한 조치다. 그렇게 하지 않으면 대통령의 손발이 없는 것과 같다. 외부에서 기관장을 영입하는 것은 조직에 새로운 피를 수혈하는 효과도 있다. 조

---

략적으로 이용하려 하자 결국 문제가 커지고 말았다. 여권은 행정수도 기공시점을 2007년 대선 직전으로 잡자 야당이 '대통령 선거에 행정수도 이전을 이용하려 할 경우 다음 대선은 물 건너 간 거나 다름없다'면서 극력 반대하는 쪽으로 움직인다. 결국 나라가 들썩이는 소동 끝에 행정수도 이전은 위헌이라는 쪽으로 결론이 남으로써 국토균형발전 등의 큰 의미가 있던 정책이 무산되고 말았다.

직은 흔히 타성에 빠지기 쉽고, 조직 문화가 정착되면 조직이 그것에 매몰되는 수도 있다.

신선한 발상을 가진 의사결정권자가 등장하는 것이 조직에 새 바람을 일으키는 자극적 요인이 될 수 있다. 물론 이런 긍정적 효과를 기대하려면 대통령이 임용하는 인사가 그럴 만한 자질을 갖춰야 한다. 생뚱맞은 인사일 경우 임용된 인사나 조직은 물론 임명권자인 대통령까지 훼손될 우려가 있다. 주요기관이 효율적으로 업무를 수행하려면 기관에 소속된 직업 행정 전문 관료들의 협조와 동참이 필요하다. 전문 관료가 미치는 영향력은 매우 크다. 기관장의 업무수행은 전문 관료들에 의해 좌우되는 측면도 있다. 기관장이 전문성에서 관료들에 미치지 못할 경우 관료들에게 휘둘리기도 한다.

행정부처나 주요 기관의 책임자에 대한 대통령의 인사권 행사를 놓고 '낙하산 인사'시비가 흔히 발생한다. 주요한 정부 기관장에 정치적 배경만을 고려한 인사가 임용되는 것으로 언론에서 집중 부각시킨다. 대통령에 대한 충성심보다 전문성 등을 고려한 합리적이고 투명한 인사를 해야 한다는 주장이 제기된다. 대통령 쪽에서는 전문성도 중요하지만 조직의 개혁 등에 필요한 경영능력이 뛰어나다는 식으로 맞대응한다. 노조나 시민사회단체가 가세해 대통령의 인사권에 도전하는 경우는 흔하다. 구체적으로 왜 임용이 부적절한지를 제시하기 때문에 논란이 오래 지속되기도 한다.

'낙하산 인사' 시비는 어떤 시각으로 접근해야 할 것인가? 우선 대통령 선거제도와 집권에서 그 실마리를 찾아야 한다.

민주주의는 선거에 의해 대통령을 뽑는다. 선출된 대통령은 실정법의 허용 범위 내에서 선거 당시 내걸었던 공개적인 약속인 공약을 이행하기 위해 노력한다. 자신의 정치철학의 실현에도 힘을 쏟는다. 대통령의 노력은 '사람'을 통해 실현된다. 행정부처와 주요 정부 기구들이 얼마나 대통령의 지휘통솔을 받아 유권자들을 만족시키느냐 하는 것은 결국 '대통령의 사람'들에 의해 판가름 나는 측면도 있다. 대통령의 리더십이 대단히 중요하지만 그것이 실현되기 위해서는 조직과 사람이 필요하다.

대통령은 자신의 인사권을 행사해 조직을 장악하고 사람들을 가동시키려 한다. 대통령은 자신과 손발이 맞는 사람을 기용하고 싶어 한다. 대통령이 임기 동안 기울인 노력이 성과를 거둬 유권자들을 감동시킬 경우 재선의 가능성이 커진다. 대통령이 속한 정당이 연이어 집권하기도 한다. 이른바 정권 재창출이다.

대통령 중심제 하에서 내각은 대통령을 보좌하는 기능이 강하다. 우리나라는 순수한 대통령중심제라기보다 의원내각제가 가미된 독특한 형태다. 총리가 각료제청권을 행사하는 등 행정부처의 전문성 등이 중요시된다. 참여정부에서는 분권과 자율을 앞세워 각 행정부처의 독립성을 강조했다. 그러나 내각에 많은 자율권이 주어진다 해도 대통령의 결정보다 우선하지 못한다. 미디어와 정치의 결합이 강화되어 미디어 정치가 심화되는 상황에서 언론의 관심은 대통령에게 주로 쏠린다. 큰 문제가 터졌을 때 관련 행정부처의 장관도 중요하지만 역시 최종적인 의사결정은 대통령에 있는 것으로 결말이 지어진다.

우리나라에서 대통령이 행정부를 얼마나 통제하느냐는 시기적으로 차이가 있다. 박정희 정권 시절 행정부는 청와대에 예속된 그런 존재였다. 대통령은 제왕적 통치자로서의 위세를 과시했다. 행정부처는 청와대의 보조역할에 불과했다. 이는 전두환 정권에서도 마찬가지였다. 행정부는 강력한 대통령을 지원하는데 충실했다. 현행 대한민국 헌법은 9차 개정 헌법으로 1988년 2월부터 효력이 발생하여 오늘날까지 유지되고 있다.

이 헌법에 따라 대통령은 각료를 국무총리의 제청을 받아 임명하게 되어 있으나 노태우, 김영삼 정권 시절에는 최소한의 국무총리 제청 형식도 거치지 않은 채 각료들이 임용되었다. 그에 대한 문제제기도 심각하지 않았다. 그러다가 김대중 정부 들어 총리 제청 형식을 취했으나 이 또한 형식만 취했을 뿐 대통령 쪽에서 총리에게 각료 후보를 건네주는 식이었다. 총리는 전달된 각료 후보 명단을 대통령에게 제청하는 식이었으니 눈감고 아웅 하는 식이었다. 신임 국무총리의 국회인준 절차가 지연될 경우 물러나게 된 총리가 형식적으로 각료 제청권을 행사하기도 했다. 법률적 요건을 표면적으로 충족시키는 식이었다.

그러나 참여정부 들어 총리의 각료 제청권은 명실상부하게 행사되어야 한다는 주장이 거세졌다. 물러나게 된 총리에게 물러나기 전 각료 제청권을 행사해 달라는 청와대쪽 요구가 거부되는 일까지 벌어졌다.

참여정부 들어 분권과 자율이 강조되면서 각 행정부처가

표면적으로 청와대나 총리의 간섭 없이 업무를 추진하는 것으로 비춰진다. 물론 사회에 큰 물의를 일으키고도 적절히 대처하지 못하는 행정부처의 경우 대통령의 개입하기도 했으나 이는 극히 드물었다. 특히 변호사 출신 대통령은 '법대로'를 행정에 최우선 적용하는 경향을 보였다. 행정부처가 큰 사건, 사고에 휘말렸다 해도 장관의 거취에 대해서는 '법대로'를 강조해 국민의 눈에는 무책임한 정부처럼 비춰지기도 했다. 참여정부는 행정 각료가 정치적 책임을 지는 일이 거의 없어 과거 정부와 큰 차이를 보였다.[6)]

대통령과 행정부처의 관계는 흔히 전시에 일선 전투 지휘관과 최고 사령부와의 관계로 비유하기도 한다. 전투가 벌어지는 상황에서 최전선의 지휘관은 상부로부터의 간섭을 받지 않는다. 현장 지휘관이 국지전의 상황을 가장 잘 파악하고 있기 때문이다. 국정운영도 군 지휘계통과 유사하다. 전술적인 차원은 행정부처에 일임되지만, 전략적 차원은 대통령의 몫이다. 그러나 실제 간섭하기 좋아하는 대통령은 전술적인 면에서도 간섭하고 싶은 충동을 참지 못한다.

오늘날처럼 교통 통신수단이 발달하고 특히 언론의 보도 기능이 강화된 상황에서 언론보도가 행정계통을 통한 보고보다 앞서는 일이 흔하다. 자연재해 등과 같은 긴박한 상황에 대해 TV의 실황중계 등을 통해 정보를 입수한 대통령은 전술적인

---

6) 이라크에서 우리 국민에 테러집단에 의해 공개 살해되는 일이 벌어졌는데도 외교부처에서 책임진 공직자는 없었고, 비무장지대에서 총기 난사 사건으로 많은 장병이 살해되었지만 이 또한 장관과는 무관하다는 대통령의 주장이 관철되었다.

차원까지 간여하는 일이 적지 않다. 그러나 원론적으로는 대통령의 직접 간여 또는 통제가 가능하다 해도, 대통령의 파격적인 행동은 삼가는 것이 현명하다. 언론은 행정기구가 아니기 때문이다. 또한 언론보도가 전체 상황정보를 전달하거나 정확하다고만 할 수는 없다.

대통령은 현장에서 멀리 떨어져 있기 때문에 세세한 것까지 알기는 어렵다. 정확한 정보파악이 안된 상태에서 내려진 대통령의 결정으로 전혀 의도치 않은 문제가 생길 수 있다. 그렇게 되면 그 책임은 대통령에게 있다. 따라서 모든 경우에 대통령은 적법한 절차를 밟아 결정을 내리는 참을성을 발휘하는 것이 매우 유익하다.

대통령이 행정계통을 건너뛰는 식으로 행동하는 일이 잦게 되면 관련 업무를 하는 공무원들이 싫어하게 된다. 행정부처는 법에 의해 그 업무영역이 규정되어 있고, 공무원들은 그것을 준수할 의무가 있다. 이런 행정절차는 존중되어야 한다.

대통령이 행정부처에 직접 영향력을 행사하는 방식은 행정부처의 기관장을 비서실 출신으로 앉히는 것이다. 대통령의 업무스타일이나 개인적인 사고방식을 익히 하는 기관장은 주로 대통령의 환심을 사는 쪽으로 업무를 진행시키게 된다. 이는 일장일단이 있다. 대통령과 강한 팀워크를 이룬다는 장점도 있으나 대통령만을 의식하는 해바라기성 각료의 폐해가 나타날 수 있다. 특히 대통령은 다양한 국정 관련 정보를 청취해야 하는데, 대통령 비서실 출신의 각료는 그것을 충족시키기 어렵다. 대통령이 즐겨하는 정보만을 보고할 가능성이 크다. 대통령이 다양하고 값진 국정관련 정보나 창의적인 국정수행을 가능케 하는 인사정책이 무엇인지는 상황에 따라 적절히 판단해야 한다.

## 정치와 경제

대통령은 상당한 정도 경제에 전문성을 지녀야 한다. 국민들이 그것을 바라고 있다. 경제 살리기가 최대 과제이기 때문이다. 대통령 선거에서 고도의 경제 마인드를 지니고 있느냐가 유권자의 선택에 영향을 미칠 것이다. 경제에 문외한이면 아무리 좋은 경제 청사진을 제시한다 해도 그것을 효율적으로 시행한다는 신뢰감을 주기 어려울지 모른다.

정치가 책임져야 할 분야 중에 경제가 으뜸이다. 당연 대소 선거 공약에서도 경제가 맨 앞이다. 선출직인 대통령이나 국회의원은 선거 당시 경제가 어떤 상황이냐에 따라 그 결과가 좌우된다. 경제가 어려우면 집권당 쪽은 큰 비난을 면치 못하고 선거에 패하는 사례가 많다. 경제가 선거를 좌우하는 최대의 변수다.

정치는 기업가 뿐 아니라 국민 전체, 국가의 경제에 신경을 써야 한다. 그것을 고려치 않으면 선거에서 성공하기 어렵고 설령 선거에서 이겼다 해도 경제에 실패하면 정권 재창출은 물 건너간다. 정치가 국가 차원의 경제를 챙기는 데서 부닥치는 고민은 공익(公益)과 사익(私益)이다. 공익은 많은 사람에게 돌아가는 혜택이요, 사익은 소수에게 돌아가는 이익이다.

이는 성장과 분배의 문제다. 성장과 분배는 닭과 병아리의 관계인지, 아니면 수레의 양쪽 바퀴와 같은 것인지 명확치 않다. 성장을 우선하는 사람들은 기업이나 자본가 쪽에 기울어 있는 편이고, 분배를 주장하는 사람들은 노동자와 다수 국민 쪽을 더 살피는 경향이 많다. 사심이 없는 정치가로써는 공익보다 사익 쪽을 더 중시한다. 그러나 그것이 간단치 않다.

세계화 시대에 국제적 무한 경쟁시대를 헤쳐가야 하는 기업가 쪽에서는 성장이 우선해야 분배가 가능하지 분배부터 해놓으면 국제 경쟁에서 뒤져 국가경제가 위태로울 수 있다고 주장한다. 세계화 시대의 특성을 주목하면 그런 주장을 결코 가볍게 여기지 못한다. 그러나 유권자 다수는 생존도 빠듯한 저소득층이고, 고용상태가 불완전한 비정규직 노동자들이다. 이들의 외침을 외면할 수도 없다.

정치는 결국 공익과 사익 사이의 줄타기이기도 하다. 대통령은 공익과 사익의 조화를 이루도록 노력해야 한다. 오늘날 정치는 봉건 사회의 경제윤리를 흉내 내기도 어렵다. 즉 공익은 인간으로서 당연히 가야 할 의(義)를 앞세울 때 얻어진다거나 공익을 앞세우면 사익은 저절로 찾아든다는 교훈에 매달릴 수도 없다. 현대 사회의 경제 논리는 국가의 영역을 벗어나 지구촌 차원에서 살펴야 하는 절박성이 있다. 오늘날 대통령이 국가 경제를 어떻게 보고 그 정책을 펼 것인가는 매우 어려운 문제다. 신자유주의, 한미 FTA 등을 놓고 논란이 그치지 않는다. 이에 대한 선현들의 일부 가르침은 매우 자상하다. 그들은 국가를 부강하게 하기 위해서 세울 대책을 다음과 같이 제시한다.

첫째, 국가의 부를 늘리는 가장 이상적인 방법은 생산하는 사람이 많아야 한다. 실업자가 가급적 적고 취업자가 많으면 최선이다. 우리나라의 경우 2006년에 수출은 사상 최고인 3,200억 달러에 달했으나 내수 부진 등으로 IMF보다 더 어렵다는 심각한 경제난을 겪었다. 전자, 자동차, 조선 등 일부 업종과 대기업은 최대의 경영실적을 올렸지만 중소기업은 큰 어려움을 겪었고 청년 실업자가 넘쳐났다. 이는 국가의 생산이 대기업, 자동생산시스템에 집중된 탓이다. 이런 경제 구조로 보아 단시일 안에 우리나라 내수가 크게 활성화된다든가, 실업률이 크게 줄어들 것 같지 않다. 생산하는 사람이 많은 경제구조를 달성키 어렵지 않은가 우려된다.

나라의 부가 늘어나는 둘째 방법은 일 없이 먹는 사람이 적어야 한다. 이는 실업자가 적어야 한다는 의미와 함께 우리 경제구조의 큰 문제인 3~4백만 명의 신용불량자 문제의 심각성을 떠올리게 한다. 신용불량자는 정상적인 경제활동은 고사하고 인간적인 삶을 살아가는 것조차 불가능하다. 신용불량자는 일을 하면서도 괴롭고 일을 하지 않고 있어도 괴로운 그런 고통에 시달리고 있다. 우리 사회가 안고 있는 큰 문제이다.

셋째 방법은 일하는 사람이 부지런해야 한다. 우리나라 사람의 근면성은 세계에서도 알아주고 있다. 국민성이 넘치고 남을 만큼 부지런한 만큼 여가를 즐기는 쪽으로 더 신경을 써야 할 형편이다. 즉 일하면서 생을 보람차게 가꾸는 그런 면에 대한 노력이 필요하다.

국가의 부가 늘어나는 넷째 방법은 절약하는 생활을 하는 것이다. 아무리 풍족한 여건이라 해도 낭비를 해서는 국가나 개인의 재산이 늘어나기 어렵다. 일부 계층의 과시 소비나 낭비벽은 경계해야 할 만큼 심각하다. 개인이나 가정, 정부 기관 등도 충분히 더 쓸 수 있을 것 같은데 버리고 새로 구입을 한다. 음식점에서는 먹지 않고 버리는 음식이 얼마나 많은지 모른다. 우리 사회의 저소득층은 말할 것도 없고 북한 주민들은 굶주리고 있는데 우리 사회의 다수는 음식 아까운 줄 모른다. 지금은 중국 등에서 값싼 식품이 대량 수입되고 있어 그럴 수 있겠으나 다른 나라의 소득 수준이 높아지는 상황이 되면 어떤 일이 벌어질지 걱정이다.

경제는 살아 있는 생물과 같아서 심리적으로 영향도 크게 받고, 시기를 맞추지 못하면 원하는 만큼 효과를 내기 어렵다. 정치는 경제를 잘 살펴서 정책적으로 할 수 있는 최선책을 시기를 놓치지 말고 시행해야 한다. 오늘날 경제는 나날이 복잡해진다. 산업이 발달하고 국제 교역이 증대할수록 국내경제에 영향을 미치는 변수가 다양해진다.

정치가 경제에 최선을 다해야 하는데 그것이 쉽지는 않다. 그러나 어려울수록 기본 원칙을 지키는 것이 중요하다. 정치가 민생안정을 위해 할 수 있는 정책적인 방법이 무엇인지를 살핀다.

생산기반을 확고히 하도록 정책적 배려를 하거나, 세금을 낮춰주는 것이다(홍성욱 역해, 1994; 319~320). 생산을 늘리기 위해서는 시설투자 등이 많이 이뤄져야 하는데 이를 위해 기업에 대한 대출을 촉진키 위해 은행금리를 낮추거나 각종 규제를 철폐한다. 외국인 투자를 촉진하기 위해 여러 가지 조치를 취할 수도 있다. 세금을 적게 거두는 것은 기업의 이윤을 높여주는 방법이다. 일시적으로 경제를 좋게 하기 위한 임시적인 방책으로는 재정지출을 늘리거나 조기 집행하는 것이다. 정부가 많은 물자를 사주거나 크고 작은 공사를 벌여 일자리를 만들어준다. 이런 것들을 정부가 시의 적절하게 행하면 국민의 생계유지가 보다 유연해진다.

정치는 서민 경제를 항상 살펴서 일반 국민이 궁핍에 시달리지 않게 노력해야 한다(홍성욱 역해, 1994; 53, 54,273). 오늘날 우리 사회는 절대 빈곤이 사라졌다고는 하나 빈부 격차, 계층 간 위화감 심화 등으로 인한 상대적 박탈감이 커지고 있다. 이런 상황은 방치되어서는 안 된다. 자본주의 경제는 궁극적으로 적자생존의 경제다. 경쟁이 있기 마련이고 경쟁에서 뒤지면 낙오자가 되는 등 그 대가를 치러야 한다. 물론 경쟁에서 이긴 사람은 부와 명예를 다 거머쥔다. 정치는 이런 상황에서 합리적인 세금 징수 등을 통해 약자를 돌보는 사회 보장 정책을 실시하는데 노력한다.

정치는 부정부패를 뿌리 뽑고, 많이 가진 자들에게 그에 합당한 세금을 거두는데 앞장서지 않으면 국민적 지지를 받기 어렵다. 보통사람은 누구나 인간다운 삶을 영위할 최저생활이 보장되는 정치가 이뤄져야 한다. 사회안전망이 아직도 엉성한 우리 사회에서는 농산물 시장 개방에 대한 농민의 처절한 저항과 노점상의 철거 반대 투쟁 등이 전개된다. 재개발지역에서는 영세세입자들이 몸을 던져 철거를 반대한다. 이들의 몸부림은 먹고 사는 문제 때문이다. 목구멍이 포도청이라서 그들은 때로는 무모하다싶을 만큼 공권력에 저항하거나 철거반원과 심한 몸싸움을 마다하지 않는다. 정치는 이런 현상을 잘 살펴야 한다.

맹자는 경제적인 요인이 개인 생활에 미치는 중요성을 간파했다. 경제는 삶을 가능케 하는 첫 번째로 중요한 조건이며, 먹고 살 것이 풍족하면 선한 사람이 많아지고 그렇지 않으면 사람들의 양심이 허물어진다는 것이다. 사람이 선하고 악한 것은 그 자질 탓이라기보다 주로 경제적 여건 탓이라고 맹자는 말한다. 우리의 속담에도 사흘 굶어 담 안 넘을 사람 없다는 말이 있는데 이는 맹자의 견해와 일맥상통한다.

공자 등 선현들도 경제적으로 풍족해야 사람들이 예절을 알게 된다고 말한 바 있다(홍승직 역해, 1994, 대학; 80, 84). 먹고 사는 것이 풍족하지 않으면 보통 사람들은 약육강식의 처절한 생존경쟁에 나서게 되어 예절은 고사하고 최소한도의 질서조차 무너진다는 말이다. 이는 동서고금을 통해 공통된 현상이다.

현대 민주주의 사회에서 경제주체는 기업가. 노동자 등이다. 그들이 일상적으로, 분야별로 경제를 이끄는 견인차 역할을 한다. 사실 어느 기업이 잘못된다 할 때 그로 인한 불행은 기업가와 노동자에게 일차로 닥친다. 민주사회에서 기업인이 정치 때문에 경제가 안 된다 하나 그것은 정부의 기업에 대한 지원, 배려를 더 많이 얻어내려는 방법의 하나라고 보아야 한다. 기업인은 기업이 망했을 때 정부가 책임지지 않는다는 것을 너무나 잘 알고 있다. 기업인은 독재정치 하에서나 민주정치 하에서나 기업을 살리고 성장시키기 위해 모든 수단을 다 동원한다.

근대사에서 보면 기업이 이윤을 크게 하기 위해 전쟁을 부추기고 전쟁을 일으키도록 작용한 사례가 적지 않을 정도로 기업인들의 이윤추구는 지독한 면을 지닌다. 그들은 법망이 허술하면 당연히 그것을 악용해 노동자들의 건강 따위는 안중에도 없이 이윤을 남기려 하고, 법망이 치밀해도 교묘히 그것을 피하거나 심지어 법을 어기는 일도 서슴지 않는다. 기업인들은 권력은 유한하지만 기업은 정권보다 수명이 길다는 것을 잘 알고 있다. 그래서 정권을 최대한 활용해 돈벌이에 나선다. 그리고 정권이 바뀐다 해도 살아남으려 애를 쓴다. 이것이 정치와 경제의 관계다.

모두 버는 만큼 세금을 낸다는 조세정의가 자본주의에서는 가장 중요하다. 대통령은 이 점을 정확히 인식해야 한다. 많이 버는 사람은 그만큼 세금을 많이 내고 적게 버는 사람은 적게 세금을 내서 전 사회적으로 부자에 대한 사회적 증오가 자리잡지 못하도록 정치는 철저한 배려를 해야 한다. 많이 버는 사람이 오히려 세금을 적게 내는 사회에서는 가난한 사람들을 돌볼 재원을 마련키 어렵게 되어 자연 가진 자에 대한 불신과 증오가 커진다. 미국처럼 철저한 자본주의 사회에서 가진 자는 그에 상응한 사회적 대가를 치르는 탓인지 부자에 대한 반감이 심하지 않다. 가진 자에 대한 징세는 아주 철저하게 이뤄지고 부자는 정기적인 기부 행위 등을 통해 강자로서의 의무를 이행하는 모습을 보인다.

우리나라는 아직 자본주의가 어설픈 탓인지 재벌들은 법망을 피해 세금을 가급적 적게 내려 하고 탈세도 서슴지 않는다. 때로는 교묘한 방법으로 수천억대의 재산을 아들에게 상속하면서 세금 한 푼 안 내는 일까지 버젓이 저지른다. 이는 우리의 법망이 엉성한 탓도 있다. 법망이 엉성하다는 것은 우리 사회가 개발독재를 거치면서 가진 자들에게 유리한 법체계가 만들어졌기 때문이다. 정경유착의 결과가 빈부격차, 양극화 심화와 같은 비정상적인 사회구조를 심화시킨다. 이런 과정에서 가진 자에 대한 사회적 반감이 수그러들지 않는다. 정치가 이런 부작용을 해소할 수 있다.

## 정치는 선택과 집중

정치는 선택하고 집행하는 과정의 연속이다. 하나의 정책을 집행한다는 것은 수많은 가능성 가운데 하나를 선택해 실천하는 것과 같다. 하나를 선택한다는 것은 다른 많은 가능성을 버리는 것이다. 유한한 자원 때문에 동시에 모든 것을 집행할 수는 없다. 허용된 예산과 인력의 범위 안에서 중요하다고 판단된 것부터 실천에 옮긴다. 그러다 보면 중요하다고 판단하는데서 견해차가 있기 마련이다. 자연히 정책에 대한 비판이 제기될 수밖에 없다. 이점을 대통령은 명심해야 한다. 자신이 결정한 사항에는 반드시 비판과 대안제시가 따른다는 점이다.

선택과 집중의 과정이 다수를 끌어안는 결과로 이어져야 한다. 선택과 집중은 자칫 양파 껍질 벗겨내는 식의 고립화를 자초할 위험이 있다. 따라서 선택과 집중의 정치에서 고려할 점이 한두 가지가 아니다.

정치는 여론을 외면해선 안 된다(홍성욱 역해, 1994; 80). 어느 대통령이나 민주주의 방식에 의해 결정된 사항이면 비판을 무릅쓰고 집행하려 한다. 민주적 방식에 의해 결정된 정책이라 해도 비판 속에서 집행되는 과정을 거친다. 대통령은 여기에 머물면 안 된다. 민주적 방식으로 결정하는 과정에서 가급적 반대 목소리를 수용해서 정책에 반영토록 한다. 그래야 비판의 목소리가 적어지고 그 집행 과정이 원만하다. 반대의견을 정책에 반영하는 방법은 공청회나 정당 간 협의, 언론을 통한 검증 등의 방법이 있다. 이렇게 해서 가급적 많은 국민들이 자신의 견해가 정책에 반영되었다고 만족할 경우 그 정책 집행은 원만하게 된다.

정치는 때를 가려서 한다(홍승직 역해, 1994, 중용; 98). 예를 들어, 좋은 농기구는 농사철에 제 값을 발휘한다. 농한기에는 당연히 별로 쓸모가 없다. 정치도 때를 가려야 정책의 효용성을 높인다. 여름철을 대비하는 농부는 한겨울에 농기구를 기름칠해서 잘 관리하는 데 게으르지 않다. 어느 경우에는 때를 기다리는 인내가 필요하다. 정치는 아닌 밤에 홍두깨 식이어서는 다수의 지지를 얻어내기 어렵기 때문이다. 국민적 여론이 목말라 하는 정책이 최선이다. 그것은 적극적인 국민적 지지 속에 환영받는다. 그래서 국민적 환영을 받기 위해서 대통령은 때를 기다리는 현명함이 필요하다. 준비하면서 노력하면 반드시 때는 온다. 그러나 경계해야 할 것도 있다. 정치가 때를 만들기 위해 인위적으로 꾸미거나 조작해선 안 된다. 정치는 언론 등을 이용해 자신들에게 유리한 쪽으로 여론을 몰고 가려는 유혹을 받는다. 그러나 그것이 항상 효과를 발휘하는 것은 아니다. 자칫 역풍을 받아 더 심한 궁지에 몰릴 수 있다.

정치는 주는 것이다(최진규 역해, 1996; 312). 정치는 유권자의 대리인 또는 대표가 되어 권한을 행사하고 자원을 배분하는 과정이다. 그러니 정치는 어떻게 주는 것이 최선인가를 항상 고민해야 한다. 예를 들어 인허가를 하고, 예산을 집행할 때 공평해야 한다. 정치의 과정은 이처럼 주는 것의 과정이고 정치에 대한 긍정적인 평가는 주는 것이 얼마나 공정하고 그리고 다수를 위한 것이었느냐에 달려 있다. 주는 것이 부적절했다면 정치에 대한 평가가 부정적일 것이고, 그리고 그런 대통령이 다시 국민에게 신임을 받는 것은 불가능하다.

정치는 앞서 하고 힘써 하는 것이다. 남보다 먼저 실천한다. 현대 사회에서 게으른 대통령을 상상키 어렵다. 인터넷 시대는 사람들이 자꾸 '빨리 빨리' 하기를 원하는 시대다. 과거에도 그랬겠지만 오늘날처럼 정보가 빛의 속도로 흐르는 시대에, 정보서비스 경쟁이 죽기 살기 식으로 이뤄지는 시대에 유권자를 포함한 국민에게 게으른 대통령의 존재를 상상하기 힘들다. 성공한 대통령이 되기 위해서는 반드시 남보다 앞서하고 남보다 더 힘써서 일을 하는 것이다. 이것이 기본이다. 앞서 일하고 힘써 일하는 것이 남보다 뒤진다면 문제다. 반드시 두 가지를 겸해야 한다(홍승직 역해, 1994, 논어; 217).

정치는 행동이다(홍승직 역해, 1994, 논어; 222). 정치는 말이라고 하지만 정치적 효과는 몸으로 보이는 것이 제일이다. 오늘날의 정치는 여론을 통해 이뤄지기 때문에 대통령의 말은 매우 중요하다. TV 브라운관에 비치는 대통령의 말로 국민들은 정치가 어떻게 돌아가는지를 알게 된다. 그러나 말이라는 것은 때로는 침묵보다 값어치가 덜 나가는 것으로 평가된다. 침묵은 금이요, 말은 은이라는 교훈이 그런 사례이다. 말이 말을 낳는다는 옛 속담도 있다. 말이 말썽의 시작이 되는 일도 많은 탓이다. 그래서 대통령은 말 보다 행동으로 보이는 것이 최선이다. 행동은 말보다 훨씬 감동적이라는 것을 명심해서 말보다 행동하는 대통령이 되도록 노력한다.

정치를 책임지고 실행하는 사람과 정치권 밖에 있는 사람은 서로 견해가 다르다. 대통령은 당연히 자신이 정치에 대해 가장 잘 알고 있으며 최선을 다하고 있다고 자부한다. 정치권 밖에서 정치를 보면 정확하게 알 수가 없다고 한다. 정치 현장에서 벌어지는 일이 밖에 비춰지는 것은 한 발 늦거나 단편적이라는 것이다.

그러나 정치의 밖에 있는 사람들도 할 말은 많다. 정치란 살아 움직이는 생물과 같아서 그것은 모두의 눈에 다 보인다는 것이다. 더욱이 물의 흐름을 알려면 물속에 머물러서는 안되고 일단 물 밖으로 나와야 하는 것처럼 정치는 정치권 밖에 볼 때 더 정확하게 보인다는 것이다.

어느 사회나 정치적 결정을 두고 논란이 생기는 경우가 많다. 항상 논란이 생긴다고 해야 할 것이다. 그래서 정치는 일단 유권자에 의해 선출되면 임기 동안 배타적으로 결정권을 행사할 수 있도록 하는 것이리라. 임기를 마치면서 유권자에게 신임을 묻거나 정권 재창출을 꾀하는 것은 재임기간 동안의 업적에 대한 최종 평가의 의미가 있다. 유권자를 만족시키지 못하면 다른 당의 대통령이 선출된다.

권력에 대한 비판은 관용해야 한다. 언론이 권력에 대해 비판하는 것은 당연하다. 권력을 비판하지 않는 언론은 죽은 언론이다. 그것은 민주사회에서 존재할 필요가 없다. 정치권력은 언론의 비판 기능을 인정하는 것은 물론 그 비판이 때로 지나칠 정도라 해도 그것을 관용해야 한다. 언론의 비판이 지나친 이유가 정치에 있을 수 있다는 점을 항상 인정하는 자세가 필요하다. 민주사회에서 언론의 비판을 관용하지 않는 정치는 매우 위태로운 정치다.

## 경제, 국방, 민심?

집권한 대통령에게는 정치적으로 활용할 카드가 많다. 문제는 언제 어떤 카드를 골라 활용하느냐이다. 야당은 이 점에서 약하다. 들고 나갈 정책 카드가 별로 없다. 국회에서 표결을 할 경우 소수 야당이 급하면 의장 단상을 점거하는 것과 같은 방식을 택하는 것도 그들이 여당에 맞설 카드가 그것 밖에 없기 때문이다.

정치의 묘미는 여당이건, 야당이건 활용할 정책 카드를 얼마나 비축하고 있고, 그것을 어떻게 골라 쓰는지에 달려 있기도 하다. 정당들이 정말 멋진 정책 대결을 벌이고 한 치의 빈틈없이 긴장감 넘치는 정치 게임을 한다면 국민들의 입장에서 그보다 더 좋을 수는 없다. 정치가 선택의 과정인 것은 예나 지금이나 같다. 그러나 정치적 선택이 항상 여유 있게 이뤄지지는 않는다. 이것이냐, 저것이냐를 놓고 고민을 해도 딱 떨어지는 해답이 나오지 않고 애매할 수도 있다. 그런 경우 어떻게 해야 하나?

이쯤 해서 공자의 정치적 선택에 대한 가르침을 참조해 보자. 그는 정치의 요건으로 먹을 것이 풍족하고, 적을 막을 수 있을 만큼 국방을 튼튼하게 하며, 민심을 얻는 것 등 세 가지를 꼽았다(홍승직 역해, 1994, 논어; 200-202). 먹을 것이 풍족하다는 것은 경제적 풍요를, 적을 막을 수 있을만한 군비라면 국방력 강화를, 민심을 얻는 것은 국민적 신뢰를 획득하는 것이다. 정치가 이 세 가지 요건을 동시에 추진할 수 있는 여건이라면 정치가 어려울 것은 없다. 셋 중에 하나나 둘을 선택해야 할 긴박한 순간이 닥칠 수 있는 것이다.

공자는 정치의 세 가지 요건 중에 부득이 두 가지를 선택해야 한다면 경제적 풍요와 민심 획득을 택했다. 즉 한 가지를 포기해야 한다면 그것은 튼튼한 국방이라는 것이다. 군사적 안정보다 경제적 풍요, 국민적 신뢰 획득이 중요하다고 보았다. 외부의 적이 침투하는 것도 무섭지만 경제난과 민심 이반으로 인한 내부 붕괴를 두려워한 것이다. 다른 각도에서 보면 외적이 침입할 위기에 처해도 국민이 정치적 지도자를 신뢰하고 경제적으로 큰 궁핍이 없으면 힘을 합쳐 그 위기를 극복할 수 있다는 설명도 가능하다.

그러면 정치적 요건 세 가지 가운데 하나만을 선택할 경우는 공자는 어떻게 했는가? 그는 민심을 택했다. 먹고 사는 문제는 그 다음이라는 것이다. 국민이 굶주리고 국방력 약화에 시달린다 해도 정치 지도자가 국민의 신뢰를 받고 있다면 그런 난국을 헤쳐 나갈 가능성도 있기 때문이다. 국민적 신뢰를 확보, 유지한 상태가 가장 중요하다고 공자는 본 것이다. 이런 선택은 2천여 년 전의 고대 사회에서나 오늘날과 같이 민주화된 사회에서도 크게 다를 것 같지 않다. 국민적 신뢰, 경제문제 해결, 국방력 강화 등은 정치에서 생략할 수 없는 필수적인 요인이지만 선택의 기로에 섰을 때 어떻게 해야 할지를 공자의 가르침에서 참조할 수 있겠다.

정치적 선택의 과정에서 대통령은 개인적인 욕망이나 감정을 개입시켜선 안 된다. 어려운 정치적 결정일수록 공평해야 민심을 안심시킨다. 정치적인 성패는 얼마나 공평하느냐에 달려 있다(홍승직 역해, 1996, 여씨 춘추; 37-39). 편파적으로 정치하면 반드시 실패한다.

정치 지도자는 자신의 원한과 분노를 드러내서는 안 된다. 항상 바른 길을 조심스럽게 가려서 가야 한다. 대통령이 공개적으로 자신이 좋아하는 것, 싫어하는 것을 밝히는 것은 삼가야 한다. 자신과 다른 유권자들이 많이 있다는 점에 유의해서 다양성을 인정하고 나아가 관용하는 자세를 보여야 한다. 최고 권력자가 상대방과 정치적으로 서로 다르다는 것을 인정하는 것은 매우 어려운 일이다. 그러나 민주사회에서 그것은 반드시 필요하다. 서로 다르지만 공존할 수 있는 것이 민주주의다.

정치를 하는 목적이 정치를 통해 다수에게 봉사하겠다는 뜻보다 권력을 휘두르고 거드름을 피우기 위해서라면 그 결과가 불행하다. 그런 대통령은 권력을 장악하면 권력을 자기 것으로 여기고 정도에서 벗어난 정치를 하기 쉽다. 그러다 보면 정치권을 어지럽히고 결국 자신을 망치게 된다. 자신을 뽑아준 유권자를 항상 의식하고, 유권자들에게 약속한 바를 지키려 노력하면서 궁극적으로 국가와 민족을 위해 봉사하는 자세를 지녀야 한다.

대통령의 집권은 종착역이 아니다. 가야 할 길이 멀고 먼 여정의 시작이다. 진정한 대통령은 너그러운 마음과 깊은 생각을 지녀야 하고 뜻이 굳세야 한다. 그가 진 짐은 무겁고 갈 길이 멀기 때문이다. 참다운 정치를 실현하는 것을 자기의 짐으로 삼으니 당연히 그렇다. 적절치 못한 대통령은 집권하면 이제 세상이 자기 것이 된 양 거드럭대면서 권력을 휘두를 생각만 한다. 당연히 잘못된 생각이다. 국가와 민족을 위한 첫 발을 내디딘 각오로 임해야 한다.

지나치게 생각하면 오히려 잘못 판단한다(홍승직 역해, 1994, 논어; 58). 바둑에서 장고 끝에 악수가 나온다는 말이 있다. 지나치면 좋지 않다는 교훈이다. 정치에서도 마찬가지다. 정확하게 사실 확인을 하는 과정을 거쳤다면 그에 대한 판단을 신속하게 내리고 정책을 수립, 집행하는 것이 중요하다. 공자는 어떤 일을 처리할 때 세 번씩 생각할 필요는 없고 두 번이면 족하다고 말했다. 생각을 너무 많이 하면 오히려 우를 범할 수도 있음을 경계한 것이다.

정치에서 사소한 것을 방치하거나 잘못하면 호미를 막을 것을 가래로 막는 일이 벌어진다. 대통령이 자신의 처신도 바르게 해야 하지만 주변 사람의 처신도 바르게 하도록 경계해야 한다(최진규 역해, 1996; 54). 사소한 것이라 해도 원칙에서 벗어나면 되풀이 하지 않도록 해야 한다. 이것쯤이야 하고 넘기다가는 언젠가 큰 대가를 치루는 불상사가 벌어진다.

## 대통령과 의제 설정

정보화시대의 특성은 미디어가 뉴스를 원한다는 점이다. 대통령은 대단히 중요한 뉴스 제공자다. 그의 위상 때문에 그의 모든 것은 뉴스가 된다. 그는 집무실에서나 여행을 할 때, 기자회견을 할 때 언제나 언론의 주목을 받는다. 이런 점을 십분 활용할 때 대통령이 국가적 의제(agenda)를 선점할 수 있고, 여론을 주도할 수 있다(P. James, Pfiffner, 1999; 319-322).

정보화 시대의 정치는 적절한 시점에 모두가 수긍하는 의제를 제시하는 능력이 중시된다. 정치를 포함한 전 사회적으로 수용되는 견해, 또는 제안 등을 제시하는 것은 쉽지 않다. 아무리 좋은 정책적 제안이라 해도 사회에서 받아들이지 않으면 무의미하다. 그러나 모두가 동의하는 그런 견해, 제안이라는 의제를 제시하는 정치인은 대중적 인기를 누린다.

정치인의 의제설정 기능, 특히 대통령의 그것은 매우 중요하다. 대통령이 그것을 잘 할 때 그의 국민적 신뢰는 매우 높다. 그러나 사회가 심하게 거부반응을 보이는 그런 의제를 제시했을 때 대통령의 신뢰는 땅에 떨어지고 만다.

의제설정을 하고자 할 때 고려해야 할 몇 가지 사항이 있다. 의욕만 가지고 덤비는 것은 좋은 결과를 얻기 어렵다. 첫째, 모두가 가뭄 속에서 목말라 하듯, 정보 갈증을 느끼고 있는 상황인지 아닌지를 살핀다. 큼직한 사건, 사고가 터져 천지가 시끄러운 상황이라면 피하는 것이 좋다. 사람들은 흔히 동시에 여러 가지를 생각하거나 논하지 않는다. 한두 개로 골머리 앓다보면 더 이상 그런 상태를 지속하는 것을 싫어한다. 그러니 여러 의제들이 동시적으로 튀어나와 서로 경합을 벌이는 상황이라면 새로운 의제를 던지는 일은 삼가는 것이 좋다.

두 번째, 분위기를 타야 한다. 무슨 일이든 억지로 할 수 없다. 의제 설정은 더욱 그렇다. 사회적 분위기가 새로 던지는 제안이나 정책을 기다렸다는 듯이 받아들일 것인지, 배척할 것인지를 주의 깊게 사전에 살펴야 한다. 노련한 뱃사람은 파도의 힘을 이용해 배를 나아가게 하지, 파도를 정면에서 헤쳐 나가는 식의 무모한 일은 하지 않는다. 물결의 흐름을 잘 이용하는 것처럼 사회의 여론에 얹혀 가는 식으로 의제를 제시하는 지혜가 필요하다.

셋째 상대를 잘 살펴야 한다. 정치는 상대가 있다. 자신이 던진 제안 등이 노선이 다른 정치집단에서 어떻게 받아들일 것인지를 심사숙고하는 것도 필요하다. 상대를 지나치게 궁지에 모는 식의 의제라면 상대는 사력을 다해 반발할 것이기 때문이다. 넷째, 메시지가 정확해야 한다. 누구에게도 확실하게 그 의미가 전달되는 그런 의제여야 한다. 예를 들어 주장하는 메시지가 애매하거나 중복적일 때 문제가 생긴다.

이상에서는 의제 설정 시 고려해야 거시적인 측면들을 살펴보았다. 이와 함께 살펴야 할 점이 더 있다. 사회 구성원들을 개인 차원에서 고려해야 하는 미시적인 측면이다. 사회는 다양한 개인들의 집합체다. 개인들이 쏟아지는 정보 홍수에 대처하는 태도는 단순한 면이 있다. 즉 신문 방송이 제시하는 많은 정보를 개인적으로 중요하다, 그렇지 않다는 식으로 분류하고 선택적으로 정보를 기억하게 된다. 자신이 중요치 않다고 여기는 정보는 거의 기억치 못한다. 중요하다고 여기는 정보의 수도 그리 많지 않다. 자신의 관심사이거나 자신의 상식으로 이해가 되는 그런 정보에 국한된다. 이러니 내용이 복잡한 정보는 개인의 호기심을 자극하지도 못한다. 정보와 수용자인 개인이 서로 따로 놀게 된다. 이런 점을 의제 설정 시 충분히 고려해야 한다.

대통령이 의제설정을 시도했다 실패하는 경우도 많다. 노무현 대통령이 2005년 여름 제기한 연정론의 사례를 보자. 그는 한나라당과 국민들 설득하는 데도 실패하고 지지층의 이탈마저 초래했으며, 여당의 내부동요를 일으키고 자신의 '업적'으로 기록될 당정분리 원칙마저 붕괴시킨 결과만을 가져왔다. 대통령의 의제설정이 얼마나 어려운지를 잘 보여준다.

노 대통령은 2005년 6월 24일 당 · 정 · 청 11인회의에서 처음 연정을 언급한 이래 청와대 홈페이지에 올린 글(7월 5일)

과 열린우리당 당원들에게 보낸 편지(7월 28일) 등을 통해 한나라당과의 대연정을 공식 제안했다. 이에 대해 한나라당이 '거부' 반응을 보이자 긴급 기자간담회(7월 29일)까지 열어 "내 제안을 거부하는 정치인들은 정치적으로 성공하지 못할 것"이라고 위협하며 연정 수용을 압박했다.

노 대통령의 연정론은 '지역구도 해소'라는 역사적 명분에도 불구하고 야당을 설득하는 데 실패했다. 연정의 파트너로 지목했던 한나라당은 '연정 거부'를 공식화해 버렸다. 노 대통령의 연정론은 호남 지지층을 동요하게 했다.

노 대통령은 국민의 지지를 얻는 데도 역부족이었다. 노 대통령의 연정구상이 보도된 이래 각 언론사에서 실시한 여론조사에서 노 대통령의 지지율이 하락했다. 노 대통령의 연정론은 '당정분리의 붕괴'를 드러냈다. 노 대통령은 "앞으로 노무현당은 없을 것"이라며 여러 차례 당정분리 원칙을 재확인했지만 그의 서신정치가 당에서 절대적인 위력을 발휘하면서 그 원칙은 무색해졌다. 이는 '수석 평당원'이라고는 하지만 노 대통령이 '권력자'의 위치에 있음을 확인시켜 준 것이다.

그 후 노 대통령이 상황을 살피지 않고 무모한 의제 설정을 시도한 사례는 한두 가지가 아니나 2007년 초 개헌안 제안의 경우가 대표적이다.

# 4

# 대통령과 정치환경

## 여성 대통령 등장 임박

전체 유권자의 90% 이상이 여성 정치인을 대통령으로 지지하겠다고 응답한다. 많은 정치 전문가들이 향후 5년 이내에 여성 대통령이 나올 것으로 전망한다. 이는 우리나라가 아닌 미국 쪽 이야기다. 그러나 남의 나라 이야기만은 아니다.

우리나라에서도 여성 대통령 가능성이 지난 수년 이래 지속적으로 제기되면서 누가 그 주인공이 될 것인가에 관심이 크다. 참여정부 들어 여성 총리가 건국 후 최초로 등장해 성공적으로 업무를 수행했다. 총리는 공직가운데 대통령 다음으로 막강한 자리인 만큼 여성이 대통령이 되는 시대가 다가오고 있는 것이다. 여성의 대통령 당선 가능성은 전체 사회의 여권 신장과 관련이 있다.

미국에서는 여성 대통령에 대한 사회적 관심도 높고 그와 관련한 캠페인이 다양하게 펼쳐지고 있다. 특정 여성 정치인을 지지하거나 반대하면서 여성 대통령에 대한 사회적 공감대를 넓혀가고 있다. 이런 움직임은 미국 유권자들의 여성 대통령에 대한 지지도가 2차 대전 이후 지속적으로 상승해 90%선을 돌파한데 크게 고무되고 있다.

유명한 갤럽의 여론조사에 따르면 미국 유권자들이 여성 대통령 후보를 지지하겠다고 응답한 비율은 계속 상승했다. 즉 1955년에는 52%, 1975년에는 73%, 1987년에는 82%, 2006년 92%였다(http://www.cbsnews.com/stories/2006/02/03/opinion/polls/main1281319.shtml). 미국 유권자들은 여성 대통령이 외교나 국내 안보, 경제문제를 다루는데 남성 대통령과 못지않거나 더 유능할 것으로 믿고 있다.

오늘날 적지 않은 국가에서 여성 정치인이 국가수반이 되었다. 여성 정치인이 남성을 제치고 최후의 월계관을 쓰는 일은 큰 뉴스가 아니다. 아르헨티나, 아이슬란드. 필리핀, 니카라과. 에콰도르 등이 그런 나라다. 이처럼 여성 정치인들이 두각을 나타낸 경우는 대부분 대통령제가 아닌 의원내각제였다.

그러나 칠레나 라이베리아에서 여성 정치인이 유권자의 직접 선거로 당선되었다. 이 때문에 여성 대통령을 지지하는 미국 쪽 인사들은 크게 고무되어 있다. 이들은 마가렛 대처 전 영국수상을 여성 정치인 가운데 가장 훌륭한 업적을 남긴 대표 선수로 손꼽는다. 대처 전 수상을 앞세우면서 미래의 청사진을 제시하는 것이다.

부드러움이 가장 강할 수 있다는 것을 입증한 정치인이 '철의 여인'으로 유명한 대처 전 수상이다. 그녀는 11년간(1979~1990년) 영국을 지배했다. 그녀는 몇 가지 정치적 기록을 보유하고 있는데 최초의 영국 여 수상, 19세기 이래 최장수 수상이 그것이다. 대처가 수상이 된 뒤 당 안팎의 도전에 직면했다. 보수당 출신의 그녀가 집권하기 전 10여년을 사회주의 정당이 주로 집권했었고 당내에서도 여성 수상에 대해 비협조적이었다. 그녀는 난관을 돌파하기 위해 몇 가지 새로운 방식을 도입했다. 우선 자신의 정책을 관철시키기 위해 전체 내각보다 소위원회를 주로 활용했다. 그리고 외부의 싱크탱크를 적극 가동시켰다(http://www.heritage.org/Research/PoliticalPhilosophy/HL650.cfm).

외부의 전문가들은 그녀에게 참신한 아이디어를 제공했고 그녀는 그들을 내각에 기용했다. 그녀는 출범 초 관료주의 청산과 공공지출 감축을 시도해 성공했다. 약 10년 동안 공무원이 22.5% 줄어들었다. 지방정부 개혁과 건강, 사회보장, 교육 등이 포함된 복지부문의 예산 감축을 강행했다. 그녀는 영국의 정치 문화를 변화시켰다는 평가를 받는다.

그녀에 대한 평가는 극명하게 갈린다. 적극적인 지지와 반대가 공존한다. 그녀에 대한 긍정적인 평가는 다음과 같다. 대처는 경제문제에 대한 적극적 대처로 영국을 1970년대의 극심한 경제침체에서 구해냈다. 1970년대의 영국은 '유럽의 환자'로 불리면서 국가로써 존속이 가능할까를 걱정할 만큼 비관론이 지배했다. 그런 영국을 오늘날 유럽에서 가장 성공적인 경제

강국으로 변모시켰다. 그 결과 런던이 유럽의 금융 중심지가 되었고 실업률이 크게 떨어졌다. 한편 그녀에 대한 비판 또한 다음과 같이 만만치 않다－그녀는 복지국가로써의 사회적 기반과 제조업 부문을 파괴했다. 노동조합을 현저히 약화시켰다.

그러나 선거에서 불패를 자랑하던 대처의 정치 생명은 1990년 보수당 내 표결에서 종말을 고했다. 아무도 예측하지 못한 당권 경쟁이 벌어지면서 대처는 정치 일선에서 물러났다.

한편 2008년 대선을 앞둔 미국에서는 건국 이래 20명의 여성 정치인이 대통령 후보로 등장했었다. 그러나 다 실패했다. 이에 대한 미국 정치전문가들의 아래와 같은 분석은 흥미롭다 (http://www.cbsnews.com/stories/2006/04/19/60minutes/rooney/main1513207.shtml).

여성이 대통령이 되지 못하는 것은 남성 탓은 아니다. 전국 인구에서 여성이 많기 때문이다. 남녀 투표율에서도 여성이 남성보다 높다. 이는 여성이 여성 대통령 후보에게 투표하지 않는다는 것을 의미한다.

여성의 자질 등에 대한 분석이다. 여성의 지적 능력이 남성에 비해 뒤떨어진다는 과학적 근거는 없다. 전국 남녀 평균 IQ 테스트에서 우열이 가려지지 않는다. 한국에서 사법고시 합격자 가운데 판검사 임용비율에서 여성이 남성 쪽을 추월한 것도 주목할 부분이다.

남성과 여성의 성품에서도 우열을 가리기 어렵다. 여성은 남성보다 더 부드러운 성격을 지니고 남성보다 더 정직하다. 범죄를 짓고 교도소에 수감된 사람은 남성이 여성에 비해 훨씬 많다. 여성들이 생활력이 더 강하다. 남성보다 가정을 이끄는데서 훨씬 현실적인 면을 보인다. 여성의 문제 해결 능력이 남성보다 뒤진다는 어떤 근거도 없다. 여성이 남성에 비해 용감하지 않다는 증거도 없다.

전문가들은 여성이 너무 남성처럼 보이면 여성 정치인으로써 누릴 이점이 사라질 가능성이 있다는 점을 지적한다. 가장 여성스러운 여성 정치인이 남성 정치인과 차별성을 나타낼 수 있다는 것이다.

여성 정치인들은 편견과 성적 고정관념의 피해자다. 지난 수천 년 간 여성들은 남성 지배 사회와 그 이데올로기의 피해자다. 종교 교리도 여성을 남성보다 열악한 지위에 머물도록 강제했다. 기독교의 경우 여성이 뱀의 유혹에 넘어가 인간을 영원한 죄악의 구렁텅이에 빠지게 한 장본인의 누명을 쓰고 있다. 불교에서도 여성 승려가 큰 스님으로 역사에 업적을 남긴 사례에 대한 기록이 별로 없다. 남성 스님 중심의 불교문화 탓이다.

21세기 들어서 여성이 당하는 불이익은 여전하다. 주요 직책에 여성이 발탁되는 경우가 많지 않다. 예를 들어 우리나라에서 여성들이 금융기관의 최고 책임자가 되는 일은 거의 없다. 여성들이 집안 살림에 능하다는 것은 전통 사회에서도 입증되었는데도 남성들의 이기심이 여성 금융인을 원천적으로 배제하고 있다. 동남아 많은 국가의 금융기관의 수장이 여성인 것을 눈여겨볼 일이다. 정부 고위직에 여성이 발탁되는 것은 물론 매우 드문 일이다.

여성 정치인의 경험부족이 문제로 거론된다. 대통령이라는 막중한 자리에는 산전수선 겪은 유경험자가 적격이라는 인식이 강하다. 남성 이기주의가 강한 대소 조직 사회에서 여성들이 보고 있는 피해가 대통령 선거에까지 연장되고 있는 셈이다.

언론도 여성 정치인을 다루는 데 부적절한 면을 보여 유권자들에게 그릇된 이미지를 심어준다. 여성 정치인의 헤어스타일이 어떻고, 치마와 바지가 어떻고 하는 식을 기사로 다룬다. 남성 정치인의 헤어스타일이나 의상에 대한 기사와 비교해 보면 그 차이를 쉽게 알 수 있다.

이상과 같은 부적절한 정치 환경은 그 영향력이 약해지거나 역사의 뒤안길로 사라질 운명에 처해 있다. 여성 대통령 시대가 성큼 성큼 다가오고 있는 것이다.

## 대통령은 시대를 정확히 읽어야 한다

대통령은 민주주의와 권력, 국민국가와 세계화의 관계 변화 등과 같은 시대의 흐름을 정확히 읽어야 한다. 그래야 성공한 대통령이 될 수 있다. 시대의 흐름을 제대로 읽지 못하거나 그 흐름에 역행하는 대통령은 안 된다. 시대정신에 맞지 않는 정치인이 대통령이 될 수도 없을 것이다.[7] 우리 국민들의 의식

7) 우리 사회에서 냉전논리나 수구적 보수주의가 시대정신과 걸맞지 않다. 2007년 대선을 앞두고 박정희 개발독재나 성장우선 경제정책이 일부 세력에 의해 칭송되기도 했다. 그러나 이는 우리 사회의 대중의식의 변화에 역행하는 것이다. 대중의 변화는 대박을 친 영화에서 검증된다. 즉 남북분단을 새로운 시각에서 다루거나 최고

이 선진화되어 있어서 무자격자가 대통령이 될 가능성은 거의 없다. 다음은 대통령이 집무수행 과정에서 고려해야 할 정치적 환경에 대한 것이다.

한국 사회는 수십 년 동안 고도성장을 한 탓에 전통적인 것과 초현대적인 것들이 공존한다. 사회적 규범이나 가치관도 어떤 면에서 혼란스럽다. 대통령은 선출직이라서 유권자들의 성향에 크게 영향을 받는다. 정치가 선거철에 유권자들이 무엇을 원하고 바라는지를 정확히 읽으면 성공한다. 지난 수십 년간의 대소 선거에서 그것이 드러난다.

오늘날 유권자는 대통령에게 무엇을 원하고 바라는 것인가? 대통령이 되고자 하는 정치인은 유권자의 염원을 항상 살펴야 한다. 정치인들의 모습을 보면 그들이 유권자를 어떻게 판단하고 있는지가 드러난다. 어떤 정치인은 개발독재 시절의 깃발을 높이 드는가 하면, 21세기의 시대적 특성을 아예 외면한다. 한반도와 동북아 정세의 변화, 미국이나 중국 등 주변 국가의 세계 전략 등을 읽지 못하거나 눈 뜬 장님과 같은 안타까운 모습을 보인다.

우리 유권자들은 반만년 동안 수많은 외침에 시달리고 독재자에게 고통을 당한 탓인지 정치적 상황을 읽는 능력이 탁월하다. 위기를 감지하고 대처하는데 남다른 능력을 보인다. 체질적으로 우수한 정치적 DNA를 지니고 있는 듯하다. 국민 5명당 한명 꼴로 해외여행을 다녀오듯 해외정세에도 빠끔하다.

---

권력자를 풍자한 JSA, 태극기 휘날리며, 웰컴투 동막골, 왕의 남자, 괴물과 같은 영화에 1천만 명의 관객이 몰리는 것에서 확인된다.

대통령을 희망하거나 대통령이 된 정치인은 항상 우리 유권자의 높은 정치의식을 의식하면서 국정에 임해야 한다. 다음은 지구촌에서 한국보다 반발 앞섰거나 한발 먼저 발전한 나라에서의 주요 특성, 즉 한국이 열심히 닮아가는 정치 환경에 대한 것이다.

### 현대 민주주의

민주주의가 어떤 경우 의사결정을 하는 과정이 굼뜨고 생산성이 떨어지는 그런 측면이 있다. 특히 국가적 대사를 눈앞에 두고 국론이 분열되어 표류하는 경우 강력한 리더십을 지닌 그런 지도자가 필요하다는 논리가 튀어나오는 경우가 많다. 영특한 지도자가 대중의 절대적 지지를 받으면서 사회적 생산성을 극대화시키도록 하자는 것이다. 아주 뛰어난 지도자가 한눈에 척척 사태를 파악하고 그리고 최상의 결단을 해 굉장한 결실을 거두는 경우란 사실 상상만 해도 가슴 설레는 일이다. 그러나 인간은 전지전능한 신이 아니다. 모든 면에서 완벽할 수가 없다. 그래서 모든 것을 결정할 권한이 주어진 지도자는 대부분의 경우 엄청난 시행착오를 저지르면서 때로는 자신은 물론 사회전체까지 파멸시킨다.

사람들은 이런 기본적인 인간의 한계를 망각한 채 영웅의 탄생과 그의 지배를 간절히 희망하는 우를 범한다. 대중은 때때로 영웅을 창조하고 그 영웅에게 자신들의 권한 모두를 넘겨주어 절대 권력을 행사토록 하고 거기에 복종하려 한다. 그러나 허상에 불과한 영웅은 결국 많은 과오를 범하게 되고 대중은 그 영웅과 함께 파산하고 만다. 이런 비극적 상황이 되풀이 되지 않도록 하자는 것이 민주주의의 기본 정신이다. 민주주의는 개개 인간이란 잘못 판단하고 잘못 행동할 수 있는 허약한 존재라는 점을 전제로 삼아 다수의 지혜와 힘을 결집시켜 절도 있게 그것이 행사되도록 한다. 사회가 잘못될 위험을 최대한 억제하자는 취지이다.

인간이 고안해낸 정치제도 가운데 가장 생산적이고 합리적인 것이 민주주의라는 것은 분명하다. 인류의 역사가 시작된 이래 수많은 정치제도들이 출현했고 실천되었지만 오늘날 대부분의 국가가 채택한 민주주의가 가장 좋은 제도로 평가받고 있다. 물론 민주주의라는 이름 아래 많은 형식과 내용의 것이 존재하고 있어 아직 완벽한 상태는 아니다. 그리고 민주주의에 대해 많은 비판과 불만이 제기되지만 이 제도를 뛰어넘을 만큼 훌륭한 제도가 아직껏 발명되지는 않고 있다.

민주주의는 선거를 통해 일정 기간 동안 일정 범위 안에서 결정력과 집행력을 지니는 지도자를 뽑는다. 선출된 지도자는 극히 제한된 범위의 권한만을 행사한다. 주어진 그런 권한도 민주적인 방식에 의해 집행되어야 하는 것은 물론이다. 만약 주어진 권한이라 해서 비민주적인 방식으로, 전체 사회의 생산성을 떨어뜨리는 식으로 행사되는 것은 금물이다. 만약 이런 약속이 지켜지지 않는다면 민주주의에 의한 대표 선출이나 의사 결정 방식은 총칼과 또 다른 무력을 대신해 동원된 흉기로 등장한다. 선거에 이긴 쪽이 모든 것을 얻고 진 쪽이 모든 것을 상실한다면 자칫 무서운 일이 벌어진다. 한번 이긴 쪽은 계속 이겨 기득권을 누리고 싶은 마음에 새로운 지도자를 뽑는 선거를 거부하고 기피하려 할 것이다.

개발도상 국가나 후진국에서 한번 선거로 뽑힌 지도자가 다시는 민주적 방식에 의한 선거를 하지 않는 방향으로 법을 바꾸고 제도도 후퇴시키는 것은 흔한 일이다. 이런 일이 벌어지다 보면 과거 우리가 경험한 군부 독재나 체육관 선거가 백주에 행해진다. 이처럼 민주주의란 일단 투표를 하기 전의 기득권이 선거 이후에도 보장이 된다는 것을 대전제로 하고, 결정권을 행사하는 위치에 있는 동안 법적으로 허용된 범위 안에서의 사업에만 필요한 자원과 인력을 배치하는 등의 권한을 행사하는 것이다. 그렇지 않고 생사여탈권을 포함해 모든 것을 휘두르고 마음대로 행동하는 그런 절대적인 권한을 위임받는 것은 아니다.

민주주의란 다수결에 의한 지배를 일컫는다. 합법적인 투표 방식에 의해 누구든 법으로 정해진 조건을 충족시키는 다수표를 획득한 쪽이 법에 정해진 일정기간 동안 지배력을 행사하는 것이다. 이 경우 지지표를 던졌거나 아니거나 간에 일단 지도자가 선출되면 그 지도자의 권위와 지시에 복종하고 그 지도자의 모든 결정 또는 행위에 대해 모든 유권자가 공동의 책임을 진다는 것을 전제로 한다. 예를 들어 자기는 지지를 하지 않은 지도자가 선출된 경우 자기와 그 지도자와는 무관하다거나 그 지도자의 모든 공적 행위에 대해 무한책임을 공동으로 지겠다는 전제를 거부해서는 안 된다. 이런 기본적 요건이 충족될 때 민주주의는 유지되는 것이다.

민주적 방식으로 뽑힌 지도자는 그 사회의 유한한 자원과 인력 등을 가급적 많은 사람을 만족시킬 원칙과 방법으로 활용해 사회의 생산성을 최대한 높이려 한다. 일정기간 동안 가급적 많은 사람을 만족시킬 정책을 펴는 것이 자신의 지지도를 높일 뿐만 아니라 임기 이후 또다시 지도자로 뽑힐 기회가 많아지게 된다. 이처럼 지도자를 뽑고 그리고 그 지도자가 정당과 같은 조직을 갖춰, 될수록 다수의 견해를 정책에 반영해 실천할 가능성의 문호를 넓히는 것이 민주주의이다. 그래서 민주주의 사회에서는 모든 개인에게 정치적 사고와 행동을 할 자유를 부여하고, 정치적 의사를 관철할 정당을 결성하는 데 제한을 두지 않는다.

우리는 선거를 거듭하면서 민주주의란 값비싼 대가를 치러야 한다는 진실을 거듭 확인한다. 단순히 어떤 제도만을 옮겨오거나 흉내 낸다 해도 그 구성원들이 민주적 자질을 갖추지 않으면 진정한 민주주의란 꽃피지 않는다. 선거는 새 봉사자를 뽑는 축제가 되어야 한다. 그것이 죽고 사는 싸움의 장이 되어서는 민주주의가 실현되지 않는다. 선거는 유권자들이 어떤 바람을 가지고 있고, 진정한 사회발전과 정의 수립을 위해 어떻게 해야 할지를 확인하는 과정인 것이다.

분명한 것은, 민주주의는 권력이 없이 존립할 수 없다. 권력은 대안이 없는 한 모든 사회 상황에서 불가피하다. 그것은 전체주의가 아니다. 민주주의는 권력에 의존하는데, 그것을 통해 개인들이 자신의 생활을 통제할 수 있는 조건을 만들 수 있다. 민주주의에서 시민들은 상대방을 자유롭고 평등하게 대해야 한다. 그리고 대의민주주의 정치체제와 법에 의한 지배, 공사(公私)의 구별이 보장되어야 한다.

세계화 시대에는 정치체제가 다른 국가 간에 서로를 인정하고 존경하며 협상할 태세를 갖추는 것이 중요하다. 상대방의 종교를 인정하고 존중하는 자세가 필요하다.[8] 국제사회, 국가 간 정치적 대화가 긴요하다. 세계화 속의 민주주의를 위해서다.

우리 사회는 세계화라는 큰 흐름 속에서 능동적으로 대처하고 있다. 그런 과정에서 우리의 좋은 것은 더 살리고 남의 장점을 우리 것으로 만드는 화학작용이 끊임없이 일어나고 있다. 우리 사회는 과거 권위주의 정권 시절의 비민주적인 요소들이 급속히 사라지고 있다. 민주주의가 앞선 서구 사회의 민주주의적 요소들이 유입되고 있다. 대통령은 이런 변화를 정확히 읽어야 한다. 오늘날 우리 사회는 급변하고 있으며 세계 또한 무섭게 변하고 있다. 그런 변화를 정확히 읽는 대통령만이 국민을 실망시키지 않는 정치를 할 수 있다. 시대 변화는 새로운 정치철학을 지닌 대통령을 요구한다.

한국에서 민주정치의 전망은 대체로 낙관적이다. 환경, 여성, 동성애자 등의 권익확보를 위한 사회운동은 정보화에 의한 인터넷의 대중화가 이뤄지면서 매우 활발해지고 있다. 즉 환경문제, 소수자의 인권문제 등을 중심으로 정치에 대한 영향력이 증대된다. 정당중심의 전통적 정치는 쇠퇴하는 반면 인권과 행

---

8) 이슬람 지도자의 만평이 문제가 되어 기독교와 이슬람권이 심한 갈등을 한 것은 지구촌이 아직도 종교, 이념 간 대립에서 자유롭지 못하다는 것을 드러낸 것이다. 상대 종교의 특성을 인정하는 것과 자국의 언론의 자유를 주장하는 것은 별개의 문제다.

복권을 목표로 한 정치적 행동이 활발하다. 이는 민주화의 진전으로 정치개혁, 분권화, 인권 중시 사회를 달성하기 위해 다양한 그룹간의 연대가 강화되면서 활성화되고 있다.

여성 운동의 경우 우리 사회에서 가장 급격한 변동이 발생하는 영역이다. 상속제 폐지와 성매매 금지법 등을 통해 여성의 사회적 지위가 남성과 동등한 수준에 가까워지고 있다. 만혼과 출산율 저하는 심각한 지경이다. 이는 경제적 요인과 함께 전통적 여성상이 소멸하고 있는 영향의 결과다. 여성들이 자각하고 있다. 이에 따른 정책 변화는 정부가 출산촉진 정책, 여성 고용할당제 등을 실시하는 것으로 나타난다.

환경운동은 생태계 보존과 지속 가능한 개발 문제에 개입해 기존의 개발 우선주의 시각에 큰 충격을 주었다. 소비와 교통수단, 경제 발전 등에 대한 발상 전환이 이뤄지고 있다.[9] 환경문제는 국가내 문제만이 아니다. 국가간 문제다. 세계적 차원에서의 해결책이 강구되고 있는 추세다. 지구온난화 문제, 프레온가스 규제문제, 조류 독감, 광우병 등이 대표적인 것들이다.

### 현대 국가

오늘날 국가는 계속 변화하고 있다. 그 정체성이 변화하는 것이다. 세계화가 진전되면서 국민국가의 자율성은 큰 제약을 받고 있다. 국가의 주권은 국가와 지역, 국제기구들에 의해 분할되고 있으며 제약을 받고 있다. 50년 전의 국가들과 비교할

9) 새만금 간척사업, 시화호, 방폐장 문제에서와 같이 환경문제는 정책 집행에서 대단히 중요한 판단요인으로 정착했다.

때 그 역할, 기능 등에서 많은 변화가 이뤄졌다. 국가는 다른 국가와 협의해 양보를 주고받는 공생관계를 형성한다. 인권에 관한 국제규약의 준수를 예로 들어보자. UN 등에서 인권 침해 국가로 지목될 경우 국제 사회에서 유, 무형의 제약을 받는다.

국가의 정체성이 변화면서 시민권, 인권에 대한 인식이 보편화되었다. 과거의 국가 정체성은 전체를 위해 소수의 희생이 불가피하다는 식이었으나 오늘날 이런 논리는 통하지 않는다. 국가는 시민의 권익을 향상시키기 위해 무엇을 할 수 있느냐 하는 쪽으로 방향이 선회하면서 대의민주주의가 도입되었다. 시민사회와 국가 간의 새로운 관계가 설정된 것이다. 그 결과 국가는 시민들의 인권을 최상의 가치로 여기는 방향으로 행정을 펴게 되었다.[10]

세계화가 진행되면서 지구촌의 국가들은 세계화 수준에 맞는 민주주의를 시행해야 한다. 오늘날 세계는 많은 국제기구나 국제 법들이 지배한다. UN, WTO, IMF 등이 그것이다. 즉 개개 국가는 자국의 논리만으로 경제와 정치적 정책들을 만들거나 집행할 수 없게 되었다. 다른 국가, 국제기구 등과의 협약을 고려해야 한다. 민주적 사회인지에 대한 평가는 국제적, 국가 간, 다국적 기구가 가동되는 현실을 감안해 이뤄진다.[11] 한

10) 국가인권위원회는 2006년 1월 공무원·교사의 정치활동범위 일정부분 확대, 비정규직 고용 남용방지, 필수공익사업장 직권중재 폐지나 필수공익사업장 범위 축소, 양심적 병역거부 인정 등을 골자로 하는 국가인권정책기본계획(NAP) 최종 권고안을 의결한 바 있다. 인권위는 2001년 유엔 사회권규약위원회의 권고에 따라 NAP를 권고했다.

11) 오늘날 우리나라 국민의 해외관광은 5명 가운데 한 사람이 외국

국가의 민주주의는 국가 구성원 뿐 아니라 지구촌의 국제기구나 다른 국가 구성원들도 동시적으로 고려해 평가된다. 국가 안팎에 고려해야 할 사항이 아주 많아진 것이다. 개개 국가는 세계화의 진전에 따라 과거의 기준으로 평가하기 어렵게 되었다.[12)]

국가 위상은 강한 정부가 아니라 약한 정부, 큰 정부가 아니라 작은 정부쪽으로 이동한다. 세계화가 진행되면서 국가의 구성원인 국민들의 국가에 대한 귀속감도 약해진다.[13)] 애국심만으로 사회구성원들을 끌어 모을 수 없다. 이에 따라 전체 사회를 대상으로 한 정책, 사회사업의 구상에 대한 지지가 약해진다. 다수결 원칙에 따라 채택된 프로그램의 실천으로 결국 사회구성원 일부분만을 만족시킬 뿐이다. 국가가 공급할 수 있는 자원의 배분 등에서 갈등이 발생하거나 과거사 청산에 반대하는 집단이 존재한다. 정책 집행 과정에서 불만족스런 소수를 피할 수 없다.

---

을 나간 꼴이다. 빈번한 해외 나들이를 통해 국민의 의식이 세계화되고 있다고 볼 수 있다. 이는 우리 사회가 과거의 독재사회로 후퇴할 가능성을 원천 봉쇄하고 있다.

12) 미국과 같은 초강대국이 예외로 거론된다. 미국은 이라크 침공에서와 같이 제국주의적 성향을 보이고 있다. 그러나 정치적 단극체제를 앞세우는 미국의 정책이 경제적 다극체계가 지배하는 세계에서 얼마나 더 지속될지 속단키 어렵다.

13) 양심적 병역 기피자를 인정해야 한다는 주장이 점차 강해지고, 해외 이민이 증가하는 것도 근대국가 등에서 강요된 국가에 대한 소속감의 약화라는 측면이 있다. 2중 국적자에 대해서도 부정적으로만 보기 어려운 측면이 있다. 국가에 대한 소속관계가 변화하고 있는 상황에서 그것을 적극 활용해 개인의 이익을 크게 하려는 시도로 볼 수 있기 때문이다.

통치(government)에서 협치(governance : 協治)로 전환한다. 국가가 정치, 경제 계획의 후원자나 지시자의 역할에서 벗어나 다른 사회조직과 공동 작업을 하는, 그래서 準 또는 非 통치기구로 성격이 변한다. 대표적인 사례는 신자유주의 정부이다. 이 정부는 시장과 국가와의 관계가 새로 만들어진 정부의 형태다. 즉 많은 정부 기구가 민간조직으로 이양되고 半 자율적인 기구들이 시민봉사업무를 행한다. 예를 들면 민간 교도소가 등장해 정부와 계약을 맺고 업무를 수행한다.

정당 밖의 거대 조직, 즉 경제, 종교와 같은 전문가 그룹이 정치에 미치는 영향이 크다. 이들 조직의 다양하고 이질적인 이해관계가 정치를 무력하게 만든다. 정치는 사회운동과 2중적인 관계를 맺는다. 하나는 사회운동이 정치와 독립적인 영역에서 활동하는 한계를 지키면서 협치를 가능케 한다. 다른 하나는 사회운동 단체가 현실 정치에 흡수되는 경우다. 독일의 녹색당이 대표적이다. 한국의 민노당도 그런 사례의 하나다.

기존 정당은 사회운동의 도전에 반응해 정치적 의제를 바꾼다든지 새 피를 수혈하는 식으로 체질을 바꾼다. 사회운동이 기존정치권으로 편입되면서 이익관계에 바탕을 둔 계급정치가 사회운동이 앞세운 도덕성에 관심을 갖거나 그 쪽으로 방향을 돌리기도 한다.[14] 이처럼 사회운동과 기존정치권이 영향을 주고받으면서 정치권이 투명해지고 도덕성이 강화되는 쪽으로

14) 대선 주자와 경제의 야합의 형태인 차떼기, 권언 유착 등이 폭로되고 그것의 재발에 대한 사회적 경각심이 높아지는 것은 정치의 투명화, 궁극적으로 정치 경제 발전을 의미한다.

진화한다. 그러나 이와 함께 시민사회의 정치의식 수준도 높아져 유권자의 권익 주장이 정치에 주요한 변수로 등장한다. governance가 본격화되는 것을 의미 한다.[15)]

국가가 국제적 규범 등에 적극적으로 호응하는 것은 지구촌 협치 실현에 긴요하다. 오늘날 이라크 침공 등에서 나타나는 미국의 제국주의적 속성은 지구촌 협치에 역행하는 것이다. 자유를 전쟁으로 이식하겠다는 발상은 더 큰 자유의 제약을 초래 한다. 미국의 제국주의 논리에 대한 공개적 논의가 이뤄져야 한다.

현대사회의 민주주가 당면한 딜레마는 유권자 투표가 감소하고 있다는 점이다. 투표가 법률적 의무가 아닌 국가들에서 빚어지는 공통된 현상이다.[16)] 투표에 불참하는 것도 국민이 표현할 수 있는 의사표시의 하나이기 때문에 그것을 강제하기는 어려운 측면이 있다. 민주주의가 시행된 서구 등의 국가에서는 정당정치의 주역인 당원들의 충성심은 뜨겁고 언론이 여론을 주도한다. 그러나 대부분의 시민들은 정치나 선거에 무관심하고 냉소적이다. 민주주의 실천 과정에서의 시민들의 불참

---

15) 방폐장의 경우와 같이 협치(協治)의 형태가 아니고는 사회적 합의에 다다르기 어렵게 된 현실은 우리 사회의 절차적 민주주의가 진전된 정도를 나타낸다.

16) 우리나라는 아직 투표를 유인할 수 있는 적극적인 대책을 세우지는 않았으나 지방선거 등의 투표율이 해마다 떨어지는 데 대한 대책을 세우기기 위해 고민 중이다. 현재는 투표를 하도록 홍보하는 방법 밖에 없다. 선관위는 향후 전자선거가 도입되면 과거 선거 참여 여부에 대한 전산 조회가 가능하기 때문에 이를 공무원 채용시 면접 참고자료로 활용하게 하는 방안 등 투표 참여자에 대한 인센티브 제도도 검토 중이다.

은 심각한 문제다.

민주주의 형식을 유지키 위한 최소한의 조건은 유권자가 자신들의 대리인을 투표로 뽑는 것에 의해 충족된다. 그러나 정당들이 유권자에게 제시하는 정책 등은 매우 유사하다. 유권자들은 차별성이 없는 정치, 선거에 흥미를 잃게 된다. 그리고 선거 이후 정당은 유권자들의 존재를 다음 선거 때까지 망각하는 경향이 있다. 그러다보니 유권자들은 정당이나 정치인을 자신들의 권익을 대신해 지켜주고 신장시킬 진정한 대리인으로 신뢰하지 못한다.

한편, 현대와 같은 복합적으로 구성된 사회에서 고전적 민주주의, 즉 전 시민의 참여에 의한 직접 민주주의는 불가능하다. 대신 대의민주주의, 즉 정당이 유권자 지지를 얻기 위해 경쟁하는 체제가 정착되었다. 그러나 대의민주주의는 여전히 불완전한 형태다. 거대 이익집단 등의 정치에 대한 영향력이 크고, 미디어의 역할이 비대해지는 것은 현재의 민주주의에서 발견되는 비관적인 요인들이다.

## 대통령과 언론

미국 대통령 선거 사상 최초로 후보자가 TV 토론을 벌인 것은 1960년 9월 당시 민주당 상원의원이던 존 케네디와 부통령이던 공화당의 리처드 닉슨이었다. 이들은 네 차례 토론회에서 맞붙었다. 첫 번째 TV 토론 후 언론은 닉슨 후보가 케네디 후보를 압도한 것으로 평가했다. 닉슨은 오랜 정치생활과 현직 부통령으로서의 행정경험 등을 갖고 있었고 토론 내용에서도 우세했다. 반면 케네디는 젊고 미숙하다는 평가를 받았다. 라디오로 TV 토론을 청취한 사람들도 언변이 뛰어난 닉슨에게 더 점수를 주었다. 그러나 전국에서 TV를 시청한 1억여 명의 유권자들은 달랐다. 그들은 케네디가 훨씬 더 잘했다고 평가했다.

사상 최초의 TV 토론에서 두 후보는 대조적인 모습을 보였다. 케네디는 42세의 젊고 발랄하고 핸섬한 외모를 지니고 있었다. 토론장의 회색 배경에 잘 어울리는 짙은 색 양복을 입고 나왔다. 반면 닉슨은 케네디보다 불과 4살 많은 46살이었지만 머리도 많이 빠지고, 독감으로 입원했다 퇴원한지 얼마 되지 않아 수척하고 창백한 모습이었으나 분장을 거부했다. 그는 토론장의 배경색과 비슷한 회색 양복을 입고 나왔다. 1차 TV 토론을 시청한 유권자들은 케네디의 모습에 매료되었고 4차까지 TV 토론이 열리면서 케네디의 인기는 강세를 보였다. 그 해 12월 케네디는 근소한 차이로 닉슨을 누르고, 미국 역사상 최연소이자 최초의 로마 가톨릭교도로서 미국 대통령에 당선되었다(http://en.wikipedia.org/wiki/John_F_Kennedy). 그러나 그는 1963년 11월 암살당했다. 한편 닉슨은 1969년 대통령에 당선되었으나 워터게이트 사건으로 불명예스럽게 사퇴했다.

오늘날 미국뿐 아니라 우리나라에서도 TV는 대통령 선거에서 너무나 중요한 역할을 한다. TV 공개토론이나 유세에서 탁월하지 않으면 대통령 후보가 되기도 어렵다.

대통령은 선거 유세 과정은 물론 임기 내내 언론에 특별히 취급되는 대상이다. 대통령은 중요한 뉴스 메이커이기 때문이다. 그의 말 한마디도 큰 대접을 받는다. 그러나 언론은 대통령에 대해 호락호락하지 않다. 언론은 좀 복잡한 조직이다. 그것은 보도하는 기능과 함께 영리행위를 해야 하는 기업의 기능을 동시에 수행한다. 전혀 어울리지 않는 두 기능이 동시적으로 돌아가야 언론사가 생존한다. 보도 기능에서 보면 언론은 제4부의 역할을 한다는 의무감에 가득 차 있다.

언론의 영향력은 때로는 정치권을 능가한다. 대통령이 각료로 앉히고 싶어하는 사람일지라도 언론에 의해 비리나 부정부패 혐의가 있다는 문제제기가 되면 그렇게 안 된다. 멀쩡하게 장차관을 하다가도 언론의 문제제기로 낙마하는 수가 적지 않다. 언론이 이윤을 추구하는 일반 기업이라는 성격은 언론을 장사꾼 기질, 즉 상업주의에서 벗어나지 못하게 한다. 뉴스라는 상품을 가공, 판매할 때 뉴스 소비자의 취향을 살펴 그것에 영합코자 노력한다. 뉴스 소비자가 외면하는 언론은 이미 생명력이 없는 언론이다. 언론은 치열한 시장경쟁에서 살아남아야 한다. 이런 절박성 때문에 대통령도 언론의 생존에 필요한 상품의 하나로 취급받는다. 예를 들면 대통령에 대한 기사가 삼류 배우의 스캔들 기사와 나란히 신문 지면에 보도된다.

대통령이 중요하게 여기는 정책 관련 정보가 지면 사정이나 방송시간 때문에 빠지기도 한다. 설령 실린다 해도 잡다한 기사 틈에 끼여 잘 드러나지 않을 수도 있다. 이런 점은 대통령 본인이나 청와대 비서진을 애타게 만든다. 그러나 그것을 시정코자 한다 해도 잘 되지 않는다. 부작용이 더 크다.

일부 언론을 대통령 편으로 만들어 대통령의 신뢰도를 강화하고자 하는 유혹을 받을 수 있다. 그러나 그것은 설혹 효과가 있다 해도 잠시일 뿐이다. 민주사회에서 언론은 권력을 언제든 공격할 준비가 되어 있다. 설혹 경제적 이권 등의 이유로 언론이 대통령에 대해 우호적인 태도를 보인다 해도 그것은 장기간 지속되지 못한다. 대통령의 영향력이 약화되고 언론에 주어지는 유무형의 혜택이 줄어들거나 사라진다고 보여 지는 순간 언론은 대통령에 대한 공격을 시작한다.

대중매체와 정치와의 관계는 여러 가지로 묘사될 수 있으나 그것은 갈등과 협력, 지원과 반대가 복잡하게 혼재된 관계라 할 수 있다. 언론과 정치는 그래서 너무 멀어도, 가까워도 좋지 않으며 적당한 긴장관계를 유지하는 것이 최선이다. 이는 언론과 정치가 가는 길이 서로 다르다고 언급되기도 한다. 그러나 또 다른 측면도 있다. 언론과 정치는 이해관계가 서로 얽혀 있어서 그 관계는 더욱 긴밀해지고 있는 추세다.

언론은 정치의 계절을 맞으면 시청자나 독자를 만족시키기 위해 정치관련 보도량을 크게 늘린다. 그리고 언론 독자적인 정치관련 행사를 주도해 경제적 이익도 챙기고 지지 세력을 넓혀간다.

정치는 대소 선거나 정치행사가 연중행사로 진행되면서 언론을 활용해 정치적 지지세력 규합과 정치자금 확보 등을 시도한다. 이런 현상은 민주화가 더 진행되고, 언론매체가 다양화되고 광범위한 영향력을 행사하게 되면서 더 심화된다. 그 결과 대중도 정치적 자유를 더 향유하게 되는 듯하다.

언론이 중개하는 국가적 행사, 연두 기자회견 등은 정부와 그 구성원에 대한 존경심과 경외감을 확산하는 역할을 한다. 가장 효과적인 정치 캠페인을 수행하기 위한 방식으로는, 우선 여론조사를 통해 정치인과 정치적 주제에 대한 유권자들의 감정 상태를 확인한 뒤 그것에 파고들 수 있는 메시지를 작성하는 것이다. 유권자들은 정치인의 메시지를 통해 자신의 정치적 신념이나 희망을 재확인하고 싶어 하기 때문에, 이를 정치인들은 적절히 활용하려 한다.

정치인에게 가장 중요한 정치행사인 선거전이 TV와 영상매체를 통해 진행되면서 정치인의 이미지가 전달된다. 이 때문에 선거 전략도 유권자들의 이성보다는 감성에 호소하는 쪽으로 기우는 경향이 있다.[17)]

선거와 관련해서, 입후보자들에 대한 뉴스는 정치 광고와 유사해지고 있으며 정치광고도 뉴스와 점차 닮아가고 있다. 대통령이나 국회의원 선거 시 TV에서 유료광고를 통해 정견발

---

17) 16대 대통령 선거에서 민주당은 초반 광고전과 찬조연설에서 기선을 제압했다. 즉 2002년 12월 4일 저녁 방송된 '부산 자갈치시장 아지매' 이일순씨의 찬조연설은 시청률 '대박'(12.4%)을 터뜨리며 장안의 화제로 떠올랐다. 이는 같은 날 방송된 한나라당 김문수 의원의 찬조연설 시청률(5.7%)보다 두 배 이상 높은 데다 같은 시간대 드라마 시청률(10.6%)마저 앞지른 수치다. 또한 민주당 TV 광고 1탄 '노무현의 눈물'편은 통일축구의 한 장면에 이어 흑백화면을 통해 노무현 후보가 눈물 흘리는 모습을 클로즈업해 시청자들의 '감정선'을 자극했다. 당초 '과격하다'는 평가를 받은 노 후보는 각종 홍보물에서 미소를 짓고 부드러운 단어를 사용하는 후보로 '변신'했다(경향신문·한겨레신문, 2002년 12월 6일/동아일보, 2002년 12월 12일). 이 같은 사례는 언론매체를 통한 이미지 제공과 확산이 선거의 승패도 좌우할 수 있다는 점을 말해 준다.

표가 가능하고 TV의 후보자 합동토론에서도 정치적 견해차에 대한 격론이 벌어지며, TV뉴스 시간에는 이들 정치 행사를 다시 편집해서 시청자에게 전달한다. TV는 정치 커뮤니케이션 내용에 대해 가공할 위력을 행사한다. 정치인들이 기회만 있으면 TV 뉴스를 통해 자신들이 매우 활동적이며 유능하다는 점을 보여주고 싶어 하기 때문에 병원이나 학교를 방문할 수 있는 계기를 만들려 노력한다. 전국규모 정당이나 국회의원, 대통령 선거 후보 등은 정계를 선도하고 자신의 영향력을 강력히 행사하기 위해 여론의 주목을 받는 정치적 의제를 지속적으로 제시하고 싶어 한다.

오늘날과 같은 미디어 시대에서 정치인의 성패는 미디어를 통한 유권자와의 대화를 할 수 있는 능력에 좌우된다. 현대 정치는 여론 정치라 할 만큼 언론 등을 통한 여론의 지지를 받을 수 있는 정치적 이슈를 제기하는 것이 매우 중요하다. 그러나 아무리 훌륭한 정치적 의제라 해도 언론을 통한 전달에 적절치 않으면 그것의 영향력은 제한적일 수밖에 없다. 내용이 매우 복잡한 정치적 사안은 TV와 같은 시각매체보다 인쇄매체가 더 적절하다.

일반 유권자들은 TV를 통해 복잡한 정치문제 등에 대한 해답을 구하지 않기 때문에 TV로 전달할 메시지는 가급적 단순하게 가공하는 것이 현명하다. 예를 들면, 정치인이 행하는 TV 대담은 30초 이내로 단축되는 경향인데, 이는 TV뉴스로 선택될 만한 적절한 분량이고, 시청자나 유권자에게 가장 인상적이며, 기억이 쉽게 될 수 있는 메시지 형태이다. TV를 통해 확산시키고자하는 정치적 이슈 또한 최소한으로 압축하는 것이 최선이다.[18] 흔히 정치인은 대통령 선거 등에 출마할 경우 수십 개의 정치적 이슈를 제시하는 것이 일반적이지만 일반인들은 그것을 기억치 못한다는 것이다. 전문가들은 1~3개 정도의 선거 이슈가 적절하다고 충고한다(Silverblatt, 2001, 271-272).

오늘날 인터넷은 정치인들이 자신들과 유권자들을 직접 연결시키는 수단으로 활용하고 있다. 우리나라 국회의원들은 대부분 자신들의 홈페이지를 운영하고 있고, 청와대도 인터넷을 통해 국정을 대통령이 직접 국민에게 알리는 방식을 채택하고 있다. 선거에서 인터넷이 적극 활용되는 경우는 흔하지만 2002년 대통령선거 당일의 경우가 가장 극적인 것의 하나로 일컬어지고 있다. 정몽준 국민통합 21대표가 대통령 선거를 8시간도 남겨두지 않고 노무현 후보 지지를 철회한다고 선언한 뒤 인터넷을 통한 네티즌들의 활동이 선거결과에 큰 영향을 미쳤다.[19]

---

18) 우리나라에서 많은 선거 감시단체들이 정치인이 선거 과정에서 제시한 갖가지 공약 사항에 대해 당선이후 얼마나 이행하는지를 지속적으로 감시한다는 점에서 선거 공약 제시는 신중할 필요가 있다. 실현 불가능한 공약을 제시한 것에 대해 시민사회단체들은 집중적으로 문제를 제기하는 추세다.

19) 국민통합21 정몽준 대표는 대통령 선거를 채 8시간도 남겨두지 않고 '노무현 후보 지지 철회'를 선언한 뒤 유권자들은 투표 당일인 19일 오후까지 혼란 속에서 인터넷을 통해 서로 의견을 주고받고, 지지 후보를 바꾸는 등 어느 대선 보다 어려운 선택의 시간을 보냈다. 텔레비전 속보와 인터넷 사이트의 긴급뉴스로 '지지 철회' 선언이 처음 알려진 18일 밤 10시 20분께부터 정보에 굶주린 이들이 인터넷으로 몰리기 시작했다. '대선특집'을 운영하던 다음(daum.net)은 그날 밤 11시부터 평소보다 두 배 이상 많은 접속자들이 폭주해 밤사이 게시판 서버를 증설해야 했다. 인터넷신문 〈오

## 정치와 언론은 가는 길이 다르다

대통령에 대한 언론 보도는 두 가지로 갈리는 경향이 있다. 대통령에게 우호적인 보도와 그렇지 않은 보도다. 대통령은 자신에게 우호적인 보도를 선호한다. 자신에게 비판적인 보도를 참지 못하는 대통령도 있다. 대통령이라는 최고의 위치에 올라 있는데 선출되지 않은 권력인 언론이 딴죽을 거는 것을 관용하는 것은 쉽지 않다.

예를 들면, 대통령이 해외순방중인데 국내 언론의 보도가 신통치 않으면 대부분의 대통령은 대단히 섭섭해 한다. 대통령은 자신이 국익을 위해 해외에서 땀을 흘리고 있는데 국내 언론이 그것에 주목하지 않고 다른 뉴스에 비중을 두는 것을 적절치 않다고 여기며 때로는 화를 내기도 한다. 보좌진들이 대통령의 심중을 헤아려 국내 언론이 대통령의 해외순방 보도를 대대적으로 하도록 특별히 노력하는 경우가 있다. 그러나 민주사회에서 정도에 어긋날 때 그로 인한 역효과는 더 크다. 언론 보도를 전문적으로 모니터하는 전문가나 시민사회단체가 비정상적인 대통령 홍보기사를 놓치지 않기 때문이다.

언론은 정치적 주요 문제를 지속적으로 추적하고 보도하기보다 특종 식으로 새로운 주제와 문제를 보도하는데 익숙하다.

---

마이뉴스〉에는 투표일인 19일까지 평소보다 5~6배 많은 접속자들이 몰려 서버에 부하가 걸려 자유게시판을 선거 당일에는 폐쇄했다(한겨레신문, 2002년 12월 20일).

새로운 것이 아니면 더 이상 뉴스로 대접하지 않는다. 언론은 이미 보도된 주요정치 문제에 대해서는 그에 대한 후속보도를 소홀히 하거나 설령 다룬다 해도 매우 간략하게 다뤄 전체 내용을 독자나 시청자가 파악키 어렵게 만든다.

정치가 언론과 어떤 관계를 설정하느냐는 민주주의 발달 정도에 따라 여러 가지 형태를 나타낸다. 미국의 정치인들도 자신의 이익을 관철하기 위해 언론을 이용하기 위한 방식을 개발하고 있다. 로날드 레이건 대통령의 경우를 보자.

레이건 대통령은 루즈벨트 대통령 이래 가장 위대한 미국 대통령으로 손꼽힌다(http://www.pup.princeton.edu/chapters/i7920.html). 그는 1981년 69살에 미국 40대 대통령으로 당선되었는데 미 역사상 가장 나이가 많은 대통령 당선자였다. 그렇지만 89년까지 8년간 집권했다. 레이건은 정치에 입문하기 전 유명한 배우였으며 연기자 노동조합의 대표였다. 그는 뛰어난 연설가였으며 상대를 설득하는 대화방식은 탁월했다. 미국인들은 그를 가장 위대한 화술을 가진 대통령이라고 부른다. 그런 자질이 캘리포니아 주지사에 이어 미국 대통령에 오르게 했다. 그는 1940년대에는 민주당원 이었으나 1960년대에 공화당원이 되었다.

레이건은 시장경제를 신봉해 정부의 개입과 규제를 줄이는데 주력했다. 그는 취임사에서 자신의 정치 철학을 다음과 같이 표현했다-"정부는 문제를 푸는 해결사가 아니다. 정부 자체가 문제이다." 레이건은 철저한 자본주의 신봉자였고 반공주의자였다. 그는 월남전 패배, 중동에서의 미국 영향력 쇠퇴 등으로 기가 죽어있던 미국인들에게 자신감을 불어넣었다는 평가를 받았다. 레이건은 대통령이 된 뒤 옛 소련과 무한 군비경쟁을 벌여 소련을 붕괴시켰다. 소련이 사라진 뒤 미국이 세계 유일 강대국으로 남았다. 그의 경제정책은 공급자 위주의 정책으로 '레이거노믹스'로 불렸다. 즉 소득세를 대폭 인하하고, 군비 증강에 박차를 가해 재정적자와 국가 부채가 증가했다.

레이건 정부는 언론 매체가 정부를 가장 중요한 정보소스로 의존하고 있다는 점을 인식해 정부쪽에서 보도되기를 원하는 정보는 제공하고, 반면에 정부가 보도되는 것을 원치 않는 정보는 감추거나 축소하는 방식을 원칙으로 삼았다. 즉 정부는 언론이 원하는 정보를 제공하거나 침묵하는 두 가지 방식으로 대처한 바, 그 가운데 주요 골자는 다음과 같다.

매일 아침 대통령의 이미지를 높이기 위해 무엇을 어떻게 해야 할 것인가를 숙고한다. 정치적 의제 설정을 한 뒤 대중에게 영향력을 강하게 미칠 수 있는 방식을 강구한다. 기자 회견 등을 한 뒤 언론사를 순방하면서 주요 메시지에 대해 설명해 오보 등을 방지한다. 언론에 보도된 각종 기사가 정부에게 어떤 영향을 미칠지 점검하고 대책을 수립하며 부정적 측면은 그것을 최소화할 조치를 취한다. 방침이 정해지면 일관성 있게 대처 한다. 기자가 대통령에게 접근해 질문할 기회는 가급적 극소화하되 사진만을 찍는 것은 권장한다(결과적으로, 레이건 대통령은 언론 접근이 용이하다는 이미지가 유지되었다). 이는 대통령의 입을 통해 정보가 알려지면 정부 차원에서 주요 정치 의제를 조정하기 어려워지기 때문이다

레이건 정부는 모든 정부 관리들이 통일된 내용의 공식적

정보만을 제공토록 했다. 이는 정부의 신뢰성과 일관성을 유지하는데 기여했지만 정보 유출을 얼마나 두려워했는지를 반증한다. 레이건 홍보팀은 언론에게 제공할 정보를 항상 미리 준비했다. 이는 정부가 원하는 식으로 가공된 정보를 제공함으로써 정부 측이 얻게 되는 이득이 크고, 언론이란 보도할 정보가 없으면 무엇인가를 찾아내기 위해 노력한다는 점 등이 고려된 대비책이다. TV나 신문 등의 언론 매체가 지닌 특성을 활용함으로써 정치적 의제 설정, 그 영향력 강화에 노력했다. 예를 들어 TV에 대통령이 자주 등장해 뉴스 가치가 약화되는 것을 방지하기 위해 대통령의 정책 발표 시 신선감을 줄 수 있는 상황을 조성하면서 심지어 TV화면 배경까지 신경을 썼다(Silverblatt, 2001 ; 267-269)

이상에서 살핀 바와 같이 레이건 정부가 언론을 활용하기 위해 실행한 방식은 정보 관리, 즉 정부와 언론과의 관계설정을 통해 정치적 이득을 실현하려는 노력 이었다. 언론에 대한 이해를 바탕으로 언론을 활용했던 것이다.

오늘날과 같은 정보화 시대에 권력과 언론의 유착은 불가능하다. 두 분야는 서로 전문성을 지키면서 공존하는 수밖에 없다. 언론의 보도 과정에 미치는 여러 가지 영향을 고려할 때 대통령의 언론에 대한 태도는 매우 중요하다. 노무현 대통령과 청와대는 언론보도에 대해 과민반응이라 할 만큼 날카롭게 대응했다. 어떤 신문이나 방송의 보도가 어떻게 사실관계가 맞지 않으며 평가가 정당치 못하다는 식으로 비판했다. 그 비판은 매우 격렬하고 신랄한 어휘들로 이뤄져 해당 언론이나 기자들의 반발을 불러왔다. 기자와 대통령 쪽의 논쟁은 청와대 브리핑을 통해 공개되면서 항간의 화제가 되는 일이 잦았다.

언론이 보도 가치가 별로 없다고 판단해 눈에 띄지 않게 보도하거나 생뚱맞은 방향으로 논평하는 것을 정치권력이 어떻게 할 수는 없다. 이에 대해 참여정부는 국영 TV의 국정 보도 기능을 강화하거나 인터넷 매체를 통해 직접 국민을 상대로 국정을 알리는 방식을 취했다. 이는 선택의 문제다. 정치권에서 국민의 알 권리, 국민에 대한 행정서비스 차원에서 판단할 일이다. 그러나 언론의 정보 전파력과 확산력을 생각하면 정부소유 매체의 그것은 매우 왜소하다. 투입한 만큼 성과를 기대하기 어렵다. 때로는 정부가 할 일 다 했다는 자기만족에 빠질 우려도 있다. 국민에게 널리 알리는 방법은 역시 대중매체를 통해서 하는 것이 최선이다. 언론이 제4부라는 점에서도 그렇다.

언론은 독자와 시청자들의 호감을 사기 위해 정치를 오락, 웃음거리로 다루는 경우가 많다. 독자와 시청자들의 호감을 산다는 것은 광고 등 수입의 증대를 의미하기 때문에 언론으로서는 매우 긴요한 과제다. 예를 들어 언론이 대통령 선거에 출마한 후보들의 토론을 보도할 경우 복잡한 정치 경제적 정강 정책 등은 배제하거나 아주 적게 보도하고 후보 간 설전이나 감정대립과 같은 부차적인 것들을 크게 부각시키는 것이다. TV의 정치 보도는 부정적, 비판적인 것에 대해 시청자들이 쉽게 싫증을 낸다면서 좀더 밝고, 그리고 흥미를 끄는 내용의 것을 부각시키는 경우가 적지 않다.

언론과 정치의 길은 다르고 하는 일도 차이가 있다는 것을 인정치 않으면 문제가 생긴다. 언론은 비판과 대안제시가 그 존립의미다. 비판하지 않는 언론은 그 생명력을 상실한 언론이다. 정책은 선택이다. 여러 가지 대안가운데 최상의 것이라고 판단된 것을 선택하는 것이 정치다. 대통령의 역할도 그런 선택의 과정이다.

여기서 정치적 선택에 대해 살펴볼 필요가 있다. 선택을 한다는 것은 부족한 자원을 활용하는데 우선순위를 둔다든가 차등적으로 실시한다는 것을 의미한다. 모든 것을 한꺼번에 다 한다는 것이 아니다. 그러니 선택한다는 것은 시각을 달리하는 입장에서는 언제나 비판의 여지가 있다. 정책도 마찬가지다. 국가의 유한한 자원을 어느 곳에 먼저 지원 또는 투입하느냐 하는 것을 정하는 것이 정책이다. 그러니 정책이란 언제나 비판의 여지를 내포하고 있다. 언론은 흔히 이 점을 지적하면서 정책을 비판한다. 그러면 정책 담당자들은 언론의 그런 비판에 대해 해명하지만 일단 관용하는 것이 최선이다. 언론의 비판을 적대시하는 것은 헌법에 보장된 판단의 자유인 '사상의 자유'를 윽박지르는 것과 같다. 그래서 언론의 역할은 정치와 그 영역을 달리한다.

정치권이 언론에 대해 정부의 선택을 지지하는 쪽으로만 기대한다면 그것은 오산이다. 언론은 그렇게 해서는 언론의 영역을 지키지 못한다. 그러니 정치와 언론은 너무 가까워도, 너무 멀어도 적절치 않은 그런 관계를 유지하는 것이 최선이다.

## 대통령과 평화통일 노력

북한 핵문제가 십여 년 동안 우여곡절 끝에 2007년 '북경 2·13합의'가 이뤄지면서 한반도는 냉전시대가 종말을 고하는 계기를 맞았다. 비핵화를 위한 여러 가지 조치 가운데 북한과 미국, 일본 수교와 함께 한반도 평화체제와 동북아 안보체제 실현을 위한 국제적 합의가 이뤄졌다. 이는 한반도에 평화가 정착하면서 본격적인 남북교류 협력시대로 진입하는 것을 의미한다. 한반도에 커다란 지각변동이 일어나고 남북한은 질과 양적으로 새로운 관계를 설정하게 되었다.

한국의 대통령은 한반도 정세변화를 선도적으로 추진할 의지와 역량을 갖춰야 한다.[20] 그런 자질이 없으면 민족적 불행을 초래할 것이다. 한반도 문제에 대해 6자회담과 같은 국제적 논의기구가 가동된다 해도 남북문제는 남북한 당사자들이 가장 중요하다. 남북한이 외세의 등에 업히는 형국이면 곤란하다. 대통령은 한반도 분단과 통일에 대한 확고한 철학과 추진력을 지녀야 한다.[21]

---

20) 북한 핵문제 해결의 기미가 보이자 2007년 초 남북 정상회담 추진설이 꼬리를 이었다. 대선을 앞두고 남북정상회담은 정치권에서 큰 관심을 갖는 주제였다. 그러나 노무현 대통령의 임기가 끝나간다는 점 등을 고려할 때 남북 정상만이 만나는 것은 쉽지 않지만 미국, 중국 지도자들과 함께 4개국 정상회담을 추진하는 것은 성사 가능성이 높았다.

21) 2007년 대선을 앞두고 한나라당이 6자회담의 성과 등으로 한반도 정세가 화학적 변화를 일으킬 가능성이 커지자 대북 교류 추진 등 전향적인 대북정책으로 선회했다. 북한 핵실험 당시 전쟁 불사론까지 주장했던 이 정당은 과거 십년 가까이 남북 교류, 화해 노력에

평화 통일은 한민족의 지상 과제다. 대통령의 통일의지는 그 중요성이 매우 크다. 평화 통일은 새로운 미래를 개척하는 것과 같다. 불확실성 속에서 남북한과 주변 국가 모두를 만족시키는 방안을 찾아야 하기 때문이다. 대통령의 책무 가운데 가장 무거운 것의 하나가 바로 평화통일을 위한 노력이다.

### 전 세계가 한반도 주시

오늘날 전 세계는 한반도가 어떤 통일 노력을 하는지를 지켜보고 있다. 그러나 우리에게 가장 좋고 합리적인 통일이 어떻게 이뤄질지 아무도 말해주지 않는다. 차가운 이해관계가 그물망처럼 얽혀있는 국제사회에서 그런 일이 있을 리 없다. 우리가 힘들여 찾지 않으면 최선의 통일방식을 찾아내기는 힘들다. 우리는 동서독이나 예멘, 또는 베트남의 통일을 주의 깊게 지켜보고 거기에서 우리에게 도움이 될 만한 것이 없을까 찾아보는 노력이 필요하다.

한반도는 6·25를 통해 민족끼리 피를 흘린 비극적 역사를 가지고 있다는 점에서 독일의 경우와 크게 다르다. 독일은 통일되기 전 수십 년 동안 상호교류를 통해 동질성 회복을 위해

---

대해 사사건건 발목을 잡는 수구적 태도를 취했다. 한국군의 전시작전통제권을 미군에게서 되찾는 것에 대해서도 결사반대를 외쳤다. 이는 미국의 세계 전략에 대한 무지를 드러내면서, 자주 국가로써 최소한도의 체면도 저버린 참담한 모습으로, 국제적으로 수치스런 일이었다. 제일 야당이 국내외 정세 특히 한반도를 둘러싼 국제 정세에 눈 뜬 장님과 같은 태도를 보이다가 뒤늦게 정신을 차린 것은 다행이다. 그러나 정치적 노선을 바꾸는 변신 과정에서 과거의 잘못에 대한 반성이나 그에 합당한 행동이 취해지지 않은 것은 매우 유감스런 일이다.

힘썼다. 한반도의 분단 반세기 역사는 살기 어린 대립과 단절로 얼룩져 있다. 하지만 독일은 흡수 통일 방식으로 하나가 된 뒤 엄청난 통일자금 필요성에 시달리고 동서독 주민 간에 감정의 골이 깊어지는 것과 같은 어려움을 겪었다.

예멘의 경우 비록 실패로 끝났지만 십여 년 동안 평화적 통일을 이루기 위해 협상한 실적이 있다. 예멘은 수백년 간 영국의 식민지 통치를 받다가 1967년 독립했다. 그러나 남・북 예멘으로 나뉘어 30년 가까이 싸우다가 평화통일을 하기로 합의하고 실천에 옮겼지만 그것은 십여 년을 버티지 못했다. 북예멘이 남예멘을 군사대결 끝에 강제로 점령, 무력통일을 이룬 것이다. 이런 사례를 보고 한반도 평화통일 방안에 회의적인 견해를 갖는 사람들이 적지 않다. 한편 베트남은 수십년 간의 무력 투쟁 끝에 미국이라는 외세를 물리치고 통일이 되었다. 무력 투쟁 과정에서 엄청난 인적 물적 손실이 발생했다.

독일, 예멘, 베트남의 경우에서 한국은 좀더 완벽한 평화통일의 방식을 연구해야 한다는 교훈을 얻었다. 여기서 분명한 것은 이들 외국의 통일 사례에서 우리에게 딱 알맞은 통일 공식을 찾을 수 없다는 점이다 한반도의 통일방식은 한반도의 여러 특성을 충분히 고려해서 창조해야 한다는 사실이다.

한민족은 평화를 사랑하는 민족이다. 전쟁보다 평화를, 싸움보다 화해를 더 좋아하는 민족성을 지녔다. 한민족은 단일 민족으로 통일의지가 매우 강하다. 신라가 백제, 고구려를 멸하고 한반도 주인이 된 뒤 1300여 년간 단일 민족 국가가 지속되었다. 20세기의 남북 분단은 민족이 원했던 바가 아니고

2차 대전 이후 미국 등 강대국의 한반도 점령 과정에서 비롯된 것이다.

남북은 70년대 이후 평화적 통일을 위한 노력을 하면서 한민족 공동체통일 방안이나 연방제 통일 방안 등을 제시며 노력했다. 7·4남북 공동성명이나 91년의 남북합의서, 6·15공동선언 등의 결실이 있었다. 90년대 들어 탁구나 축구 국제대회에 남북 단일팀이 출전해 선전하고 훌륭한 전과를 올렸다. 또한 올림픽, 아시안게임 개막식에 남북 선수단 동시 입장, 북한 응원단의 남한 방문, 평양에 정주영 체육관 건립과 같은 경험을 한 것은 통일을 위한 예비 연습의 하나다. 분단의 벽을 깨고 골을 메우려는 노력의 과정마다 남북 민중은 열광했다. 전 세계를 감동시킨 거족적 환영의 열기를 상기 할 때 통일을 위한 노력이 구체화되면서 분단을 끝맺을 그날이 점차 가까워 오고 있다.

해방 이후 남북한이 경쟁하고 대립한 것은 단일민족의 불행으로 기록될 수밖에 없다. 남북한이 아무리 진지하게 분단과 경쟁의 불가피성을 대외적으로 설명하고 변명한다 해도 다른 국가나 민족은 속으로 한민족 전체의 역량을 비웃으며 조롱한다. 특히 동서독이 통합이전에 보인 통일 노력과 한반도의 그것을 지구촌은 게르만 민족과 한민족의 역량차이로 저울질하는 측면도 있다.

분단 반세기 동안의 남북 대립은 한반도에 국한하지 않고 지구촌 전체를 그 무대로 삼아 벌어져 그 폐해가 컸다. 6·25 한국전쟁의 경우 많은 국가가 참전하는 국제전으로 비화되고,

휴전이후 남북은 치열한 외교전을 펴면서 국제적 지위 다툼을 벌여왔다. 남북은 이민족을 상대로 서로를 헐뜯고 수단과 방법을 가리지 않는 경쟁을 벌여 민족 역량을 국제적으로 낭비했다. 이는 경쟁에서 이겨야 남북통일을 주도하고, 만약 진다면 상대에게 먹힌다는 절박한 인식이 깔린 처절한 싸움이었다. 그 과정에서 다른 나라나 이민족들은 남북 분단의 갈등을 이용해 이득을 취하는 일이 적지 않았다.

한반도 통일은, 남북한이 진정으로 통일을 원하고 주변 국가들이 그것을 환영한다면 지금 당장이라도 이뤄질 수 있다. 그러나 지난 반세기가 넘는 동안 우리는 한반도 통일이 그렇게 쉽게 달성되지 않을 것이란 사실을 거듭 확인했다. 분단이 해소되지 않고 있는 원인은 남북한에게 있고, 주변 국가들에게도 있어서다.

그러면 오늘날은 어떤가? 남북한은 지난 2000년 6월 분단 50여 년 만에 최초로 정상회담을 열은 뒤 금강산 관광 실시에 이어 동해선과 경의선 남북한 연결, 남북 직항로 개설 등을 통해 땅과 바다, 하늘 길을 통해 오고가는 가까운 관계가 되었다. 휴전선을 사이에 두고 대치하는 남북한은 서로를 갈라놓았던 철조망의 일부를 걷어내면서 동족의 체온을 교환할 수 있는 민족의 다리를 건설하고 있다.

우리는 통일의 그 날을 맞이할 수 있는 가능성을 키워야 한다. 통일은 분명 저만치서 우리에게 손짓하고 있다. 그것은 우리의 현실로 다가오고 있다. 그것은 왜 그런가? 우선 남북한의 변화를 통해 확인해 보자. 남한은 반세기만에 평화적인 정권교체를 이루었고. 이어서 참여정부가 들어서면서 민주주의의 이상향을 향해 전진을 계속하고 있다. 언젠가 우리는 한강의 기적을 통해 경제성장의 놀라움을 표시한 적이 있다. 그러나 이제 한강에서 정치의 기적도 일어났다는 것을 선언해야 할 저력을 발휘하고 있다.

민주화를 향한 엄청난 물줄기는 군부통치의 쓰라림을 십여 년 만에 청산하고 정치적 민주주의의 꽃이 만발할 그 날을 향해 줄달음치고 있다. 그것은 남한 시민사회의 정치적 성숙도가 어느 정도인지를 가늠케 해준다. 1987년 6월 항쟁 이후 남한 정치는 시민사회의 엄청난 희생과 노력 속에 진화에 진화를 거듭, 5년 만에 문민정부가 그리고 그 5년 뒤에는 국민의 정부, 그리고 이어 참여정부로 이어지는 정치적 기적의 꽃을 피워냈다.[22] 이 기적은 평화통일로 이어질 잠재력을 지니고 있다.

우리는 시민사회의 성장 속에서 정치의 민주화가 급진전되고 있다는 것에 자부심을 가져야 한다. 남한에서의 통일을 향한 큰 힘은, 시민사회가 민주화를 위한 지도자를 선택하고 민

---

22) 문민정부 이래의 정권은 비록 측근과 친인척 비리, 권력형 부정부패 등의 오점을 남겼으나 그런 가운데서도 괄목할 만한 정치 경제적 개혁성과를 거두었다. 문민정부는 군부통치 청산과 금융실명제 실시, 국민의 정부는 IMF극복 등을 통한 사회 각 분야에서의 개혁조치, 참여정부는 불법 대선 자금 근절을 통한 고질적인 정경유착 청산 등의 개혁조치가 돋보인다. 지난 십여 년 동안의 한국정치의 민주화 과정을 통해 개혁이란 사회 전반에 걸친 합리화, 투명화를 통해 가능하며 그것은 기득권 집단의 적극적 저항 속에 힘겹게 이뤄지는 것으로 드러난다. 문민정부이후의 정치권력에 대한 비판만이 거센 것은 수구집단이 엄청난 위기의식을 지니면서 저항하는 과정의 하나로 설명할 수 있다.

주사회의 청사진을 제시할 능력을 갖추었다는 점에서 그 위력의 정도를 가늠할 수 있다.

한편 북한은 핵문제로 국제사회와 대립각을 세우고 있지만 남한과의 교류를 위한 접촉에 적극적인 모습을 보인다. 북한은 김정일 위원장의 답방이 없었던 아쉬움이 있지만 6·15선언을 이행하면서 개혁개방의 활로를 개척하는 움직임을 보이고 있다.

남북한은 이제 본격적인 통일 게임에 돌입했다. 게임은 일정한 규정에 의해 이뤄지듯이 남북한도 평화공존과 협력을 기본규정으로 한 통일 게임을 본격화할 지점에 서있다. 그 게임의 법칙에는 전쟁이나 무력에 의한 일방적인 통일은 포함되지 않는다. 우리는 한국전쟁을 통해 무수한 동포가 피를 흘리고 쓰러졌지만 통일은 안 된다는 것을 확인했다. 오늘날 남북한이 휴전선을 사이에 두고 배치한 파괴력은 그것이 폭발할 때 통일이 아닌 파멸이 우리 민족을 갈가리 찢어놓을 것이다.

권력자가 일시적으로 정치적 입지를 강화하기 위해 남북관계를 이용하는 일 또한 앞으로 있어서는 안 된다. 설령 단기간 이득을 취한다 해도 장기적으로 자신의 발목을 잡는 족쇄가 될 것이다. 지난 분단 수십 년 동안 남북한은 군사적으로, 정치적으로 할 수 있는 책략은 다 써보았지만 그것이 그다지 생산적이지 않다는 것을 확인했다. 이제 남은 유일한 남북한의 통일 대안, 그 방법론은 평화적인 공존과 평화적인 단계적 통일에 관한 것이다.

남한 사회에서 평화통일을 지향하는 기운이 가장 왕성하게 폭발한 때는 월드컵 축구다. 그것은 붉은 악마로 상징된 시민사회의 일체감과 열정을 통해서 분출했다. 시민사회는 전 세계를 향해 무서운 저력과 질서정연한 성숙함을 과시했다. 이런 힘이 평화 통일을 향해 분출한다면 그 열매는 가히 세계사적일 것이다. 시민사회의 폭발적인 힘의 뿌리는 그보다 한 해전에 이룩된 남북한 정상회담과 6·15공동선언이 아닌가 한다. 남북 정상회담은 전 세계를 무대로 한민족의 평화의지와 역량을 과시한 역사적 쾌거였다.

우리 시민사회와 정치권력이 평화통일을 위해 힘을 집중시킨다면 그것은 반드시 한민족의 행복으로 귀결될 것이다. 물론 이런 우리 자체 노력은 주변국들과의 관계를 의식하지 않을 수 없으며, 그런 과정에서 평화적인 통일방식의 생산성을 우리가 지속적으로 세계를 향해 널리 알려야 한다. 우리를 대신해 한반도의 평화통일에 발 벗고 나설 외세는 존재치 않기 때문이다. 이상과 같은 입체적인 노력들은 우리가 북한에 대해 좀 더 자세히 알고 우리의 한 쪽임을, 다시 합쳐져야 할 반쪽임을 확인하는 작업과 병행되어야 한다.

### 평화협정과 통일의 그날

북한 핵문제에 대한 국제적 협의가 거듭되면서 남북한과 주변 4개국은 한반도 평화협정 체결의 필요성을 공표했다. 한민족을 비롯해 동북아를 포함한 지구촌 차원에서 환영할 일이다. 한반도에서 군사적 대립의 시대가 끝나고 평화 공존과 번영의 시대가 열리기 때문이다. 그러나 평화협정이라는 목표를 달성하는 작업은 쉽지 않다. 그것은 풀어야 할 난제가 많아 최소한 수년이 걸릴 대장정이 될 전망이다.

평화협정은 전쟁이나 무력 충돌을 공식적으로 끝낸 적대적인 두 당사자, 즉 국가나 정부 간에 맺어지는 협정이다. 이는 단순히 적대관계를 끝내자는 합의사항인 정전협정보다 훨씬 고차원의 협정이다. 평화협정에는 많은 사항이 포함되어야 하는데 그 내용은 분쟁의 성격이나 특성 등에 좌우된다. 한반도 평화협정에서 필수적으로 다뤄져야 할 사항들이 무엇인지 살펴보자.

우선 평화협정 당사자의 문제다.[23] 어느 나라가 마주앉아 협의하고 서명할 것이냐이다. 정전협정은 유엔군 사령관, 중국, 북한 등 3자간에 맺어졌다. 정전협정 체결 당시 남한은 정전 자체를 반대하면서 참여를 거부했다. 이 때문에 북한은 한 때 평화협정 협의 시 남한을 배제할 것을 주장하다가 몇 년 전부터 남북한과 미국 등이 포함된 평화협정 논의를 언급하고 있다. 반세기가 넘는 동안 남북 대치 상태에서 남한은 실질적인 정전 당사자의 역할을 해왔고 향후 평화협정 체결 시 그 이행 문제를 놓고 볼 때 남한의 참여는 당연하다.

다음 국경선의 확정 문제다. 여기에 NLL(북방한계선)이 해

---

23) 일부 학자들은 6·25에 유엔 회원국 16개국이 참전했다는 점을 들어 미국이 아닌 유엔이 당사자가 되어야 한다는 주장을 펴기도 한다. 또한 북한이 미국으로부터 안보를 보장받기를 원하면서 핵문제 등을 연결시키기 때문에 평화협정을 미국과 북한, 북한과 남한 등으로 나눠 체결하자는 주장도 제기되고 있다. 남북은 남북기본합의서, 6·15선언 등을 통해 평화협정에 준하는 조치를 취해왔다는 평가도 있다. 평화협정 협의 과정에서는 궁극적으로 주한미군 계속 주둔 문제가 부각될 전망이다.

당된다. NLL은 1953년 정전협정이 체결된 지 한 달쯤 지나서 미군이 서해 5도와 북한 해안선의 중간쯤 되는 지점들을 연결해 그어놓은 선이다. 북한은 NLL을 군사분계선으로 사실상 인정하다가 수년전부터 강력하게 문제를 제기하고 있다. 남북은 얼마 전 서해 우발 충돌을 막기 위한 군사당국 간 통신연락소 시험 통화를 실시하는 등 군사핫라인을 가동시켰다.

평화협정은 장차 발생할지 모를 분쟁을 해결할 방식에 대해 합의해야한다. 이는 지금까지의 판문점에서의 논의방식을 원용하면 될 것이다. 전쟁 포로와 난민 등의 문제도 있다. 북한은 국군 포로의 존재를 인정치 않고 있다. 끝으로 재산 소유권의 문제다. 북에서 남으로 넘어간 사람, 남에서 북으로 넘어간 사람의 과거 재산권문제에 대한 협의가 필요하다.

이상에서 평화협정 체결을 위해 다뤄야 할 사항 몇 가지를 살펴보았다. 이들 개별 사항은 그 논의와 합의에 도달하는데 엄청난 노력과 시간이 걸릴 것이 분명하다. 그러나 한반도에 항구적인 평화가 정착하고 평화통일로 연결되기 위해서는 평화협정 체결 작업을 더 이상 미룰 수 없다. 그것은 생략할 수 없는 필수 과정이다. 평화협정을 체결함으로써 남북 간의 진정한 자주와 평화 통일 달성이 가능하기 때문이다.

통일[24]된 한반도는 동북아는 물론 전 세계에 큰 영향을 미

---

24) 리영희 교수는 통일이라는 용어 대신에 남북의 평화적인 재통합을 강조한다. 통일이라는 용어의 개념이 정확하지 않다면서 남북한 평화적 재통합을 다음과 같이 설명 한다-현재의 이질적인 두 체제를 재통합하기 위해서는 체제 수렴적인 방식밖에 없다. 독일은 재통합이 될 때 체제 수렴을 새로 할 필요가 없었다. 서독은 국가자본주의 체제 속에서도 사회주의 정당이 집권할 수 있는 사회였

칠 것이다. 그러면 우리는 통일된 뒤 어떤 모습일까? 주변 국가 등은 한반도 통일을 긍정적으로 받아들일까, 아니면 부정적으로 받아들일까? 힘의 논리가 얼마나 강력한지를 잘 알고 있는 우리들 자신조차 통일된 한반도에 대한 깊은 사색을 주저하고 있는 측면이 있다. 혹시 남들이 부정적으로 생각할까봐 두려워하기도 한다. 그러나 남북한 교류와 협력이 나날이 증대하고 있는 현실을 직시한다면, 더 이상 우리가 통일된 미래에 대해 소극적이어서는 안 된다. 우리 스스로 통일된 한반도의 생산적이고 평화스러운 모습을 그려가면서 다른 나라에게도 그것을 확신하도록 만들어야 한다. 이 작업을 다른 나라가 결코 대신해주지 않기 때문이다.

통일 미래에 대한 우리의 확신이 우선이다. 둘로 쪼개졌던 나라가 하나로 합치면 종래보다 부강해질 가능성이 크다. 문제는 그렇게 좀더 큰 나라가 되었을 때 어떤 일이 일어나겠느냐 하는 것이다. 결론부터 말하면 통일이 되면 우선 동북아, 나아가 세계의 평화와 안정, 번영 등에 큰 도움이 될 것이라는 확신을 갖고 그리고 전 세계에 널리 알리는 노력이 필요하다. 통

---

기 때문에 동독과의 통합에서 무리나 부작용이 거의 없었다. 그러나 우리 남한은 그런 준비가 되어 있지 않다. 체제가 수렴되는 것, 즉 두 체제가 가까워지는 방향으로 변하지 않으면 둘이 충돌할 수밖에 없다. 북한은 이제 중국의 영향으로 변화해 가고 있다. 남한은 북한이 더 변해야 한다는 전제 하에서 바라보고 있는데, 사실은 남한이 북한보다 몇 배 더 자기 변신과 수정을 해야 한다. 사회주의 정당과 정책 등 사회주의적 가치를 인정하는 포용력 있는 사회가 되어야 한다. 그래야 남북한이 서로 접근할 수 있다. 남한이 현재의 체제로 접근하고 감싸 안자는 것은 굉장한 착각이고 자기기만이다(경향신문, 2004년 1월 26일).

일된 덩치 큰 나라가 될 경우 주변 국가들에게 평화와 번영을 줄 수 있으며 결코 다른 나라들을 불편하게 하거나 불이익을 보게 하지 않는다는 것을 확신하는 작업이 선행되어야 한다. 그리고 그것을 널리 알려야 한다.

전통적인 국제정치 논리는 국가 간 생존경쟁의 논리와 비슷했고, 그것이 우리 뇌리에 깊이 새겨져 있다. 우리나라가 가깝게는 20세기 초 열강의 침략 마수에 시달렸고, 결국 일본의 식민지로 전락했으며, 동서이념 대결 차원에서 비극적 전쟁을 치러야 했던 뼈아픈 경험 때문에 우리는 약육강식 논리의 지배를 강하게 받고 있다. 그러나 지금 세계는 변하고 있다. 강자가 약자를 짓누르는 전통적인 논리는 이라크에서 미국이 엄청 고전하는 모습으로 도전받고 있다. 동서이념 대결은 역사 속에 묻힌 지 오래되었다. 지구촌은 테러와의 전쟁으로 대변되는 새로운 갈등국면을 겪으면서 대립과 분쟁보다 상생, 조화와 협조의 논리, 즉 상호의존 관계의 소중함을 확인하고 있다.

남의 불행이 나의 행복이 되는 살벌한 논리에서 벗어나 프랑스나 독일처럼 서로 전쟁을 했던 적대국들이, 그리고 가톨릭과 프로테스탄트의 종교적 색깔이 다른 나라들이 유럽연합(EU)과 같은 초국가 형태의 공동체를 만들어내고 있다. 서로의 독립을 존중하면서도 문화적 동질성과 지리적 인접성을 토대로 평등한 정치, 경제 협력관계를 만든다. 우리가 이런 변화의 흐름을 동북아에 접목시켜 통일 한반도를 중심으로 주변국들을 네트워크로 묶는 동북아시아 정치, 경제, 문화 공동체를 만들기 위해 노력하는 자세가 필요하다. 서로 이기는 게임을 하자는 세계적 추세를 주시하면서 한반도 통일의 밝은 면을 우리가 큰 목소리로 제시하자.

한민족이 주변국들을 윤택하게 할 수 있는 역할을 정립함으로써 통일 한반도의 긍정적 위상을 강화하자. 예를 들어 중국, 일본과 동남아에서 선풍적 인기를 끌고 있는 한류(韓流)처럼 우리가 주변국의 문화를 풍요롭게 할 수 있다는 것을 보여주는 것이다. 한류 열풍은 서구문화를 아시아화한 문화형태로 한민족의 문화적 정서가 주변국의 문화적 감수성과 친화력을 보인 것으로 설명할 수 있다. 이는 서구 문화가 제3세계 문화를 침범해 압도하는 문화제국주의적 시각에서 벗어난 문화현상으로 주목을 받고 있다.[25] 한류는 통일 한반도가 주변국에 기여할 수 있는 긍정적 역할을 설명할 수 있는 적절한 사례의 하나다.

통일 한반도는 과거와 다를 것이다. 한반도는 20세기까지 중국과 일본에서 강력한 국가가 등장하면서 고통을 받아야 했다. 그러나 앞으로 그런 일이 되풀이 되지는 않을 것이다. 지

25) 한국인의 문화적 감수성은 외부에서 이입되는 문화를 배척하지 않고 수용하거나 자생력을 지닐 수 있도록 수정하는 능력이 탁월하다는 평가를 받는다. 한민족의 외래 문화수용 능력을 한민족에게 독특한 비빔밥으로 비유하기도 한다. 비빔밥 재료가 다양하지만 이들 개개 재료들이 뒤섞여 독특한 제3의 맛을 창출한다. 이질적인 것들을 선택해 관련지음으로써 새로운 영역을 제시하는 fusion 요리에 능한 한민족의 자질은 반도체와 정보 사회 강국으로 등장한 배경으로 설명된다. 이런 한민족의 자질은 중국과 일본의 전통적인 외부 문화에 대한 배타성과 대조를 이룬다. 한민족의 외래문화에 대한 비 배타적 태도는 통일 한반도가 중국과 일본의 중간 지점에서 양쪽의 직접적 충돌과 대립을 완화하고 중간 완충역할을 함으로써 동북아의 평화 안전판으로 기여할 수 있을 것이다.

구촌은 점차 상대방의 존재를 인정하고 존중하면서 상호이익을 추구하는 공존공영시대를 추구하고 있다. 따라서 통일 한반도가 중국, 일본, 러시아 그리고 미국의 가운데에 위치하면서 이들 국가들이 조화롭게 공존할 수 있는 중화력을 발휘할 수 있을 것이다. 특히 경제, 문화적으로 주변 국가들을 견인하고 조정할 때 동북아가 더욱 풍요로워질 수 있다. 한반도의 역할이 강해질 때 미국, 일본, 중국 간의 마찰을 중재하고 협상할 수 있게 된다. 통일 한반도는 주변국들이 상호공존하고 동북아 평화와 번영을 위한 역할을 하도록 이끌어낼 수 있을 것이다.

# 5

# 한국의 대통령들

## 9명 중 4명은 사형수

한국은 정부 수립 이후 9명의 대통령이 등장했다. 그 가운데 4명은 사형선고를 받았다. 한 명은 17년 형을 선고받았다. 자신의 부하에게 살해당한 대통령, 해외로 쫓겨나 그곳에서 사망한 대통령이 있다. 정적을 사형을 시키거나, 사형선고를 내리도록 압력을 가한 대통령이 있다. 탄핵심판의 대상이 된 대통령도 있다. 역대 대통령들의 험난한 인생역정은 그 자체가 하나의 드라마다. 이는 우리 근현대사가 격동기였다는 것을 의미한다.

사형 선고를 받은 대통령 가운데 3명은 대통령이 되기 전에 그런 일을 당했다. 이승만은 청년 시절 대한 제국 치하에서 독립협회의 간부로 활동하던 중 정부전복 혐의로, 박정희는 6·

25전쟁 이전 현역 군인 신분으로, 김대중은 80년 광주항쟁과 관련해 사형선고를 받았다. 이들은 다양한 방식으로 위기를 극복해 살아남았다. 전두환은 대통령을 마친 뒤 사형선고를 받아 다른 3명의 대통령과는 차이가 있다. 그는 박정희 암살 뒤의 격동기에 정권을 찬탈키 위해 저지른 범죄로 1,2심에서 사형선고를 받았으나 대법에서 감형되고 나중에 대통령 특사로 풀려났다. 노태우는 전두환과 같은 혐의로 대법원 선고공판에서 징역 17년형을 선고받았으나 그 이후 과정은 전두환과 같다.

박정희는 자신이 오른팔처럼 여기던 제2인자에 의해 살해당했다. 박대통령 암살기도는 여러 차례 있어서 경호가 칼 바람나게 이뤄지지만 정작 적은 자기 편 안에 있었던 셈이다. 이승만은 4·19혁명 후 하와이로 쫓겨나 그곳에서 사망했다. 조국독립을 위해 애를 썼지만 정작 독립한 조국에서 대통령을 하다가 국민들에게 발길질을 당했으니 인생은 항상 조심할 일이다.

대통령이 정적을 제거하려는 시도도 여러 번 있다. 이승만은 대통령 선거에서 자신의 간담을 서늘케 할 만큼 국민의 지지를 받았던 조봉암을 사형에 처하도록 했다. 사법살인을 저지른 것이다. 박정희는 김대중을 살해하기 위해 일본에서 납치해 살해하려다 미국의 반대로 미수에 그쳤다. 전두환은 광주에서 민중을 살상하는 공포정치로 정권을 찬탈하면서 김대중을 사형선고토록 했다. 그로부터 20년 뒤 전두환은 사형선고를 받았다가 김대중이 대통령으로 당선된 직후 김영삼 대통령의 특별사면으로 풀려났다. 인생은 돌고 돈다는데 이런 경우도 해당되는 것인가?

대통령에 당선되는 방식은 직선제, 간선제가 있는데 일부 대통령은 자신에게 유리한 쪽으로 제도를 악용했다. 이승만은 국회에서 간선제 방식으로 대통령에 당선될 가능성이 희박해지자 억지로 직선제로 바꿨다. 박정희는 직선제를 통해 대통령이 되었으나 국민적 저항이 심해지자 간선제로 바꿨다. 장충체육관에서 선거인단이 모여 대통령을 뽑는 일이 되풀이 되어 '체육관 선거'라는 말이 유행하기도 했다. 전두환도 체육관 선거로 대통령이 되었으나 6월 항쟁에 직면하자 노태우를 앞세워 직전제로 바꾸고 그 과정에서 국민적 지지를 끌어내는 '공작'을 꾸며 노태우를 당선시켰다. 정치군인들의 공작 정치가 대통령 선거에까지 악용된 것이다.

역대 대통령의 재임기간이나 그 권한은 차이가 있다. 대통령 중심제나 내각책임제하의 대통령은 권한에서 큰 차이가 있다. 총리 권한이 큰 내각제에서 대통령을 한 사람은 윤보선이고 다른 대통령은 대통령중심제하의 대통령이다. 이승만은 3번, 박정희는 5번을 대통령에 당선됐고 다른 대통령들은 단임이었다.

대통령 직선제가 굳어지면서 대통령 선거에서 승리하려는 전략도 다양하게 펼쳐졌다. 김영삼은 군인정치인과 손을 잡는 3당 합당을 통해 대통령이 되었다. 김대중은 충청도 정치지도자 김종필과 연대한 뒤 대통령에 당선되었다. 노무현은 인터넷 시대의 특성을 활용한 선거 전략으로 당선되었다.

노무현의 대통령 당선은 개혁-보수라는 노선 대결에서 개혁세력의 승리라는 의미와 함께 지역주의가 조금 더 약화된 것으로 풀이되기도 한다. '영남 출신의 호남당 후보'였던 노 대통령의 당선은 영-호남 지역구도가 과거에 비해 약화된 것으로 추정할 수 있기 때문이다.

우리나라는 정부 수립 이후 환갑이 되는 기간이 지나면서 괄목할 만한 민주화를 이뤘다. 한강의 기적이라는 경제발전을 이룩하면서 가장 빠른 시일 안에 서구 못지않은 민주주의의 기적을 달성했다. 이렇게 된 것은 대통령의 리더십 때문인가, 아니면 국민들의 의식 성숙 때문인가?

역대 대통령들의 공통점은 임기 초반에 잘 나가다가 임기 말에 고전했다는 점이다. 고전한 것은 대부분 자업자득인 측면이 강하다. 자신이 뿌린 씨 때문에 그렇게 된 것이다. 이승만, 박정희, 전두환, 노태우, 김영삼, 김대중 등이 다 그랬다. 노무현도 임기 반환점을 돈 시점부터 크게 흔들리면서 2006년 5월 지방선거에서 여당이 대패한 뒤 청와대 쪽에 어두운 그림자가 짙어졌다.

역대 대통령이 부진한 공통점을 나타내는 이유는 무엇일까? 초자연적인 힘을 믿는 사람들은 청와대의 땅 자리가 문제가 있다고 말한다. 그러나 과연 그럴까? 신빙성이 별로 없는 진단이다. 그렇다면 무엇인가? 민의가 계속 성숙하기 때문에 집권 초의 대통령 능력과 의지만으로는 집권 후반기의 사회적 요구를 채워주지 못한 탓인가? 깊이 연구해 볼 일이다.

그러면 2007년 실시될 대통령 선거에서 유권자의 지지로 당선될 후보는 어떤 사람일까? 예단은 쉽지 않다. 그러나 9명의 대통령을 겪어왔던 시절을 되돌아보면 어렴풋이 보이는 것도 있다. 20세기 전후 열강의 침략과 함께 시작된 1백여 년간의 시련기 속에서 한국인은 엄청난 고통을 당했다. 조선이 망하고 일제의 침략 속에 신음했으며 해방과 분단, 4·19혁명과 군사 쿠데타, 80년 광주항쟁, 87년 6월 항쟁, 평화적 정권교체로 이어지는 정치 역정 속에서 한국인의 정치적 감각은 더할 수 없을 만큼 발달했다. 개개인이 자신의 안위를 책임져야 하는 극한 상황의 연속이었기 때문이다. 정치적 상황을 살피고 대처하는 능력은 한국인의 DNA 속에 존재한다. 그런 탓일까, 해방 이후 한국의 정치는 시민사회의 저항과 희생 속에 민주화가 화살같이 진행되었다.

1인당 국민소득 100달러가 되지 않던 시대에서의 전쟁과 독재 정치, 30년 가까운 군인정치 시대를 거치면서 4월 혁명, 6월 항쟁이 발생하고 민주화의 공간은 점차 확대되었다. 그 결과 새로운 대통령이 나오면서 경제, 정치가 급성장 하면서 국가의 위상이 크게 높아졌다. 경제는 세계 10위권, 정치는 서구 민주주의 못지않다. 교육열은 세계에서 가장 높고, 해외여행도 한해 수백 만 명이 다녀온다. 한류가 세계로, 세계로 퍼져나가면서 문화적 자긍심도 지속적으로 상승한다. 한국인의 시선은 세계 정상을 향해 있다. 세계 최고, 최초, 최강이 되려는 욕구는 어느 민족보다 강하다. 한국인은 지금껏 성취한 것도 크지만 더 성취하고 싶은 욕망에 목말라 있다. 이런 심리 상태에서 국내 정치를 보고, 대통령을 뽑아왔고 앞으로 뽑을 것이다. 그러면 어떤 사람이 2007년 대선에서 승리의 월계관을 머리에 쓸 것인가?

오늘날의 한국의 국제적 위상, 한국인 의식 수준을 볼 때 몇 가지 점은 말할 수 있다. 첫째, 시대정신에 부합되는 사람이다. 한국의 빛나는 미래를 개척할 능력과 포부가 있는 사람이다. 17대 대통령의 최대 과제는 한국 경제의 미래를 개척할 비전이 있어야 하고 남북통일의 기반을 다질 능력이 있어야 한다. 과거에 사로 잡혀있거나 세계 속의 한국을 볼 능력이 없는 정치인은 결코 성공하지 못한다. 한국인의 의식은 세계 정상급 정보화 인프라와 빈번한 해외여행이나 연수, 유학 등을 통해 선진화되어 있다. 점차 높아지는 대통령에 대한 요구 수준을 충족시킬 수 있는 사람, 그런 사람을 유권자는 반드시 가려낼 것이다.

두 번째, 유권자의 가려운 곳을 긁어줄 것만 같은 친근하고 따스한 사람이다. 카리스마가 지배하던 시대는 지났다. 유권자는 자신의 눈높이에 위치한 지도자를 선호한다. 위에서 군림하는 사람을 원치 않는다.

셋째, 미디어 정치에 걸 맞는 사람이어야 한다. 얼짱, 말짱은 아니라 해도 최소한 긍정적인 객관적 요소는 갖춘 정치인만이 국민의 선택을 받을 수 있다. 한국인은 감성적인 측면이 강해서 이다. 아무리 대단한 능경을 지녔다 해도 한눈에 짜증나는 인상이나 우울해지는 인상의 지도자는 깊이 고민할 부분이다.

이상에서 간략히 살펴본 것은 차기 대선을 예측하기 위해 고려할 최소한의 요인이다. 더 복잡할 수 있다. 전체 유권자의 성향이나 그들의 요구가 고정적인 것이 아니기 때문이다. 좀 더 차기 대통령을 정확히 예측하기 위해 역대 대통령의 면면을 살펴보는 것도 중요하다.

## 이승만(제1-3대 대통령)

1948년 5·10선거 이후 구성된 제헌국회에서 국회의장에 선출되었으며, 7월 대통령중심제로 헌법이 제정·공포되어 국회에서 초대 대통령에 선출되었다. 1960년 4월까지 3번의 대통령 선거에서 당선되었다. 초대 대통령으로 건국의 초석을 깔았던 그에 대한 평가는 긍정부정이 엇갈린다. 강력한 반공주의자인 그는 냉전시대의 한반도 남쪽 지배자로 한국전쟁을 치렀다. 부정선거에 대한 시민들의 저항으로 권좌에서 물러나 하와이에 망명해 그곳에서 사망했다.

이승만 대통령에 대한 평가는 오늘날에도 두 가지로 갈린다. 하나는 그를 국부로 추앙하는 입장이다. 반공을 앞세우는 보수세력의 견해로 이승만이 건국의 공로가 있으며 공산주의 침략으로부터 조국을 지켜냈다는 것이다. 한편 이승만을 비판하는 입장도 있다. 그는 친일 청산을 저지해 민족정기를 훼손했으며 독재자로 군림해 한국의 민주주의를 크게 후퇴시켰다는 것이다. 이승만에 대한 상반된 평가는 근현대사를 어떤 시각으로 평가하느냐에 따라 어느 한 쪽으로 판가름 나기 어렵다.

1875년 3월 26일 황해도 평산에서 가난한 선비 이경선의 외아들로 태어났다. 1894년 배재학당에 입학해 이듬해 8월에 졸업하고 모교의 영어교사가 되었다. 일본인이 명성왕후를 살해하자 이를 보복하기 위한 사건에 관여했다가 지명수배를 당했으나 미국인 여의사의 도움으로 위기를 모면했다. 그 후 그리스도교도가 되고 개화사상에 심취해 서재필이 주도한 독립협회 황해 평산회 간부로 활동하고 만민공동회를 개최했다. 협성회보의 주필이 되어 날카로운 필치로 정부를 비판했다.

독립협회의 간부로 활동하던 중 정부전복 혐의를 받고 1898년 체포되어 사형선고를 받았으나 1904년 민영환의 감형 주선으로 7년 만에 석방되었다. 1905년 고종의 밀서를 가지고 미국으로 가 미국 대통령 T. D. 루즈벨트에게 일본의 한반도 침략저지를 호소했으나 성과가 없었다. 조지워싱턴대학교와 하버드대학교에서 수학하고 1909년 35살 때 프린스턴대학교에서 '미국의 영향을 받은 영세 중립론'이라는 제목의 논문으로 철학박사학위를 받았다.

1912년 '105인 사건'에 연루되어 체포되었으나 미국인 선교사의 도움으로 석방되어 같은 해 미국에서 열린 세계감리교대회에 한국대표로 참석하기 위해 미국으로 갔다. 1914년 박용만의 초청으로 하와이에 건너가 잡지 '한국태평양'을 창간하여 한국의 독립을 위해서는 서구열강 특히 미국의 지지를 받아야 한다는 독립 외교론을 주장했다. 이런 외교론은 박용만 등이 주장하는 무장투쟁론과 대립되었을 뿐만 아니라 교민 사이의 반목과 분열을 빚게 되었다.

1919년 4월 중국 상하이에서 수립된 임시정부초대 국무총리로 선임되었다. 이후 워싱턴에 구미위원부를 설치하여 스스로 대통령 행세를 하다가 1920년 상하이로 돌아가 대통령에 취임했으나 전횡적이고 독선적인 행동으로 1922년 6월 상해임시정부로부터 불신임을 받았다. 이승만은 임시정부의 불신임 결정에도 불구하고 1933년 스위스 제네바에서 열린 국제연맹회의에 참석하여 한국의 독립을 호소했으며 워싱턴과 하와이 등지에서 외교론을 전개하는 등 외교교섭을 벌였으나 소득을 얻지는 못했다. 1934년 오스트리아인 프란체스카와 결혼했다.

1945년 해방이 되자 그해 10월 귀국하여 미국의 지원을 받는 남한 단독정부 수립에 노력했다. 당시 남북은 미군과 소련이 진주해 있었는데 남쪽의 미군정은 일제하에서 친일 행위를 한 사람들을 행정조직에 복귀시키는 방식을 취해 친일 세력들이 경찰과 군의 핵심 세력으로 자리 잡았다. 이들 친일세력들은 막강한 힘을 과시했고 이승만은 그들을 이용해 집권을 추진한다. 공산주의에 대한 반감으로 그는 소련의 영향을 받던 북한 지도자들과 협상해 단독 정부를 수립하려는 노력은 하지 않았다.

'독립촉성중앙협의회'를 조직, 총재에 취임했으며 미국의 지지를 얻어 우익세력의 연합조직체인 남조선대한국민대표 민주의원 의장, 민족통일총본부 총재를 역임하는 등 우익 지도자로 자리를 굳혔다. 1945년 12월 모스크바 3상회의에서 결정된 5개년 신탁통치에 반대하여 찬탁을 주장하는 조선공산당을 중심으로 하는 좌익세력을 제압했다. 1945년 3월부터 시작된 미소공동위원회가 결렬되자 1946년 6월 전라북도 정읍에서 남한단독정부 수립계획을 발표한 '정읍발언'으로 국내외에 큰 충격을 주었으며, 자신의 단독정부수립 계획에 대한 미국의 지지를 호소했다.

1948년 5·10선거 이후 구성된 제헌국회에서 국회의장에 선출되고, 7월 대통령중심제로 헌법이 제정·공포되면서 국회에서 초대 대통령에 선출되었다. 국회 표결 결과 이승만과 임시정부 수반 김구 선생은 180대 16이었다. 이처럼 큰 표 차가 난 것은 남한단독 정부 수립에 반대하는 정치세력들이 선거에 불참해 의회진출을 하지 않았기 때문이다. 1948년 8월 15일 대한민국 정부가 수립되고 그는 초대 대통령으로 취임한다. 그는 권위주의 방식으로 통치했으며 경찰 등 공권력이 공산주의자나 간첩 혐의자를 불법 감금, 고문을 하는 일이 잦았다.

이승만 정권하에서 일제 잔재를 청산하자는 시도는 무참히 파괴됐다. 1949년 6월 친일파를 조사 처벌하는 반민족행위특별조사위원회(위원장 김상덕)를 당시 중부 경찰서의 친일경찰 등이 습격해 강제 해산시켰다. 이로써 이민족의 지배 하에서 민족을 배신한 행위에 대한 역사적 심판은 좌절되고 이승만 정권 이래 친일파들이 득세하는 세월이 이어진다. 일제하에서 독립군을 토벌한 군대의 장교였던 박정희가 대통령이 되고 일제하에서 부역행위를 한 반민족 행위자들이 독립인사로 둔갑하는 일까지 벌어졌다. 그러다가 지난 2005년 5월 제2의 반민특위라 할 수 있는 친일반민족행위진상규명위원회(위원장 강만길)가 출범해 뒤늦은 과거 청산 작업을 시작했다. 그러나 국내 보수 세력들은 이 같은 과거청산 노력을 비난하면서 그 발목을 잡는 행위를 그치지 않고 있다.

이승만은 철저한 친미·반공주의자로 공산주의를 분쇄하는 데 앞장서 대한민국 건국의 기초를 다졌으며, 공공연히 북진발언을 하기도 했다. 한국 전쟁이 1950년 일어나자 그는 한강 이남으로 도피하면서 서울시민들에게 서울에 계속 남아 있도록 한 성명을 발표해 대통령으로서의 권위를 추락시켰다. 한국군에 의한 한강 대교 폭발로 서울 시민들은 남쪽으로 피난하지 못했던 것이다. 유엔군 참전으로 대반격이 시작되어 압록강까지 국군이 진격했으나 중공군의 참전으로 전선이 남하했다. 유엔군과 중공군은 오늘날의 휴전선 부근에서 대치하는 장기전에 돌입했다. 당시 미국은 한국에서 3차 대전이 발생하는 것을 피하고자 제한전쟁을 수행하는 전략을 폈다. 이승만은 연합군과 중공군이 휴전을 하려는 시도를 맹렬히 반대했다. 그는 휴전은 한반도 재분단을 결과한다면서 북진통일을 주장했다. 그는 미국이 중국에 대한 대대적인 공세를 취할 것을 요구하고 미국의 소극적 태도를 비난했다.

재임기간 동안 자신의 통치 기반을 굳히기 위해 여러 가지 조치를 취했다. 우선 1951년 자유당을 창당했다. 1952년 정부가 부산으로 피난한 상태에서 그는 의회에서 대통령 재선이 어려워지자 개헌을 통해 대통령 직선제를 추진했다. 이를 위해 그는 계엄령을 선포하고 자신의 정치 노선에 반대하는 국회의원들을 투옥했다. 그 후 대통령에 다시 당선되었다.

1953년 3월 이래 휴전회담이 급속히 진전되자 이승만은 이에 강력히 저항했다. 그는 휴전은 일종의 자살행위이며 필요하다면 한국군 독자적으로 전쟁을 수행하겠다고 공언했다. 그러나 유엔군과 공산군 측은 휴전회담을 진전시켜 그 해 6월 한국대표가 불참한 가운데 포로송환협정에 서명했다. 그러나 이승만은 미국에 사전예고도 없이 한국포로감시원들에게 비밀리에 명령을 내려 2만7천명의 반공포로를 석방시켜 세계를 놀라게 했다.

1954년 초대 대통령에 대한 연임제한을 철폐하는 것을 주요 내용으로 하는 사사오입개헌을 강행했고, 1956년 대통령선거에서 제3대 대통령에 당선되었다. 1956년 대통령 선거에서 그가 당선될 가능성은 매우 희박했다. 대통령에 3번째 당선되기를 시도한 그에 대한 국민적 반발이 커지고 있었다. 특히 그의 강력한 라이벌인 신익희에 대한 대중 지지는 대단했다. 그러나 신익희가 선거 유세 과정에 사망하면서 이승만의 3번째 대통령 당선 목표는 쉽게 달성되었다. 당시 선거에 출마한 진보당의 조봉암은 1959년 국가보안법 위반 등의 죄목으로 상사 당했다. 조봉암은 1952년 제2대 대통령에 출마하여 차점으로 낙선하고 1956년 다시 대통령 선거에 출마하였으나 낙선했다. 그는 이승만의 장기집권에 큰 위협으로 등장했었다.

자유당 정권은 1958년 1월 13일 진보당사건을 발표, 조봉암 등 간부들을 구속하고 2월 25일 정당등록을 취소하였다. 당국은 진보당이 북한의 주장과 유사한 국제연합 감시하의 남북한 총선거를 주장하였고, 북한 간첩들과 접선하여 공작금을 받았으며, 공산당 동조자들을 국회의원에 당선시켜 대한민국을 음해하려 했다고 발표했다. 그러나 재판 결과 대부분의 사실이 조작된 것으로 밝혀지고 대부분의 간부들이 대법원 판결에서 무죄를 선고받았으나, 조봉암은 사형을 선고받았다. 조봉암은 변호인단을 통하여 재심을 청구하였으나 기각되었으며, 1959년

7월 31일 사형이 집행되었다.

1960년 3번째 대통령 임기를 마쳤으나 다시 대통령 선거에 출마했다. 그는 강력한 야당 후보 조병옥의 도전을 받았으나 조병옥이 선거 직전 사망하면서 당선이 확실시 되었다. 그러나 부통령 선출이 문제였다. 국민투표에 의해 대통령과 별도로 선출할 부통령 후보로 이승만의 후계자 이기붕이 출마했다. 그해 3월 15일 치러진 선거에서 이기붕이 부통령으로 당선되었으나 유례없는 부정선거라는 주장이 야당을 통해 제기되었다. 이는 결국 4·19혁명으로 이어지고 이승만은 그해 4월 26일 하야한다.

4월 28일 미국 중앙정보부(CIA)가 비밀리에 운영하는 민간 여객기 항공회사의 한 비행기를 타고 서울을 탈출해 망명길에 오른다. 하와이에 정착한 이승만은 1965년 7월 19일 사망하고 그의 유해는 서울로 옮겨져 국립묘지에 묻혔다.

## 윤보선(제4대 대통령)

1960년 4·19혁명으로 자유당정권이 붕괴된 후 제4대 대통령으로 선출되었다. 그해 6월 15일 내각 책임제를 골간으로 한 개정헌법이 통과되고 8월 민의원·참의원 합동회의에서 대통령으로 윤보선, 국무총리에 장면이 선출되었다. 제2공화국의 1차 내각이 이루어진 것이다. 윤보선과 장면은 강력한 리더십을 발휘하지 못했고 당시 다수당인 민주당의 지지를 받지 못했다. 내각제 하에서 실권을 지닌 장면 총리는 다섯 달 만에 세 번 개각을 하는 등 고전을 면치 못했다.

1961년 5·16군사 쿠데타가 일어나고 장면 총리는 쿠데타에 저항했지만 윤보선은 애매한 태도를 취했다. 당시 정치군인들이 계엄령 추인과 쿠데타 지지 성명 발표를 요구했으나 윤보선은 거절했다. 윤보선은 또한 매그루더 유엔군 사령관과 그린 미국 대리대사의 군사쿠데타 진압을 위한 병력 동원에 대한 요구 역시 국군간의 교전과 이로 인한 북한의 남침이 우려된다는 이유로 거절했다. 윤보선 대통령은 군인 통치가 이뤄지는데도 그 자리에 머물러 군 쿠데타 세력들에게 합법적 지위를 부여하는데 기여한 꼴이 되었다. 그는 1962년 3월 하야했다.

1963년 범야세력을 규합하여 5·16군사쿠데타 주체세력이 결성한 민주공화당에 맞서기 위해 민정당(民政黨)을 결성한 후 제5대 대통령선거에 출마했으나 낙선했다. 같은 해 11월 민정당 전국구 후보로 제6대 국회의원에 당선되었으며, 1965년 5월 한일회담 반대투쟁을 위해 민주당과의 통합을 이룩하고, 통합야당인 민중당의 고문으로 추대되었다. 이후 한일굴욕외교 반대투쟁을 적극 전개했으며, 한일협정이 체결되자 무기한 단식투쟁을 감행하고 이후 국회의원직을 사임했다. 1966년 3월 선명 야당의 기치를 내걸고 신한당을 창당, 총재에 취임했다. 1967년 2월 제6대 대통령선거를 앞두고 야당진영의 후보단일화를 위해 민중당과의 합당을 추진하여 신민당을 창당한 후 대통령선거에 출마했으나 낙선했다.

윤보선은 1897년 8월 26일 충남 아산에서 태어났다. 1912년 일출소학교를 졸업한 후 일본 도쿄로 건너 가 게이오 의숙 의학부에서 공부하다가, 세이소쿠 영어학교로 옮겼지만, 2년이 채 못 되어 중퇴하고 귀국했다. 20세 되던 해에 독립운동을 위해 여운형을 따라 중국 상하이로 건너갔다. 1919년 3·1운동 이후 독립운동 자금을 조달해 오라는 이승만의 지시에 따라 일본 도쿄에 잠입하여 그곳에 체류 중인 동생 윤완선을 시켜 고국에서 자금을 가져오도록 했다. 도쿄에 머무르는 동안 백관수·김도연 등과 함께 이월회를 조직하여 독립운동을 계획했고, 상하이로 돌아온 후 최연소 임시정부 의정원 의원으로 피선되었다. 1921년 6월 영국 유학길에 올라 1930년 에든버러대학교 고고학과를 졸업한 후 귀국하여 8·15해방이 될 때까지 은둔생활을 했다.

1945년 해방과 더불어 정계에 투신, 미군정청 농상국 고문으로 임명되었다. 1946년 민중일보사 사장과 미 군정청 경기도지사 고문직을 맡았다. 정부수립과 함께 초대 서울시장에 임명되었으며, 1949~50년 상공부장관, 한영협회 회장직을 맡았다. 1952년 5월 부산정치파동 이후 이승만 대통령과 결별하고 야당의 대열에 들어서 1954년 제3대 민의원(종로갑, 민주국민당), 같은 해 민주당 중앙위원, 1957년 민주당 중앙위원회 의장, 1958~60년 제4·5대 민의원(종로갑, 민주당), 1959년 민주당 최고위원 등을 거치면서 야당 지도자로서의 지위를 굳혔다.

1971년 국민당 총재를 지냈고, 1972년 유신체제가 들어선 후 반체제운동과 민주화투쟁에 앞장서 1976년 3·1 명동민주구국선언에 참여했다. 1979년 신민당 총재상임고문을 지내다가 정계에서 은퇴했다. 1990년 7월 18일 서울에서 사망했다.

## 박정희(제5-9대 대통령)

1917년 9월 구미시의 한 작은 부락인 선산에서 태어났다. 그는 매우 빈한한 가정의 7남매 중 막내였다. 그가 태어났을 때 그의 두 형과 큰 누나는 이미 결혼한 상태였다. 대구 사범학교에 1932년 입학해 1937년 졸업했다. 그 기간 동안 일본군의 중국 침략이 벌어져 두 나라 간에 전면전이 전개되고 있었다. 그는 사범학교 졸업 후 문경에 있는 소학교에서 3년간 교사 생활을 했다.

만주에 세워진 일본제국의 괴뢰국가 만주국에 있던 2년제 신경군관학교에 입학해 1944년 수석으로 졸업했다. 그는 그 후 도쿄에 있던 육군사관학교 입학 특전을 얻어 2년간 훈련을 받고 졸업했다. 그가 일본군에서 쌓은 경험은 대한민국 대통령이 된 후 추진한 국가발전 계획에 큰 영향을 미쳤다.

교사 생활 당시 다까이 마사오라는 일본 이름으로 불렸으나 만주 군관학교에 들어간 뒤 자신의 이름을 오까모도 미노루라고 다시 지었다. 이는 박정희가 일본 군국주의자들의 강제에 의한 창씨개명으로 고유의 성과 이름을 일본식 이름으로 고쳐야 했던 당시 조선인들과 달리 자발적으로 일본 이름을 지어 불렀던 것을 나타낸다.

일본 사관학교를 졸업 한 후 만주에 주둔한 일본 관동군에 소위로 임관했다. 이 부대는 중국군과 전투를 벌였다. 이 부대는 또한 한국 독립군과도 전투를 벌였는데 박정희가 한국 독립군과 전투를 벌였는지의 여부는 밝혀지지 않았다. 그는 8·15해방 이전까지 주로 관동군에 배속되어 중위로 근무했다.

일본이 항복한 후 박정희는 1946년 귀국해 미군정하의 한국군 창설에 참여했고, 그의 형의 권유를 받아 공산당 단체에 가입했다. 그는 조선경비사관학교(육군사관학교의 전신)를 제2기로 졸업하고 대위로 임관했다. 육군본부 정보국 작전과장으로 근무하던 중 1949년 여수순천 10·19사건을 계기로 군내 공산주의자와의 관련 혐의를 받고 군법회의에 회부되어 사형선고를 받았다. 그러나 동료 공산당원을 밀고한 대가로 감형, 석방된 것으로 알려졌다. 그는 불명예제대를 한 후 동료장교의 도움으로 문관으로 육군본부 정보국에 들어가 근무하다가 6·25전쟁 이후 소령으로 복귀했다.

소령으로 복귀되는 과정에서 군고위급 장성 사이에 그의 과거 공산주의자와의 관련 사실을 두고 의견 차이가 있어 어려움을 겪었다. 그 과정에서 박정희는 백선엽 장군의 도움으로 위기를 모면했다. 그는 1953년 준장으로 진급하고 이어 육군포병학교장, 제2군단 포병사령관, 제5·7사단장, 제1군 사령부참모장, 제6관구사령관, 육군군수기지사령관, 제1관구사령관, 육군본부 작전참모부장, 제2군 부사령관 등을 역임했다.

이승만 정권이 1960년 4·19혁명으로 붕괴된 후 등장한 장면 내각은 경제문제, 부정부패 문제 등에 적절히 대처하지 못했고 학생들의 개혁 요구 앞에 허둥댔다. 이런 상황에서 박정희는 1961년 5월 쿠데타를 일으켰다. 그는 소장으로 제2군 부사령관에 재직 중 거사했으며 "누란의 위기에서 조국을 구하고 도탄에 빠진 민생고를 시급히 해결하겠다"는 등의 혁명공약을 내걸었다. 같은 해 7월 최고 권력기관으로 입법권·사법권·행정권을 장악한 '국가재건최고회의' 의장에 취임해 2년 7개월간의 군정을 실시했다, 1962년 3월 윤보선 대통령의 사임으로 그때부터 대통령 권한대행도 함께 맡았다.

박정희는 1961년 중앙정보부(KCIA)를 만들었는데, 역 쿠데타 시도를 봉쇄하고 정적들을 강압하기 위한 목적이었다. KCIA는 수사권만을 행사한 것이 아니라 반정부 세력이나 부패 혐의자들을 체포 구금하는 막강한 권력을 휘둘렀다. KCIA는 또한 그 책임자가 경제문제나 외교문제까지 간섭했다.

군정기간 동안 '정당·사회단체 해체, 용공분자와 깡패 검거 소탕, 댄스홀 및 고급요정 폐쇄, 부정축재환수, 생활간소화·가족계획·문맹퇴치운동' 등을 실시했다. 경제시책으로는 농어촌 고리채정리와 화폐개혁, 국토 및 경제개발계획에 착수했다. 그런 과정에서 KCIA에 의해 '4대의혹사건'(증권파동의 부정, 회전당구 사건, 워커힐 사건, 새나라 자동차 사건)이 발생했다. 1963년 군정실시 2년 후에 민정이양을 하겠다고 공언하면서 원대복귀를 약속했으나 '4·8조치'로 군정연장을 발표했다가 국민여론에 밀려 철회하는 등 비난을 받기도 했다.

한국 경제발전에 결정적인 역할을 한 것으로 평가받는다. 그가 권력을 잡은 1961년 한국의 일인당 국민 소득은 72달러였다. 당시 북한은 풍부한 지하자원과 사회주의식 경제 개발정책으로 남한보다 경제와 군사 면에서 월등한 우위에 있었다. 그러나 박정희 집권기간 동안 국민 소득은 20배 증가했고 한국의 경제는 공산품 생산 수출 체제로 변했다. 박정희의 가장 강력한 정적이었던 정치인 김대중은 그가 대통령이 된 뒤 박정희가 한국 경제를 현대화한 공적이 크다고 치하했다.

1963년 8월 대장으로 예편하고, 그 해 창당된 민주공화당에 입당해 총재에 추대되었다. 그해 10월 실시된 5대 대통령선거에서 84.99%의 투표율에 470만 2,642표(유효투표의 46.65%)를 얻어 야당 후보인 윤보선을 15만여 표의 근소한 차이로 누르고 대통령에 당선되었다. 이 대통령선거에서 윤보선은 유세도중 박정희의 과거 공산주의와의 관련사실을 폭로했다.

국민여론의 반대에도 불구하고 경제발전에 필요한 외자확보를 위해 한일협정에 정식 조인하고 1965년 8월 14일 국회의 비준을 거쳐 12월 18일 비준서 교환을 통해 한일 간에 국교를 정상화시켰다. 또한 베트남 전쟁에 국군을 파병했다. 한일국교 정상화는 매국이라는 비난을, 베트남 전쟁 파병은 젊은이들의 피를 팔았다는 비난까지 받았다. 그러나 이를 통해 얻은 경제적 성과는 한국인을 절대빈곤에서 벗어나게 했다는 평가도 받고 있다.

1967년 7월 제6대 대통령 재선에 이어 1969년 10월 17일 '3선 개헌'을 통해 대통령의 연임 이상을 불허하는 헌법 조항을 고쳐 장기집권을 꾀했다. 그는 미국의 주한미군철수론, 오일 쇼크의 엄청난 충격 등 국내외적인 정치적·경제적 변화에 능동적으로 대처하기 위해서라는 명분을 내세웠다. 박정희는 1971년 제7대 대통령 선거에서 김대중 후보에게 가까스로 승리했다. 대통령에 당선되자 1972년 국회 및 정당해산을 발표 하고 전국에 계엄령을 선포한 후 '통일주체국민회의'에서 대통령을 선출하는 유신헌법을 제정해 제8대 대통령으로 선출되었다.

1972년 남북한이 평화적이고 자주적인 통일을 위해 노력한다는 취지로 교환한 남북기본합의서는 독재자의 장기 집권 음모를 발동시키는 구실로 악용되었다. 그 후 박정희의 철권통치는 더욱 가혹해졌는데 KCIA는 야당의원들을 연행해 고문했다. 박정희는 자신의 독재를 경제개발 필요성과 북한의 남침 위협을 내세우는 안보논리로 합리화시켰다.

1972, 1978년 임기 6년의 대통령으로 선출되었다. 그러나 체육관선거로 불리는 대통령 선출 제도는 정부에 의해 직간접적으로 통제되어 유신체제하에서 박정희는 종신 대통령으로 군림했다.

1974년 8월 문세광의 저격으로 육영수 여사가 사망한데 이어 1979년 10월 박정희는 KCIA 부장 김재규에 의해 살해되었다. 김재규는 박정희가 민주주의의 중대한 장애물이었고 자신의 행위는 애국심의 발로라고 주장했다. 그러나 김재규가 장기간 박정희의 총애하는 측근으로 박정희 장기 집권 체제 유지에 기여했다는 점 등을 고려하면 그의 주장을 인정키 어려운 측면이 있다. 박정희 살해사건은 대통령 측근들의 권력 암투 과정에서 벌어진 우발적 사건으로, 치밀한 사전 계획에 의한 독재자 제거는 아닌 것으로 보인다.

박정희에 대한 평가는 극명하게 두 갈래로 나뉘어 진다. 그의 지지자들은 그가 독재자였다 해도 그의 집권 기간 동안 고도 경제성장이 달성되었지만 박정희가 부패에 연루되지 않았고 소박한 생활을 했다고 주장한다. 그러나 박정희가 부산 MBC, 부산일보 등 언론사를 불법으로 빼앗아 만든 정수장학회 소유권이 그의 딸인 박근혜에게 있고, 그가 육영수 여사 사망 후 미모의 연예인들을 상대로 부적절한 연회를 즐겼다는 것 등은 그런 주장에 흠집을 남기고 있다.

그러나 그를 비판하는 쪽에서는 그의 독재정치가 빚은 잔혹성과 그가 일본군대 장교로 복무한 사실을 든다. 그리고 그의 통치 기간 동안 자행된 광범위한 인권유린을 지적한다. 즉 영장 없는 불법 체포, 안보를 이유로 한 고문, 사법 살인 등이 지속적으로 발생했던 사실이 손꼽힌다.

## 최규하(제10대 대통령)

1979년 10·26사태로 박정희 대통령이 피살되자 국무총리로서 대통령 권한대행이 되었다. 그리고 그해 12월 6일 통일주체국민회의에 의한 대통령선거에서 당선되어 제10대 대통령에 취임했다. 그는 한국 헌정사상 정당에 관여하지 않은 직업공무원으로서 과장·국장·차관·장관·국무총리를 차례로 거쳐 대통령이 된 첫 케이스이다.

박정희가 살해된 후 진행된 수사과정에서 합동수사본부장을 맡고 있던 보안사령관 전두환과 육군참모총장이자 계엄사령관인 정승화 간에는 사건수사와 군 인사문제를 놓고 갈등을 벌였다. 전두환 등의 신군부세력은 군부 내 주도권을 장악하기 위하여 정승화가 김재규로부터 돈을 받았다고 주장하면서 제거하려는 음모인 '12·12군사반란'을 획책했다.

전두환은 12월 12일 삼청동 소재 총리공관에 있는 최규하 대통령을 접견하고 김재규 전 중앙정보부장을 조사하는 과정에서 정 총장의 금품수수 사실이 발견되어서 정 총장을 연행조사하여야 하니 재가하여줄 것을 요구하였다. 하지만 최규하는 계엄사령관인 정 총장의 연행조사는 중요사항이므로 국방장관과의 협의 절차가 필요하다는 이유로 거절했다. 이후 정 총장의 연행이 완료된 사실이 통보되자 전두환 소장은 곧바로 이 사실을 보고했지만 최 대통령은 그 재가를 거절했다.

전두환은 13일 새벽 반란군의 일방적인 승리가 확실해지자 노재현 국방장관을 체포하고 정승화 계엄사령관 체포 재가를 요구했다. 이에 노장관은 반란군의 요구에 따랐다. 즉 노 장관은 전두환과 동행하여 최대통령을 접견하면서 재결을 건의했고 최대통령은 별다른 말없이 문서에 서명하고 서명 밑에 05:10 AM이라고 명시했다. 이후 신군부세력은 제5공화국의 중심세력으로 등장하였다.

1980년 초 민주주의를 외치는 항거가 거센 과정에서 전두환 등 신군부가 발호할 때 최규하 대통령은 무능하게 지켜보는 태도를 취했다. 그는 1980년 5월 국가보위입법회의 의장을 지냈고, 그해 8월 16일 대통령에 당선된 지 8개월여 만에 대통령직을 사임했다.

최규하는 1919년 7월 16일 강원 원주에서 태어났다. 1932년 4월 경성제일공립고등보통학교(지금의 경기고등학교)에 입학했다. 1941년 3월 도쿄고등사범학교를 졸업한 후 만주 대동학

원에 입학, 1943년 졸업했다. 1948년 대한민국 정부수립 후 농림부 양정과장이 되었으며, 그해 싱가포르에서 열린 국제연합 식량농업기구아시아 지역 미곡위원회 회의에 한국대표로 참가했다. 1952년 7월 17일 주일대표부 총영사, 1957년 5월 16일 주일대표부 참사관, 1959년 3월 20일 주일 공사 등으로 재임하면서 아시아 극동경제위원회 제11·12·13차 총회와 제4차 한일회담에 한국대표로 참가했다. 1959년 9월 12일 외무부차관이 되었으나 4·19혁명 후인 1960년 5월 12일 사임했다. 1962년 외무부장관 고문, 1964년 11월 주 말레이시아 특명전권대사 등을 지냈다. 1967~71년 외무부장관으로 재임했다. 1971~75년 대통령외교담당특별보좌관을 지내며, 남북조절위원회 위원으로 2차례 평양을 방문했다. 1975년 12월 19일 국무총리 서리로 임명되었고, 1976년 3월 13일 국회의 동의를 거쳐 국무총리가 되어 4년간 국무총리로 재임했다.

### 전두환(제11-12대 대통령)

1931년 1월 경남 합천에서 태어났다. 1951년 대구공업고등학교를 거쳐 1955년 육군사관학교를 제11기로 졸업하고 육군 소위에 임관했다. 1961년 5·16군사 쿠데타 직후에 조직된 국가재건최고회의의 의장실 민원비서관을 지냈다. 1963년 중앙정보부 인사과장과 육군본부 인사참모부를 거쳐 1966년에는 제1공수특전단 부단장을 지냈다. 1967년 청와대를 경호하는 수도경비사령부 제30대대장이 되었고 1970년 백마부대인 제9사단 29

연대장으로 베트남전쟁에 참전했다. 1971년에는 제1공수특전단 단장을 지냈다. 1978년 제1사단장을 지냈으며 1979년 초에는 국군 보안사령관에 임명되었다. 그해 10월 박정희 살해 사건이 발생했고 그는 수사 책임자가 되었다. 이를 계기로 '하나회' 중심의 신군부가 실권을 장악하는 데 주도적인 역할을 했다.

그해 11월 계엄사령부 합동수사본부장의 자격으로 사건 전모를 발표하면서 국민 앞에 처음 그 모습을 나타냈다. 그 해 12월12일 정승화 당시 계엄사령관을 대통령의 재가 없이 체포했다. 박정희 암살 사건에 연루된 혐의가 체포 이유였다. 체포 과정에서 총격전이 벌어져 사상자가 발생했다. 12·12사태의 주도세력인 전두환과 노태우가 대통령으로 재임한 1993년 초까지 12·12사태는 집권세력에 의하여 정당화되었으나, 김영삼 정부는 하극상에 의한 쿠데타적 사건이라고 규정했다.

1980년 육군 중장으로 진급하고 4월 공석 중이던 중앙정보부장 서리에 취임했다. 그 해 5월 17일 계엄을 전국으로 확대하면서 권력 찬탈 음모를 드러냈다. 즉 국회가 해산되고 많은 정치인, 재야인사, 대학생 등이 체포되었다. 그 가운데 야당 지도자 김대중이 포함되어 있었다. 5월 18일 공수부대가 광주에서 대학생과 시민들을 학살하면서 광주시민들이 이에 저항하는 광주항쟁으로 이어졌다. 공수부대가 광주를 포위, 점령하는 과정에서 많은 사망자가 발생했다. 광주 시민항쟁은 시민자치와 민주주의공동체 구현 등 많은 교훈적 사례를 남기고 27일 새벽 2만5천명에 달하는 군을 투입한 무력진압으로 사망 191명, 부상자 852명 등의 희생자를 내고 일단 막을 내렸다. 이

사건을 계기로 한국의 사회운동은 1970년대의 지식인 중심의 운동에서 민중운동으로 변화하고, 국민들의 대미 인식변화가 일어났다.

신군부는 1980년 광주항쟁을 '전라도 사건'으로 축소, 분리시킴으로써 지역주의를 악화시켰다. 신군부는 광주항쟁을 유혈진압한 후 집권한 것을 합리화시키기 위해 여러 형태의 정치교육과 선전홍보수단을 동원해 광주항쟁의 의미를 축소, 왜곡하면서 반호남 지역감정을 부추겼다. 광주항쟁은 '민주화운동'이 아닌 '급진 좌파적 민중봉기'로 변질시켜 호남이외의 지역에서 광주항쟁을 외면하게 만들었다. 전두환 정권은 시민사회의 활성화로 부각된 민주 대 반민주의 대립구도를 호남 대 반호남이라는 지역대결구조로 변질시켰다.

신군부는 김대중이 광주항쟁을 배후조종한 혐의를 씌워 사형을 선고받게 했다. 그러나 미국의 강력한 요구에 따라 김대중은 감형되고 미국으로 떠나게 된다. 전두환은 광주민주화운동에 대한 유혈 진압을 통해 실권을 장악한 후 5월 말 국가보위비상대책회의를 신설하고 상임위원장에 취임했다. 국가보위비상대책위원회는 행정과 사법 전반에 걸친 주요 업무에 대해 지휘 · 감독 및 통제기능을 수행하는 무소불위의 권력기구였다. 박정희에 이은 새로운 군사정권의 탄생을 예고하는 조치였다.

전두환은 1980년 8월 최규하 대통령이 군부의 강압에 의해 사임하기 직전 대장으로 진급했다. 중장으로 스스로 계급장을 하나 더 올린 뒤 수개월 만에 별 하나를 더 붙인 것이다. 자기 맘먹은 대로 행동하던 후안무치한 정치군인의 행동이라 하겠다. 최규하가 물러난 뒤 6일이 지난 8월 22일 전두환은 육군대장으로 예편했다. 대장 예편 5일 만인 8월 27일 서울 장충체육관에서 열린 통일주체국민회의 제7차 회의에서 대통령선거 단일후보로 나서 2,524표를 얻어 99.9%의 득표율로 제11대 대통령에 당선되었다. 찬성표만이 허용된 철저한 관제선거였는데 찬성 100%로 하면 너무 속이 보인다 해서 99.9%로 했다는 소문이 나돌았다. 1980년 9월 대통령 임기 7년 단임과 간선제에 의한 대통령 선출을 골자로 하는 헌법 개정안이 공고되었고 그해 10월 국민투표를 거친 새 헌법이 공포되었다.

1981년 1월 창당된 민주정의당 총재에 추대되었고 제5공화국 헌법에 따라 1981년 2월 대통령선거인단의 간접선거로 치러진 제12대 대통령선거에 대통령 후보로 출마했다. 투표자의 90.2% 찬성으로 제12대 대통령에 당선되었다. 12·12사태로부터 15개월 여 만에 군사쿠데타에 의한 정권찬탈을 완성했다.

대통령이 된 후 철권통치를 실시해 모든 정치적 반대자를 침묵케 했다. 그와 함께 박정희 식 경제성장 정책을 추진했으며 3저(저유가·저금리·저달러) 호황에 힘입어 물가안정·수출신장·대외무역 흑자 등의 성과가 있었다.

1983년 올림픽을 서울에 유치하는 데 성공하였고 그 해 10월 동남아·대양주 6개국 순방을 위해 출국하였다. 그러나 10월 9일 첫 방문국인 미얀마 랑군 시내의 아웅산 묘소에서 폭탄 테러사건이 발생해 도열해 있던 서석준 부총리 등 수행원 17명이 순직했다. 전두환은 현장에 도착하기 수분 전 폭발물이 터져 가까스로 화를 면했다. 이 사건에 북한이 개입되었다는 직접적인 증거는 없으나 여러 정황으로 보아 북한의 소행이라는 의심을 받고 있다.

집권 후반 들어 대학가와 재야세력의 강력한 도전에 직면했다. 정치적 자유를 억압하고 민중 탄압책을 쓴데 대한 전국적 반발이었다. 1987년 4월 대통령 직선제를 포함한 국민들의 개헌요구와 민주화 요구를 묵살하고 당시의 제5공화국 헌법에 따라 1988년 2월 정부를 이양하고 이를 위한 대통령선거를 연내에 실시한다는 내용의 특별담화인 '4·13 호헌조치'를 발표했다. 이를 계기로 4·13 호헌조치에 반대하는 민주화 운동이 전국적으로 확산되었다. 전두환은 이를 무시한 채 그해 6월 10일 민주정의당 전당대회에서 노태우 대표를 대통령 후보로 지명하여 차기 대통령 후보로 선출했다. 그러나 국민들의 직선제 개헌요구가 더욱 거세지자 전두환은 이에 굴복해 6월 24일 김영삼 통일민주당 총재와 청와대 회담을 통해 개헌논의를 즉각 재개키로 하였다.

87년 6월 항쟁 당시 대학생, 재야인사는 물론 일반시민들도 반정부 시위에 적극 참여했다. 전두환은 당시 군을 동원해 시위를 막으려 했으나 미국의 강력한 반대로 포기한 것으로 밝혀졌다. 시민항쟁이 절정에 달했던 6월 29일 노태우가 전면에 나서 대통령 직선제 개헌, 김대중을 포함한 정치인의 정당 활동 허용 등이 포함된 정치 개혁 조치를 발표했다. 전두환은 노태우의 발표를 수용하는 형식을 취했고 그 후 시위의 파도가 수그러들기 시작했다. 이를 계기로 노태우에 대한 대중적 지지가 급상승했으며 야당의 분열로 노태우는 그해 12월 실시된 대통령 선거에서 승리했다. 그러나 노태우가 발표한 '6·29선언'은 전두환이 사전에 치밀하게 꾸민 행위인 것으로 나중에 밝혀졌다. 정치군인들의 정치공작으로 군인정치가 연장된 것이다.

1987년 12월 제13대 대통령선거에서 노태우 후보가 당선되자 대통령직에서 물러났지만 국가원로자문회의와 일해재단을 통해 정치적 영향력을 행사하고자 했다. 그러나 5공 군부와 6공 군부 간의 권력투쟁에 휘말려 1988년 4월 국가원로자문회의 의장직과 민주정의당 명예총재직에서 사퇴했다. 제6공화국 초기의 '여소야대' 상황에서 국회 청문회가 진행되면서 5·18 광주민주화운동 유혈 진압과 제5공화국 권력비리에 대한 진상 규명 및 책임자 처벌을 요구하는 전 국민적인 요구가 드높았다.

1988년 11월 23일 대국민 사죄와 함께 재산헌납을 발표하고 백담사에 은둔하였다가 2년 1개월 만인 1990년 12월 하산했다. 백담사에 은둔 중이던 1989년 12월 31일에는 국회의 줄기찬 요구에 의해 국회 5공특위·광주특위 연석회의에 출석해 125개 항목에 걸친 서면질문에 관해 증언했다.

1996년 전두환과 노태우는 내란죄, 광주민주화운동 유혈 진압, 부정부패 죄 등으로 수감되었다. 두 사람은 반란죄와 하극상 등의 죄목으로 기소되었다. 전두환은 사형선고를 받았다가 1997년 4월 대법원에서 무기징역 및 추징금 2,205억원을 선고받았다. 노태우도 대법원 선고공판에서 징역 17년형과 추징금 2,628억원을 선고받았다. 그러다가 1997년 대통령 선거가 실시되고 김대중이 당선된다. 대선 나흘 만에 김영삼 대통령은 두 사람을 특별사면조치한다. 그 과정에서 김대중 대통령 당선자와의 직간접적인 협의가 있었다.

## 노태우(제13대 대통령)

성격이 우유부단한 것으로 일컬어진다. 이래도 좋고, 저래도 좋다는 식으로 폄하해 부르는 별명이 '물태우'다. 그는 항상 육사 동기인 전두환의 뒤에 서는 것을 당연한 것으로 받아들이는 행동을 취했다. 전두환의 저돌적인 성격과 노태우의 상대적으로 유순한 것 같은 성격은 대조적이다. 두 사람은 쿠데타를 성공시키는 등 결정적인 장면에서는 보조를 맞췄다. 노태우는 그런 과정에서 결코 전두환에게 도전하는 일은 없었던 것으로 알려져 있다. 그의 만년 2인자와 같은 처신이 결국 전두환 이후 대통령까지 될 수 있었던 결정적 요인이었는지 모른다.

1988년 2월 제13대 대통령에 취임해 제6공화국을 출범시켰다. 대통령 취임 후 권위주의 통치를 청산하고 6·29선언을 충실히 이행할 것이라고 다짐했다. 비민주적인 법의 개정이나 폐지, 대통령 주재 각료회의를 원탁테이블에서 함으로써 시각적으로 민주정부라는 인상을 주려했다. 정치범들이 석방되고 복권되었다. 언론, 특히 신문발행에 대한 조건이 완화되어 새 신문 창간 붐을 이뤘고, 노동운동이 광범위하게 일어났다. 대통령으로 취임한 후 두 달 후 실시된 제13대 국회의원 선거에서는 역사상 최초로 '여소야대' 국회가 탄생했다. 그 후 야당은 5공화국 비리, 광주항쟁 진상규명, 지역선거 부정 진상 규명을 목적으로 하는 특위를 발족시켰다.

1988년 7월 남북동포 교류 추진 등 대북정책 6개항 특별선언인 '7·7선언'을 발표하였으며 다음날인 8일에는 중공을 중국으로 공식 호칭키로 발표했다. 그 해 9월 160개국에서 1만 3천 6백여 명의 선수단이 참가한 제24회 서울올림픽이 개막되었다. 우리나라는 금 12, 은 10, 동 11개로 종합 4위를 차지했다.

공산권과 관계를 긴밀히 한다는 북방정책을 추진해 1989년 2월 공산권 국가로는 처음으로 헝가리와 공식수교를 맺었다. 1990년 6월 고르바초프와 한-소 정상회담을 가졌고, 그 해 10월 소련과의 역사적인 수교가 이루어졌다.

1989년 9월 대북관계 개선의 일환으로 '한민족공동체통일방안'을 제시했는데 이는 분단이후 남한 정부가 제시한 최초의 구체적인 통일방안이었다. 그 이전 대통령의 통일 정책은 북진통일이라는 무력에 의한 통일론이 지배적이었다. 1990년 1월 연두회견을 통해 북한에 고령이산가족 왕래 및 금강산 공동개발 등을 제의했다. 1990년 7월 남북한 민족대교류에 관한 특별담화를 발표하고 자유방문·귀환보장 등을 제의하였다. 그 결과 9월 초 북한 연형묵 총리 등 북한 대표단 90명이 서울을 방문하였으며, 다음날인 9월 5일 남북총리회담이 열렸다. 1991년 9월 남북한이 만장일치로 유엔에 동시 가입했으며, 1992년 8월 중국과도 역사적인 국교수립이 이루어져 82년 만에 양국 관계가 공식 회복되었다.

1990년 1월 민주정의당·통일민주당·신민주공화당이 3당 합당을 선언해 민주자유당이 공식 출범했다. 그에 따라 '여소야대' 구도는 순식간에 216석의 거대여당과 왜소한 야당의 구도로 재편되었다. 노태우가 5월 민주자유당 첫 전당대회에서 총재로 선출되었으며 대표에는 김영삼 씨가 선출되었다. 1992년 1월 5월 김영삼 대표가 차기 대통령 후보로 선출됐다. 노태우는 9월 민주자유당을 탈당하고 거국중립내각 구성을 선언했다. 그러나 3당 합당 2년 후인 1992년 총선에서 여당은 과반에서 겨우 1석 남는 결과를 거뒀으며 무소속 의원들을 영입하는 방식을 취했다.

1992년 12월 대통령선거에서 민주자유당의 김영삼 후보가 42.0%의 득표율을 얻어 당선되어, 이듬해 2월 제14대 대통령에 취임했다. 김영삼 정부 들어 5,6공화국 대통령 비자금 사건이 터지고 광주특별법이 제정되었다. 노태우는 1995년 10월 자신이 1988년부터 1993년 대통령 재직기간 동안 5000여 억원의 비자금을 모았으며 나머지 1,700억원은 은행의 가명구좌에 있다고 기자회견을 통해 발표했다. 그는 눈물을 흘리며 참회하면서 어떠한 형식의 처벌도 접수하겠다고 말했다. 이후 김영삼 대통령은 노태우로부터 받은 대선자금을 밝히라는 야당의 요구에 직면했다.

노태우는 1932년 12월 경북 달성에서 노병수와 김태향의 맏아들로 태어났다. 6살 때 아버지가 교통사고로 사망하고 홀어머니 밑에서 자랐다. 1951년 경북고등학교를 졸업하고 이듬해 1월 육군사관학교에 입학했다. 1955년 전두환 · 정호용 · 김복동 등과 함께 육사 11기생으로 육군 소위에 임관되었다. 1956년 전방 사단의 보병 소대장을 거쳐 광주 보병학교 구대장으로 복무했다. 1961년 5 · 16 군사쿠데타가 일어나자 방첩부대 정보장교로 근무했으며 1966년 방첩부대 방첩과장을 지낼 때까지 정보관련 분야에서 근무했다. 1968년 육군대학교를 졸업하고 수도사단 맹호부대 대대장으로 베트남 전쟁에 참전하여 1년간 근무했다.

1974년 준장으로 진급해 공수특전단 여단장을 지내다가 1978년부터는 청와대 경호실 작전차장보에 임명되었으며 1979년 초에는 제9사단 사단장으로 부임했다. 전두환을 중심으로 한 신군부세력이 12·12사태를 일으켜 군 지휘권 장악을 노릴 때 주요한 역할을 하고 그 직후 육군의 핵심부대인 수도경비사령관에 임명되었다.

1980년 8월 전두환이 제11대 대통령에 당선되자 국군 보안사령관직을 1년간 맡다가 1981년 7월 육군 대장으로 예편했다. 군에서 예편한 직후 외교안보 담당 정무2장관에 임명되어 1988년 올림픽을 서울에 유치하는데 기여했다. 1982년에는 남북한 고위회담 수석대표를 맡은 데 이어 초대 체육부장관과 제41대 내무부장관을 지냈다.

1983년부터 1986년까지 서울올림픽조직위원장을, 1984년부터 약 1년 동안 제28대 대한체육회 회장직을 맡았다. 또한 1984년부터 1986년까지 서울 아시아경기대회 조직위원장을 맡았다. 1985년 2월 제12대 국회의원 선거에서 전국구로 국회에 진출하여 1987년까지 민주정의당 대표위원을 지냈다. 1987년 6월 민주정의당 전당대회에서 차기 대통령 후보로 선출되었다. 그러나 전두환 대통령의 4·13 호헌조치를 계기로 전국 각지에서 대통령직선제 개헌 등을 주장하는 민주화 운동이 확산되자 대통령 직선제 개헌과 김대중 사면복권 및 구속자 석방 등 8개항의 시국수습방안인 '6 · 29선언'을 발표했다.

1987년 12월 국민의 직접투표에 의한 대통령선거가 16년 만에 실시되어 노태우 후보가 36.6%의 득표율로 당선되었다. 2위를 기록한 김영삼 후보는 28.0%를 얻었다.

## 김영삼(제14대 대통령)

1993년 2월 25일 대통령으로 취임할 때 국민적 지지는 90%대였다. 그는 30여 년 만에 최초로 선출된 군인이 아닌 민간인 출신 대통령이었다. 1961년 박정희가 쿠데타로 집권한 후 노태우까지 육사 출신 대통령 일색이었다. 김영삼은 취임 초 사회 전반의 개혁을 다짐했다.

집권과 함께 자신의 정부를 최초의 '문민정부'로 규정하고 '신한국 창조'라는 국정 지표를 바탕으로 광범위한 개혁을 추진했다. 사정개혁과 고위공직자 재산공개, 군내 사조직인 하나회의 제거, 국군보안사의 조직 축소와 명칭 변경, 금융실명제 실시와 같은 개혁을 추진했다. 또한 12 · 12사태와 대통령 비자금 사건에 대한 책임을 물어 전두환 · 노태우 두 전직 대통령을 구속수감했다. 그러나 대통령의 결단에만 의존해서 개혁이 진행되면서 개혁철학과 개혁방향 등의 문제점들이 드러났다. 정경유착의 표본인 한보비리사건 및 아들 김현철의 국정개입과 임기 중 발생한 무수히 많은 사건과 사고, 집권 말기에 발생한 외환위기 상황 등으로 엄청난 국민적 비판 속에서 임기를 마쳤다.

김영삼은 1927년 12월 20일 경남 거제에서 태어났다. 1947년 경남고등학교, 1952년 서울대학교 철학과를 졸업했다. 6·25전쟁 당시 학도의용군으로 복무했다. 1954년 제3대 민의원선거 당시 거제에서 자유당 후보로 출마해 최연소 의원으로 당선되면서 의정활동을 시작해 거제와 부산에서 9번 당선됐다. 그러나 그 해 12월 이승만 대통령의 '사사오입' 개헌 파동에 반발해 자유당을 탈당한 후 민주당 창당에 참여했다.

1960년 4월 혁명으로 이승만 정권이 붕괴된 후 실시된 제5대 민의원 선거에서 부산 서구에서 민주당 후보로 출마하여 재선됐다. 1961년 5·16군사쿠데타로 정당이 해산되면서 정치활동이 중단되었다. 1963년 5월 민정이양을 앞두고 창당한 민정당에 참여하여 정치활동을 재개하였으며, 그 해 12월에 실시된 제6대 총선에서 민정당 후보로 부산 서구에 출마하여 당선되었다. 한일국교정상화 문제를 둘러싸고 논란이 일었던 1965년 5월 당시 민중당 원내총무 겸 대변인을 맡는 등 중견 정치인으로 성장했다. 1967년 2월 제6대 대통령 선거를 앞두고 민주당과 신한당이 통합하여 새로 출범한 신민당에서 원내총무를 맡아 3선 개헌 반대운동에 앞장섰다.

1970년대 들어 최초로 '40대 기수론'을 제창했으며, 1974년 8월 22일의 신민당 전당대회에서 당 총재로 선출되었다. 당권장악을 계기로 유신헌법 개정투쟁을 전개하는 등 선명야당을 표방했다. 1979년 5월 실시된 신민당 전당대회에서 총재로 선출되어 당권을 다시 장악하고 박정희 정권에 대한 반대투쟁을 강력하게 전개하였다. 그해 YH무역 여성노동자의 신민당사 농성에 대한 경찰 투입으로 정국은 더욱 경색되었다. 김영삼은 미국 정부가 박정희 정부에 대한 지지를 철회할 것을 외국 언론을 통해 주장한 후 국회의원직을 제명당하고 총재직까지 상실하였다. 김영삼에 대한 정치적 탄압과 유신정권의 철권통치는 부산·마산 일원의 반독재 열기를 폭발시킴으로써 부마항쟁을 유발하는 계기가 되었다.

야당·노동·재야·학생 등의 유신정권에 대한 저항과 부마항쟁은 유신정권 내부에서 강경파와 온건파가 대립하는 갈등 상황을 유발했다. 그 결과 온건파인 김재규 중앙정보부장이 강경파인 차지철 청와대 경호실장을 저격하고 박정희 대통령을 살해하는 '10·26사태'가 발생했다. 김영삼은 '서울의 봄'이 도래하자 김대중·김종필 등과 경쟁적으로 정치활동을 전개했으나 광주항쟁 이후 신군부에 의해 좌절되고 말았다. 신군부에 의해 가택에 연금되었던 김영삼은 1983년 광주민주화운동 3주기를 맞아 전두환 정권에 저항하는 방법으로 23일간의 단식을 단행했다. 단식사건은 언론이 철저하게 통제된 당시 상황이었지만 국내외적으로 커다란 반향을 일으켰으며, 이 사건을 계기로 민주화추진협의회(민추협)가 결성되었다. 김영삼은 미국에 체류 중인 김대중과 협력해 민추협을 이끄는 한편 민주산악회를 결성하여 민주화운동의 지도자가 되었다.

1985년 2월에 실시된 제12대 총선에 대비, 김대중과 공동으로 선명야당인 신한민주당(신민당)을 창당했다. 신민당은 2·12총선에서 국민들의 압도적인 지지로 제1야당이 되었다. 김영삼은 대통령직선제 개헌투쟁을 본격적으로 전개하였으나 전두환 정권과의 타협을 전제로 한 '조건부 내각제개헌' 방안인 이른바 '이민우 구상'이 제기되자 1987년 봄 김대중과 협의 하에 신민당을 탈당하여 통일민주당을 창당하였다.

통일민주당 창당, 전두환의 4·13호헌조치에 대한 사회 각계각층의 저항, 박종철 고문치사사건의 은폐·축소 조작 등 일련의 사건은 결국 '6월 민주항쟁'으로 폭발했다. 전두환 정권은 실질적인 대국민 항복문서인 '6·29선언'을 내놓았다. 6·29선언으로 김대중이 사면 복권되고 대통령직선제를 위한 헌법 개정이 이루어지자 선거 국면으로 접어들었다. 그러나 1987년 12월의 제13대 대통령 선거에서 김영삼은 김대중과의 후보단일화 협상의 실패로 야권이 분열된 상태에서 통일민주당 후보로 출마해 패배하였다. 게다가 대통령 선거 직후 실시된 1988년 4월의 제13대 총선에서 평화민주당에 이어 제2야당으로 전락하면서 정치적 입지가 매우 약화되었다.

1990년 1월 정계개편 과정에서 3당 합당에 참여했다. 민주정의당·통일민주당·신민주공화당의 3당이 통합한 의석수 216석의 거대 여당인 민주자유당이 탄생했고, 김영삼이 대표최고위원이 되었다. 그는 민주자유당 안에서 민정계 중심의 정치적 저항과 계파 갈등을 극복하고 5월 19일 치러진 민주자유당 대통령 후보 지명대회에서 대의원 66%의 지지를 얻어 여당의 대통령 후보가 되었다. 그리고 그해 12월 18일 실시된 제14대 대통령 선거에서 42%의 지지를 얻어 민주당의 김대중 후보를 누르고 승리했다.

대통령에 취임한 후 추진한 개혁 드라이브는 순탄치 못했는데 그것은 자신의 권력 기반을 이루는 보수 집권 세력의 저항 때문이었다. 문민정부의 개혁 조치 일부는 편파적이고 불공정하다는 비판이 줄을 이었다. 그런 탓이었을까? 집권여당은 1995년 7월의 지방선거에서 대패했다. 당시 15개 시・도지사 선거에서 집권 여당인 민자당은 5곳을 차지했다. 민주당과 자민련이 각각 호남과 충청을 중심으로 4곳씩을 차지했고, 나머지 2곳은 무소속이 당선됐다.

1995년 말 노태우 전 대통령의 비자금사건이 터졌을 때 김대중 새정치국민회의 총재는 선거자금으로 20억원을 수수했다고 시인한 뒤, 당시 김영삼 민자당 후보는 수천억 원을 받았다는 유력한 정보가 있다고 주장했다. 이후 김영삼 정부는 '역사 바로 세우기'에 나섬으로써 지방선거 참패, 삼풍백화점 붕괴사건으로 실추된 정국 주도권을 회복하려 했다. 김영삼 정부는 5・18 특별법을 제정하고 집권 여당의 당명을 신한국당으로 개명함으로써 노태우 전 대통령이 3당 합당을 통해 만든 민주자유당을 김영삼 대통령의 정당으로 탈바꿈시켜 과거와의 단절을 국내외에 과시하려 했다.

1996년 대다수 여야 의원들의 찬성으로 5・18 특별법이 국회를 통과했다. 이로써 김영삼 대통령은 전두환, 노태우 두 전직 대통령을 포함해 12・12군사반란, 5・18광주민주화운동 고소・고발사건 관련자들을 사법적으로 처리할 수 있는 법적 뒷받침을 얻게 되었다. 그 결과 두 전직 대통령을 포함해 80년 신군부의 주역을 담당했던 정치군인들이 수감되었다. 두 전직 대통령은 대법원에서 실형이 확정되었다. 12 · 12 및 5 · 18사건에 대한 단죄는 한국 역사상 처음으로, 성공한 쿠데타도 사법적으로 처벌할 수 있다는 것을 보여주었다. 권위주의 정권이 저지른 불법 행위에 대한 사후 처리에 중요한 모델을 제시된 것이다.

1996년 최대의 정치행사인 총선에서 김영삼 신한국당의 선전, 국민회의의 부진, 자민련의 약진, 민주당의 참패로 나타났다. 신한국당은 전국구를 포함해서 과반수에 약간 못 미치는 139석을 차지했고, 국민회의는 79석, 자민련은 50석, 민주당은 원내교섭단체 구성에도 못 미치는 15석을 얻는 데 그쳤다. 비록 근소한 차이로 여소야대 구도가 재현되었으나 신한국당은 일부 친여 무소속 당선자들을 영입해 과반수를 확보했다.

1996년 말 김영삼은 신한국당이 노동법과 국가보안법을 변칙 처리하면서 야당과 시민사회의 격렬한 저항에 부딪쳤다. 이 문제는 해를 넘기면서 정국이 들끓었다. 1997년 한보 사건이 터지고 김영삼의 둘째 아들 현철이 이 스캔들의 중심에 있다는 것이 드러나면서 김영삼의 영향력은 급격히 쇠퇴했다. 국회에서 열린 청문회에서 김현철은 혐의를 부인했으나 검찰은 그해 5월 김현철을 한보 정태수 회장으로부터 수십억 원의 뇌물을 받은 혐의로 체포했다.

한국의 경제수준이 경제협력개발기구(OECD)에 가입할 수준이 되었다면서 1997년 10월 이 기구에 한국을 가입시켰다. 그러나 그 직후 터진 IMF외환 위기로 한국 경제는 엄청난 타격을 받게 된다. 집권 기간 동안 대형 사고가 꼬리를 물고 터지면서 많은 인명 피해가 발생하고 국제적으로도 '한국의 기적'이라는 이미지가 크게 훼손됐다. 이는 군사정부 시절부터 강행된 '고속 경제 성장 정책'이 얼마나 부실하게 이뤄진 것인가를 상징적으로 보여주었다. 대표적인 대형 사고는 1993년 1월 청주시 우암상가 아파트 붕괴 사고(28명 사망), 1993년 3월 구포무궁화열차전복 사고(78명 사망), 1994년 10월 성수대교붕괴사고(32명 사망), 1995년 4월 28일 대구지하철 공사장 가스 폭발사고(101명 사망), 1995년 6월 삼풍백화점 붕괴 사고(502명 사망) 등이다.

## 김대중(제15대 대통령)

30여 년 간의 군사독재 기간 동안 살해 위협과 망명, 가택 연금, 투옥으로 10여 년간의 고통을 당했다. 민주화운동을 강력히 전개한 인권투사로 널리 알려져 '인동초(忍冬草)', '한국의 넬슨 만델라'라는 별명을 갖고 있다. 기나긴 시련의 시간을 견디게 해 준 것은 신앙심과 정의에 대한 믿음이었다고 밝힌 바 있다. 4수 끝에 대통령에 당선됐다. 그 승리는 선거에 의해 야당이 집권한 평화적 정권교체가 달성된 최초 사례다.

1998년 2월 25일 제15대 대통령으로 취임해 자유민주연합과 공동정부를 구성하고 '국민의 정부'를 표방했다. 그는 IMF 위기 극복을 위한 경제회복 정책과 경제 개혁 정책을 추진했다. 언론사 세무조사를 실시해 언론 기업의 투명화를 시도했다. 북한과의 화해 공존 정책을 추진해 남북정상회담을 성사시켜 금강산 관광, 남북 간 도로·철도 연결 등의 성과를 거뒀다. 외환위기를 극복했고 의문사진상규명위원회 설치, 민주화운동 관련자 명예회복 및 보상 등에 관한 법률 제정, 국민기초생활법 제정, 여성부 신설, 정보통신(IT)산업 기반정착 등 인권과 복지 분야에서 성과를 이룩했다.

임기 말 두 아들과 측근의 비리로 도덕성에 타격을 받아 국민의 신뢰를 상실하면서 정치적 영향력은 급격히 약해졌다. 대선에서 연합한 김종필 세력과의 정치적 공조를 유지하는 과정에서 정치개혁은 지지부진했다. 외환위기를 극복하는 과정에서 빈부격차가 벌어지고 노동조건은 악화되었다. 지역감정과 지역분열을 해소하지 못했다. 김정일의 서울 답방이 지연되면서 북한 퍼주기 비판이 거세졌다.

생명의 위협에 직면한 두 번에 걸친 결정적 위기 상황에서 미국의 도움을 받았다. 박정희 정권에 의해 일본에서 납치되어 바다에 수장당할 위기에 처했을 때와 1980년 전두환 신군부에 의해 사형선고를 받았을 때였다. 자신이 대통령이 된 뒤 박정희와 전두환을 용서한다고 공언했다. 집권 후 지지자들의 반대를 무릅쓰고 박정희 기념관 건립을 추진했고 신군부에 대해서도 관용하는 태도를 취했다.

그는 감옥에 있는 동안 북한의 김일성과 남북통일을 위해 토론하는 것을 상상하곤 했는데 그것은 마치 장기를 두는 것과 같은 대화 방식이었다. 그런 과정을 통해 평화적인 한반도 통일 방안을 구상했다. 남북한의 점진적인 통합 과정은 신뢰를 쌓기 위한 협력 사업으로 시작해서 남북한 공동 의회, 국가연합, 연방정부 구성으로 이어지는 방식이다. 대통령으로 당선된 뒤 북한과 평화공존을 달성할 자신의 구상을 실천에 옮겼다. 그것이 2000년 6·15선언이다. 햇볕정책은 남북 간에 분단의 장벽을 허물면서 경제적, 문화적 관계가 긴밀해지는 계기가 되었다. 인권과 민주주의, 한반도 평화 증진에 기여한 공로로 노벨 평화상을 받았다.

김대중은 1924년 전라남도 신안군 하의도에서 가난한 농부의 아들로 태어나 1943년 목포상고를 졸업했다. 해방 후 일본인이 경영하던 회사의 관리인으로 선임된 뒤 성공한 기업가가 되었다. 한국전쟁 당시 공산군에게 잡혀 총살될 뻔 했으나 탈출해 위기를 모면했다.

1954년 정치에 입문해 이승만 대통령의 독재정치를 반대하는 목소리를 높였다. 선거에 출마해 수차례 낙선한 후 네 번째 도전한 1961년 국회의원에 당선됐다. 그러나 박정희의 쿠데타로 의원 등록도 하지 못했다. 6,7,8대 국회의원에 연이어 당선되면서 명연설과 카리스마 넘치는 야당 지도자로 부각됐다. 1971년 대통령 후보로 출마해 향토예비군 폐지, 노동자·자본가 공동위원회 구성, 비정치적 남북교류, 한반도 평화를 위한 4대국 안전보장안 등을 선거공약으로 내걸고 박정희의 안보논리와 경제 성장론을 공격했다. 40% 이상의 득표를 했으나 박정희에게 95만 표 차이로 패했다.

1972년 지병을 치료하기 위해 일본에 체류 중 10월 유신이 선포되자 귀국을 포기하고 해외에서 반유신운동을 펼쳤다. 그러다가 1973년 도쿄의 한 호텔에서 중앙정보부 요원들에 의해 납치되어 바다에 수장될 위기에 처했다. 배 속에 갇힌 채 현해탄 한가운데에 던져져 살해될 위기를 맞았다. 그러나 미국의 개입으로 생명을 건지고 강제로 서울로 압송되어 집으로 돌아왔다. 그러나 정치활동을 저지당했다.

1974년 12월 가택연금 중 재야단체인 민주회복국민회의에 참여해 재야활동을 시작했다. 그는 1976년 재야인사들과 함께 민주주의, 경제입국 구상 재검토, 민족통일 등을 주장하는 '3·1민주구국선언'(일명 명동사건)을 발표해 대통령긴급조치 9호 위반으로 구속되어 징역 5년, 자격정지 5년을 확정받아 진주교도소에 수감되었다. 유신정권은 그의 투옥에 대한 국내외의 비판이 고조되자 1978년 12월 그를 형집행정지로 석방해 가택연금시켰다.

1979년 10.26이 발생해 유신체제가 붕괴되자 12월 가택연금에서 해제된 데 이어 1980년 2월 사면 복권됐다. 1980년 초의 '서울의 봄' 시기에 김영삼·김종필 등과 함께 정치활동의 전면에 나섰다. 그러나 5월 17일 자정의 비상계엄 전국 확대조치와 함께 26명의 정치인들과 함께 체포, 수감되었다. 5·18광주민주화운동 시기를 감옥에서 보낸 뒤 9월 계엄사령부 군법회의에서 이른바 '김대중 내란음모사건'을 주동한 혐의로 사형선고를 받고 1981년 1월 대법원에서 사형 확정판결을 받았다. 그러나 전두환은 미국 등 외국의 항의와 압력이 거세지자 그의 형량을 무기징역으로 감형한 데 이어 1982년 12월 미국 망명을 허용했다. 미국으로 건너가 한국인권문제연구소를 열어 활동하다 1985년 제12대 총선을 앞두고 전격적으로 귀국했다.

서울로 돌아온 뒤 가택연금 상태에 있었으나 야당진영의 주요 리더 역할을 하면서 정치활동을 재개했다. 1987년 6월 항쟁에 실질적으로 굴복한 전두환 정권이 6·29선언을 통해 김대중의 정치활동 재개를 약속했다. 대통령 선거에 도전했으나 정치적 협력자이자 라이벌인 김영삼과의 후보 단일화 실패 등의 이유로 낙선했다. 당시 투표결과를 보면 당선자 노태우는 36.5%, 김영삼 28%, 김대중 27%였다. 두 김 씨가 후보 단일화에 성공했으면 민주진영이 승리할 수 있는 것으로 큰 아쉬움을 남겼다.

대통령선거에 패한 후 야당분열에 대한 국민적 비난이 걷잡을 수 없을 정도로 거세지자 평화민주당 총재직을 사퇴했다. 그러나 1988 4월에 실시된 제13대 총선에서 평화민주당이 통일민주당을 제치고 제1야당으로 부상한 후 다시 평화민주당 총재로 정치의 전면에 나섰다. 1990년 '3당 합당'이 이뤄지면서 김영삼이 야당진영을 떠나 여권으로 몸을 옮겼다. 1992년 대권에 다시 도전했으나 김영삼 후보에게 190만여 표차로 패배했다. 자신의 패배를 인정하고 의원직과 민주당 대표최고위원직을 사퇴함과 동시에 전격적으로 정계은퇴를 선언했다.

1993년 1월 영국으로 출국해 연구 활동을 하다 6개월 만에 귀국한 후 1995년 6·27지방선거 과정에서 사실상 정치활동을 재개했다. 그리고 7월에는 정계은퇴를 번복한다는 내용의 대국민 사과문을 발표했다. 그에 대한 비난이 많았다. 그러나 1996년 4월 실시된 제15대 총선에서 자신이 창당한 새정치국민회의가 제1야당의 지위를 굳히면서 상황이 유리하게 전개되었다.

당시 김영삼 정권은 꼬리를 무는 부패 스캔들과 경제문제로 지지도가 바닥세였다. 1997년 11월 충청지역의 맹주로 자처하던 자유민주연합의 김종필 총재와 대통령 후보 단일화에 성공해 두 당의 단일후보로 대통령선거에 네 번째 도전했다. 투표 수 주 전에 IMF 금융위기가 닥치면서 이회창 후보에게 승리했다.

## 노무현(제16대 대통령)

말로써 말 많으니 말 마를까 하노라는 옛 말이 생각나게 하는 대통령이다. 인터넷 시대라서 거침없고 시간 제약 없는 말을 즐겨 했으나 말 때문에 많은 논란을 불러일으켰고 손해를 엄청 본 케이스다. 그런 과정을 거치면서 대통령에 대한 국민의 눈높이를 확 낮추는 데 크게 기여했다. 검찰, 정보기관 등의 권력기관을 정치적으로 이용하지 않았으며 공공기관에 진득하게 엉겨붙어 있던 권위주의를 청소해내는 역할을 했다. 그러나 정책적인 것을 정략적으로 이용하려는 욕심을 버리지 못해 야권의 격렬한 반발을 불러오는 등 매끄럽지 못한 모습을 되풀이 했다. 지지 세력을 지나치게 편 가르기 하면서 최 측근을 챙기는데 물불을 가리지 않는 무모함을 보였다. 회전문 인사는 지겹도록 되풀이 되었다.

대통령이 된 것을 즐기면서도 같은 편과 미래를 같이 한다는 의식은 투철하지 못했다. 집권 1년을 남기고 여권이 풍지박살난 것은 거의 필연이었다. 그러면서도 개헌안을 제기하고 한미 FTA를 추진하는 등 왕성한 의욕을 과시했다. 집권 후반부에 들어서면서 자신의 집권을 가능케 했던 시민사회 단체들과 반목을 거듭했다. 야당 지지율이 하늘을 찌른 것은 노 대통령 정부에 대한 반감이 빚어낸 기현상이었다. 대통령이 된 것은 전직 대통령 정부를 승계하는 것이고 차기 정부에 대해서도 일정 부분 책임이 있다는 인식이 부족했다. 자기가 대통령한다는 것에 취해 지내는 모습을 감추지 못했다.

노 대통령은 임기 1년을 남겨두고 개헌을 제기하는 등 왕성한 의욕을 과시했으나 여당의원 탈당 사태로 지리멸렬하는 등의 사태에 직면해야 했다. 그는 역대 대통령들과 다른 통치 스타일을 시도했으나 성공적이지 못했다. 그는 여러 가지 장점이 있는 반면 단점도 두드러진 특성을 유감없이 보였다. 변호사라는 직업정신을 대통령이 되어서도 실천했다. 법대로 한다는 것을 강조하면서 국정원, 검찰 등 권력기구를 대통령이 개인적으로 이용했던 관행을 청산했다. 그러나 대통령은 법뿐 아니라 정치적 결단을 할 필요가 있는데 그런 모습을 잘 보여주지 못했다. 법대로만 강조하면서 고집을 피우다보니 국민의 법 감정이나 정치적 요구와 부딪히기도 했다.

노 대통령은 자신의 감정이나 생각을 감추지 않았다. 대통령이 되기 전에 그런 모습은 신선했지만 대통령이 되어서 반복되면서 국민들이 짜증을 내기 시작했다. 그러나 대통령은 자신의 고집대로 밀고 나갔다. 특히 언론이 자신에 대해 비판적인 것은 참지 못했다. 청와대 브리핑과 국정브리핑을 직접 운영함으로써 정부가 언론 영역을 경영하는 모습을 보였다. 청와대는 보수 언론과 각을 세웠지만 이라크 파병, 한미 FTA 추진 등에서는 같은 배를 탄 모습을 보이기도 했다. 청와대는 정부가 언론 역할을 자임하고 나서서 보수언론을 비판하는데 전력투구하면서 보수언론의 상업성을 더 높여주는 결과를 초래했다. 그와 함께 진보 언론의 영역을 좁히는 부작용을 가져왔다.

노 대통령은 권위주의 청산, 당정 분리, 정치와 경제 분권화, 책임총리제 실현 등에서 점수를 땄으나 무능과 태만, 무지라는 비판을 반대자나 지지자로부터 받았다. 보수 언론과 정적들은 노 대통령이 리더십 부족과 정책 실패, 대중을 외면한 잘못된 결정을 내리는 정치인이라고 비판했다. 노무현 대통령에 대한 비판과 비난은 언론자유가 보장되는 공간을 최대한 활용하는 식으로 나타났다. 노대통령이 역대 대통령과 다른 점은 바로 자신의 지지자들로부터 격렬한 비판을 받는다는 사실이다. 그가 임기의 절반을 넘긴 시점에서 그를 지지하던 시민사회운동 세력은 거의 다 등을 돌려버렸다.

그는 2003년 2월 취임과 함께 야심찬 정책의 청사진을 제시했다. 한국을 동북아 중심 허브로 만들고 햇볕정책을 지속 추진하며, 지방분권을 촉진하고, 재벌개혁과 기업경영의 투명성을 높이며, 교육과 조세제도를 개혁하고, 노사 관계를 증진하는 것 등을 약속했다. 그러나 이런 계획들은 격렬한 저항과 비판에 부딪쳐 큰 진전을 보지 못했다. 지지자들은 그가 선거 공약을 지키지 않는다고 비판하면서 저항하고 정적들은 정략적인 동기 등을 앞세워 대정부 공세를 강화했다.

취임 초부터 자신의 측근이나 대통령 선거 참모들의 불법행위로 곤욕을 치러야 했다. 자신의 대선 팀이 선거 기간 동안 거두들인 부정한 돈이 한나라당의 불법정치자금의 10분의 1이상이 되면 대통령직을 내놓겠다고 공언했다. 그러나 이런 발언은 실정법에 저촉된다는 논란을 불러왔다. 노무현과 그 지지세력은 2003년 새천년 민주당을 탈당하고 열린 우리당을 창당했으며 그 과정에서 배신론이 제기되었다. 이는 김대중이 김종필과 후보 단일화를 한 뒤 대통령에 당선된 뒤 임기가 끝날 때까지 공동정부의 틀을 깨지 않으려 했던 것과 대비되는 처사였다.

지난 2000년 남북정상회담과 관련한 대북송금문제에 대해 특검을 수용하면서 햇볕정책을 계승한다는 태도를 보였다. 이는 북한의 반발을 불러왔으며 남한의 통일 세력들로부터도 비판이 제기됐다. 이라크 파병 결정 또한 노 정권 지지 세력들의 격렬한 반대에 부딪혀야 했다.

2004년 3월 국회는 노무현 대통령 탄핵안을 가결시켰다. 이 때문에 노 대통령은 헌재에서 판결할 때까지 업무가 중지됐고 고건 총리가 대통령 업무를 대행했다. 고 총리는 그 때 대통령 대행역할을 적절히 한 후 국민적 인기를 한 몸에 받는 행운을 안았다. 국회의 대통령 탄핵안 가결은 격렬한 반대에 봉착했다. 당시 노무현의 지지도는 30% 정도로 낮았다 그 이유는 노사 대립 등으로 인한 사회적 불안, 노무현 대선 팀의 불법 정치 자금 모금 적발, 대통령의 부적절한 발언 등 때문이었다. 그러나 이런 여러 이유에도 불구하고 시민들은 노무현을 탄핵한다는 것은 지나치게 가혹하고 부적절하다고 판단하고 있었다. 그것은 그해 4월 총선에서 우리당이 압승해 과반수를 단숨에 확보한 반면 탄핵을 주도했던 정치인은 대부분 낙선한 것으로 나타났다. 그 해 5월 헌재는 국회의 대통령 탄핵결정을 기각했다. 노무현은 자신의 지지가 강화되고 여당이 압승한 두 가지 효과를 거둔 셈이 되었다.

노 대통령이 업무에 복귀한 후 심각한 일들이 연이어 발생해 대통령의 권위에 상처를 입혔다. 총선에서 우리당은 아파트 분양 원가 공개를 약속했으나 노무현이 이를 반대해 혼란이 빚어졌다. 노무현은 야당에서 탈당한 김혁규를 총선 3개월 전 총리에 앉히려 함으로써 논란을 빚었고 그것은 실현되지 못했다. 이어 실시된 개각은 2007년 대선 예비주자들을 배려한 인사라는 점에서 비판을 받았다.

경제가 지표상으로 호황이었으나 청년실업 증가와 서민경제가 얼어붙어 있다는 진단이 지속적으로 제기되었으나 정부여당은 경제에 문제가 없다는 입장을 취한 것도 문제가 되었다. 국민연금 개혁 문제와 서민 생활수준 문제 등도 정부 여당을 괴롭혔다. 이라크 파병은 진보진영이 노무현에게 등을 돌리는 결정적 계기가 되었다. 파병중단을 외치는 목소리가 높을 때 김선일 씨가 이라크에서 피랍되어 살해된 사건이 발생하면서 정부 대처가 적절했는지에 대한 국민적 의혹이 증폭되었다. 외무부 장관 인책 목소리가 높았지만 묵살되었다.

대선 공약으로 행정수도 이전을 제시했고 이를 실행에 옮기는 단계에서 야당의 거센 반발을 불러와 이 문제가 헌재에 제기되고 헌재에서 위헌 결정이 내려졌다. 한때 노무현을 사지에서 구한 헌재가 수개월 만에 노무현을 최악의 궁지에 몰았다.

노무현은 행정수도 이전에 대한 잘못된 여론이 보수 신문들의 부정적 보도 탓이라고 비판하면서 청와대와 정부가 정면 대응하는 쪽으로 움직였다. 노무현의 행정수도 이전 계획은 행정기능의 지방이전으로 수정되어 집행되었다.

2005년 들어 우리당은 거듭된 재보선에서 전패하는 수모를 겪었다. 그 후 노무현은 대 연정을 야당에 제기하면서 정치권이 요동쳤다. 노무현은 여야가 정책적 차이가 별로 없다는 점에서 안정적 국정운영을 위해 대연정이 필요하면서 연정이 성공할 경우 대통령의 권한을 이양하고 필요하다면 대통령직을 사임할 것이라고 밝힌다. 그러나 야당은 연정 제의를 철저히 거부하고 여론도 부정적이었다. 이런 과정에서 노무현 지지 세력들은 여야당의 차이를 인정치 않는 대통령의 인식에 배신감을 표시하면서 여권을 강력 비판했다. 2006년 지방선거에서 여당이 완패하면서 여권이 분열, 와해되면서 대통령의 탈당으로 이어졌다. 노 대통령은 집권 1년을 남겨 놓고 개헌카드를 제시하는 등 역대 대통령과는 다른 행보를 보였다. 할 말과 할 일은 하겠다는 태도를 굽히지 않았다.

외교 관계에서 노무현은 적지 않은 문제를 스스로 제기했다. 그는 대선 과정에서 미국에 대해 자주외교를 내세우는 발언을 해 '반미' 성향을 지닌 것으로 인식되었다. 그러나 노무현은 취임 후 미국순방 길에 '북한 수용소 발언'을 하고 미국의 요구에 따른 이라크 파병을 밀어붙이면서 지지자들의 이탈을 불러왔다. 또한 2006년 초 미국과 자유무역협정을 추진하겠다는 방침을 갑작스럽게 들고 나오면서 노무현 지지 세력의 반발은 더욱 커졌다.

노 대통령은 1946년 경상남도 김해군 진영읍 본산리 봉화마을에서 빈농의 5남매 중 막내로 태어났다. 1960년 이승만 대통령의 생일을 기념하는 교내 글짓기 대회가 열리자 백지동맹을 선동하다 정학을 당했다. 부산상업고등학교를 졸업한 후 대학 진학을 포기한 후 군에 다녀왔고, 그 후 저임금의 험한 직업에 종사했다.

1975년 독학으로 사법고시에 합격하고 1977년 대전에서 판사를 하다 1978년 부산에서 세무·회계 전문 변호사로 개업을 했다. 1981년 이념서적 소지혐의로 체포되어 고문을 당한 대학생 변론을 맡으면서 인권 변호사가 되어 독재정권에 저항했다. 1987년 9월 시위주동 혐의로 3주간 구금되었다.

1988년 통일민주당 총재 김영삼의 권유로 제13대 총선을 통해 정치에 입문해 국회의원에 당선된 후 국회의 광주청문회에서 스타로 부상했다. 1989년 초 국회 5공 비리·광주특위 증인 출석을 둘러싼 정부·여당의 집요한 방해 책동에 항의해 의원직 사퇴서를 냈다가 철회했다. 김영삼이 1990년 3당 합당을 하는 것을 보고 탈당했다.

3당 합당을 거부한 일단의 통일민주당 의원들과 함께 소수야당 민주당을 출범시켰다. 이후 1991년 지방의회 선거에서 야권이 참패하자 제1야당인 신민주연합당과의 통합을 성사시켜 통합야당 민주당의 대변인, 부총재로 활약했다. 김영삼과 결별한 뒤 1992년, 1996년 연이어 국회의원 선거에서 떨어졌다. 1995년에는 부산 시장 선거에 출마했다가 낙선했다.

1992년 제14대 대통령 선거에서 김영삼 집권 민자당 후보에게 패한 뒤 정계를 은퇴했던 김대중이 1995년 9월 정계에 복귀해 새정치국민회의를 창당하자 이를 야권분열로 규정하고 김대중과 결별했다. 이듬해 제15대 총선에서 민주당 공천으로 서울 종로에 출마했으나 다시 낙선했다. 제15대 대통령 선거를 앞두고 김대중의 새정치국민회의에 합류했다. 그 이듬해 서울 종로 보궐선거를 통해 6년 만에 원내입성에 성공했고 2000년 제16대 총선에서 부산 북-강서 을에 출마했으나 낙선했다. 이후 국내 최초로 정치인 팬클럽 '노무현을 사랑하는 사람들의 모임'이 결성되었다. 2000년 해양수산부 장관을 지낸 뒤 새정치국민회의의 후신인 집권 새천년민주당 상임고문으로 정치권에 복귀했다.

2001년 9월 집권 민주당의 대통령 후보 경선 출마를 선언했다. 이듬해 1월 민주당이 실시한 대통령 후보 국민참여 경선제에서 선전했다. 3~4월 경선 후보 7명이 출마한 가운데 제주도를 시작으로 전국 16개 시·도에서 실시된 49일간의 경선 끝에 72.2%의 높은 지지율로 집권당 후보가 되었다.

그러나 그의 높은 지지율은 경선 직후 '민주 대연합론'을 내세운 그가 김영삼을 방문한 뒤 하락하기 시작했다. 이어 김대중 대통령의 두 아들 비리 관련 구속, 정몽준 대안론의 부상, 민주당의 6월 지방의회 선거 참패, 8월 재보궐 선거 참패이후 그의 지지율은 20%대까지 떨어졌다. 9월 중순 정몽준 의원의 대통령 선거 출마 선언을 계기로 후보단일화 압력에 직면했다. 11월 말 정몽준 후보와 '정책 중심의 텔레비전 토론 후 일반 국민을 대상으로 한 여론조사' 방식으로 실시된 후보 단일화에서 승리했다. 그 후 여론조사 지지율에서 이회창 한나라당 후보를 앞질러 선거 막판까지 상승세를 유지했다. 대통령 선거 전날 저녁 정몽준 국민통합21 대표의 갑작스러운 지지 철회가 있었으나 이는 노무현의 지지 세력을 결집시키는 효과를 가져왔다. 대선 결과 그는 유효표의 48.9%를 얻어 46.6% 득표율에 그친 이회창 후보를 누르고 제16대 대통령에 당선되었다.

# 참고 문헌


김진열, 1993, 불교 사회학, 윤주사, 127-134.
이재훈 역해, 1996, 서경, 고려원.
최진규 역해, 1996, 사기, 고려원.
홍성욱 역해, 1994, 맹자, 고려원.
홍승직 역해, 1994, 대학, 고려원.
홍승직 역해, 1994, 논어, 고려원.
홍승직 역해, 1996, 여씨 춘추, 고려원.
홍승직 역해, 1994, 중용, 고려원.
국민일보/경향신문/대한매일/동아일보/문화일보/미디어 오늘/한겨레신문
Kate Nash, 2000, contemporary political sociology, Blackwell Publishers Inc.,
Neustadt, Richard., 1990, Presidential Power and the Modern Presidents, The Free Press.
Pfiffner, P., James, 1999, the Managerial Presidency, Texas, A&M Univ., Press.
Silverblatt, A., 2001, Media Literacy(2nd ed), Westport, Connecticut London.
http://mywebpages.comcast.net/lionelingram/PersianGulf.html
http://en.wikipedia.org/wiki/George__washington#Major__acts__as__President
http://showcase.netins.net/web/creative/lincoln/sites/gettysburg.htm
http://en.wikipedia.org/wiki/Jimmy__Carter
http://en.wikipedia.org/wiki/Harry__S.__Truman
http://www.cbsnews.com/stories/2006/02/03/opinion/polls/main1281319.shtml
http://www.heritage.org/Research/PoliticalPhilosophy/HL650.cfm
http://www.cbsnews.com/stories/2006/04/19/60minutes/rooney/main1513207.shtml
http://www.cbsnews.com/stories/2006/04/19/60minutes/rooney/main15132

07.shtml
http://en.wikipedia.org/wiki/John_F_Kennedy
http://www.pup.princeton.edu/chapters/i7920.html

## [공동 필자 약력]

〈고승우〉

전북 옥구 生, 고려대 졸, 고려대 문과대학 사회학박사, 한겨레신문 부국장, 전 한성대 겸임교수, 6·15공동선언실천 남측위원회 언론분과 정책위원장.

저서 : 통일 장편소설 그날, 언론유감, 붓과 칼의 변주곡 등.

〈윤초화〉

경남 김해 生, 경희대 졸, 한국문인협회 시 부문 회원, 한국수필가협회 회원, 순수작가회 부회장, 공간문학협회회원 순수시낭송회운영위원. MBC 2002 좋은 방송을 위한 시민의 비평상 최우수상 수상

공저 : 단행본 - 시 치료 : 목 놓아 울기보다 시와 웃어보자 / 시집 - 겨울 숲에 머무는 바람, 안개능선을 넘으면, 푸름은 늘 날개를 달고, 강물에 일렁이는 그리움의 말, 나무들의 집, 작은 불씨 하나가 지상에 꽂힌다 등 다수 / 수필 - 잃어버린 것들의 초상, 녹차의 향기 싣고, 느낌만으로도 찬란하다. 간절한 인간희구의 노래, 만추의 풍경, 모음의 향기, 한양수필 1~5집 등 다수.

당신이 대통령입니다

2007년 5월 25일 초판인쇄
2007년 5월 30일 초판발행

저 자 고승우 · 윤초화
발행인 유성렬
발행처 **형 지 사**
서울특별시 영등포구 신길동 233-96
전화 (02) 849-6157(代) · 2820
FAX (02) 849-0817
등록 제318-2005-000030호

파본은 바꾸어 드립니다.
값 10,000원

http : //www.chongmok.co.kr



ISBN 978-89-958239-1-0